JÜRGEN ANDERMANN

Territorialitätsprinzip im Patentrecht und Gemeinsamer Markt

Schriften zum Wirtschaftsrecht

Band 20

Territorialitätsprinzip im Patentrecht und Gemeinsamer Markt

Eine Untersuchung des Verhältnisses von nationalem Patentrecht und EWG-Vertrag unter besonderer Berücksichtigung des Problems der sog. Parallelimporte

(Zugleich ein Beitrag zum Verhältnis von Europäischem Gemeinschaftsrecht und Mitgliedstaatenrecht)

Von

Dr. Jürgen Andermann

DUNCKER & HUMBLOT / BERLIN

Gedruckt 1975 bei Buchdruckerei Bruno Luck, Berlin 65

Printed in Germany
ISBN 3 428 03403 1

Vorwort

Die vorliegende Untersuchung ist im Herbst 1973 dem Fachbereich Rechtswissenschaft der Universität des Saarlandes in Saarbrücken als Dissertation vorgelegt und dann in der ersten Jahreshälfte 1974 noch einmal überarbeitet und auf den neuesten Stand gebracht worden.

Leider konnte die jüngste Rechtsprechung des Europäischen Gerichtshofs zum Gegenstand der Arbeit für die Druckfassung nicht mehr berücksichtigt werden. Es handelt sich um die Vorabentscheidungs-Urteile „Café-HAG“ (Urteil vom 3. 7. 1974 in der Rechtssache 192/73) und zweimal „Centrafarm“ (Urteile vom 31. 10. 1974 in den Rechtssachen 15/74 und 16/74). Während die Urteile „Café-HAG“ und „Centrafarm II“ (Rechtssache 16/74) Parallelimportfälle aus dem Bereich des Warenzeichenrechts betreffen, bezieht sich das Urteil „Centrafarm I“ (Rechtssache 15/74) erstmals auf den „klassischen“ Fall des Parallelimports von patentgeschützten Erzeugnissen (vgl. die unter Rdnr. 2 der Entscheidungsgründe, S. 30 der maschinenschriftlichen Fassung, wiedergegebenen Grundelemente des den Vorlagefragen zugrunde liegenden Rechts- und Tatsachenstoffs).

Die Bedeutung des Café-HAG-Urteils liegt vor allem darin, daß es die durch das Sirena-Urteil hervorgerufene Unsicherheit im Hinblick auf die kartellrechtliche Beurteilung von Warenzeichenübertragungsverträgen beseitigt (vgl. hierzu § 9 I. 1. der vorliegenden Untersuchung). Konnte auf Grund des Urteils Sirena fraglich sein, ob der Gerichtshof nicht bereits in jedem Übertragungsvertrag als solchem eine verbotene Vereinbarung i. S. von Art. 85 Abs. 1 des EWG-Vertrages sieht, und zwar auch dann, wenn zwischen den Vertragspartnern keinerlei irgendwie geartete rechtliche oder wirtschaftliche Beziehungen fortbestehen, so stellt das Gericht jetzt in lapidarer Kürze fest, da zwischen den beiden derzeitigen Zeicheninhabern keinerlei rechtliche, finanzielle, technische oder wirtschaftliche Verbindung bestehe, scheide die Anwendung des Artikels 85 aus.

Bemerkenswert an den beiden Centrafarm-Urteilen ist, daß sich der Gerichtshof ausgehend von einer Erläuterung des erstmals im Urteil Deutsche Grammophon verwendeten Begriffs des „spezifischen Gegenstands des kommerziellen Eigentums“ deutlich in Richtung auf die vom Verfasser der vorliegenden Untersuchung als Lösungsweg vorgeschlagene Güterabwägung zwischen der Sicherung des freien Warenverkehrs im Gemeinsamen Markt einerseits und der Erhaltung der Funktionsfähigkeit der gewerblichen Schutzrechte andererseits bewegt.

Als Fälle, in denen dabei dem Patentschutz Vorrang vor dem Erfordernis der Freiheit des innergemeinschaftlichen Warenverkehrs zu geben ist, sieht der Gerichtshof nach seinen Ausführungen im Urteil Centrafarm I (Rdnr. 11, S. 32 der maschinenschriftlichen Fassung) offenbar die zwei folgenden an:

— Herkunft des Erzeugnisses aus einem Mitgliedstaat, in dem es nicht patentfähig ist, und Herstellung dieses Erzeugnisses von Dritten ohne Zustimmung des Patentinhabers;

— Patente stehen in den fraglichen Mitgliedstaaten originär rechtlich und wirtschaftlich selbständigen Inhabern zu.

Ohne Zweifel zieht der Gerichtshof mit der Beschränkung auf diese beiden „Rechtfertigungsgründe" die Grenzen des patentrechtlichen Schutzbereichs außerordentlich eng, wahrscheinlich zu eng. Es bleibt abzuwarten, inwieweit sich das Gericht an Hand entsprechender Fälle bereit finden wird, diese auf den ersten Blick einer recht weitgehenden Beschneidung des Patentschutzes gleichkommende Auslegung zu korrigieren. So ist z. B. nicht einzusehen, daß dem Patentinhaber zugemutet werden soll, in seiner Person auf den Vertrieb seines Erzeugnisses im patentfreien Gemeinschaftsausland zu verzichten, weil er dadurch sein im Inland sehr wohl bestehendes Patentrecht selbst entwerten würde.

Brüssel, im Dezember 1974

Jürgen Andermann

Inhalt

Kurzübersicht

Inhaltsverzeichnis

Zweites Kapitel

Die Rechtsprechung des EuGH (Urteile Grundig/Consten und Parke-Davis sowie Sirena und Deutsche Grammophon)

Drittes Kapitel

Das Territorialitätsprinzip bei gewerblichen Schutzrechten

Viertes Kapitel

Extraterritorialität der Konsumtion des Patentrechts nach Europäischem Gemeinschaftsrecht

Abkürzungsverzeichnis

(Zeitschriften und sonstige Periodica sind durch Kursivdruck gekennzeichnet)

a. A.	anderer Ansicht
a. E.	am Ende
ABLEG	Amtsblatt der Europäischen Gemeinschaften
Abs.	Absatz
Anm.	Anmerkung
Art.	Artikel
AWD	*Außenwirtschaftsdienst des Betriebsberaters*
BB	*Betriebs-Berater*
Bd.	Band
BGB	Bürgerliches Gesetzbuch
BGH	Bundesgerichtshof
BGHZ	Amtliche Sammlung der Entscheidungen des Bundesgerichtshofs in Zivilsachen
BJRPI	Bureaux Internationaux Réunis pour la protection de la Propriété Industrielle
Bst.	Buchstabe
BVerfG	Bundesverfassungsgericht
BVerfGE	Amtliche Sammlung der Entscheidungen des Bundesverfassungsgerichts
BVerwG	Bundesverwaltungsgericht
bzw.	beziehungsweise
Cah. dr. eur.	*Cahiers de droit européen*
Chron.	Chronique
CMLR	*Common Market Law Review*
D	*Recueil Dalloz et Sirey*
DB	*Der Betrieb*
ders.	derselbe
d. h.	das heißt
Dir. Sc. Int.	*Il Diritto negli Scambi Internazionali*
Diss.	Dissertation
dies.	dieselben
Dok.	Dokument
d. s.	das sind
DVBl.	*Deutsches Verwaltungsblatt*
EAG	Europäische Atomgemeinschaft
EAGV	Vertrag zur Gründung der Europäischen Atomgemeinschaft
EFTA	European Free Trade Association (Europäische Freihandelszone)
EG BGB	Einführungsgesetz zum Bürgerlichen Gesetzbuch
EGKS	Europäische Gemeinschaft für Kohle und Stahl

EGKSV	Vertrag zur Gründung der Europäischen Gemeinschaft für Kohle und Stahl
EuGH	Gerichtshof der Europäischen Gemeinschaften
EuGH Rspr.	Amtliche Sammlung der Rechtsprechung des Gerichtshofes der Europäischen Gemeinschaften (Ausgabe in deutscher Sprache)
EuR	*Europarecht*
EWG	Europäische Wirtschaftsgemeinschaft
EWGV	Vertrag zur Gründung der Europäischen Wirtschaftsgemeinschaft
f.; ff.	folgende
FAZ	*Frankfurter Allgemeine*
FilmR	*Film und Recht*
GATT	General Agreement on Tariffs and Trade (Allgemeines Zoll- und Handelsabkommen)
Gaz. Pal.	*Gazette du Palais*
GG	Grundgesetz für die Bundesrepublik Deutschland
Giust. Civ.	*Giustizia Civile*
GRUR	*Gewerblicher Rechtsschutz und Urheberrecht*
GRUR Int.	*Gewerblicher Rechtsschutz und Urheberrecht, Internationaler Teil (vormals: Ausländischer und Internationaler Teil)*
GWB	Gesetz gegen Wettbewerbsbeschränkungen
h. L.	herrschende Lehre
h. M.	herrschende Meinung
hrsg.	herausgegeben
i. E.	im Ergebnis
IPR	Internationales Privatrecht
i. S.	im Sinne
i. ü.	im übrigen
i. V. m.	in Verbindung mit
JCM Stud.	*Journal of Common Market Studies*
JuS	*Juristische Schulung*
JW	*Juristische Wochenschrift*
JZ	*Juristenzeitung*
MA	*Der Markenartikel*
m. Anm.	mit Anmerkung
m. a. W.	mit anderen Worten
MDR	*Monatsschrift des deutschen Rechts*
MG	Markengesetz
Mitt. Max-Pl.-Ges.	*Mitteilungen aus der Max-Planck-Gesellschaft*
MMA	Madrider Markenabkommen
MuW	*Markenschutz und Wettbewerb*
m. w. N.	mit weiteren Nachweisen
NJW	*Neue Juristische Wochenschrift*
NJ	*Nederlandse Jurisprudentie*
Nr.	Nummer
OECD	Organization for Economic Cooperation and Development (Organisation für wirtschaftliche Zusammenarbeit und Entwicklung)
OLG	Oberlandesgericht
Pas.	*Pasicrisie belge*
PatG	Patentgesetz

PVÜ	Pariser Verbandsübereinkunft
Rev. dr. publ.	*Revue du droit public et de la science politique en France et à l'étranger*
Rdnr.	Randnummer
Rev. MC	*Revue du Marché Commun*
Rev. trim. dr. eur.	*Revue trimestrielle de droit européen*
RG	Reichsgericht
RGZ	Amtliche Sammlung der Entscheidungen des Reichsgerichts in Zivilsachen
RIPIA	*Revue Internationale de la Propriété Industrielle et Artistique*
Riv. dir. ind.	*Rivista di diritto industriale*
Rspr.	Rechtsprechung
S.	Seite
s.	siehe
sc.	scilicet
Schulze Rspr. UrhR	*Schulze Rechtsprechung zum Urheberrecht*
SEW	*Soziaal-Economische Wetgeving*
s. o.	siehe oben
sog.	sogenannte
u. a.	unter anderem
u. a. m.	und andere mehr
URG	Urheberrechtsgesetz
Urt.	Urteil
usw.	und so weiter
u. U.	unter Umständen
vgl.	vergleiche
VO	Verordnung
Vorbem.	Vorbemerkung
WRP	*Wettbewerb in Recht und Praxis*
WuR	*Wirtschaft und Recht*
WuW	*Wirtschaft und Wettbewerb*
WZG	Warenzeichengesetz
ZaöRV	*Zeitschrift für ausländisches öffentliches Recht und Völkerrecht*
z. B.	zum Beispiel
ZfdgHR	*Zeitschrift für das gesamte Handelsrecht und Wirtschaftsrecht (vormals: Handelsrecht und Konkursrecht)*
Ziff.	Ziffer
zit.	zitiert
z. T.	zum Teil

Einleitung

Art. 2* sieht vor, daß die Ziele der EWG, nämlich

— eine harmonische Entwicklung des Wirtschaftslebens innerhalb der Gemeinschaft,

— eine beständige und ausgewogene Wirtschaftsausweitung,

— eine größere Stabilität,

— eine beschleunigte Hebung der Lebenshaltung

und schließlich

— engere Beziehungen zwischen den in der Gemeinschaft zusammengeschlossenen Staaten

durch die Errichtung eines Gemeinsamen Marktes und durch die schrittweise Annäherung der Wirtschaftspolitik der Mitgliedstaaten erreicht werden sollen. Der Errichtung des Gemeinsamen Marktes, d. h. der Herstellung binnenmarktähnlicher Verhältnisse im Gebiet der EWG, stehen neben zahllosen anderen Hindernissen die gewerblichen Schutzrechte, also Patent, Sortenschutz, Gebrauchs- und Geschmacksmuster sowie Warenzeichen, entgegen. Gleiches gilt für das Urheberrecht und die diesem verwandten Schutzrechte.

Dieser Widerspruch zwischen Europäischem Gemeinschaftsrecht einerseits und gewerblichem Rechtsschutz und Urheberrecht andererseits tritt in zweifacher Hinsicht auf:

— einmal im Hinblick auf die unterschiedliche Ausgestaltung der gewerblichen Schutzrechte und des Urheberrechts nach Voraussetzungen, Inhalt und Umfang in den verschiedenen Mitgliedstaaten;

— zum anderen im Hinblick auf die, jedenfalls nach herkömmlicher Auffassung, bestehende Möglichkeit, die Einfuhr von Erzeugnissen, für die im Inland ein Schutzrecht besteht, mit dem Mittel der Verletzungsklage zu unterbinden, und dies selbst dann, wenn das fragliche Erzeugnis im Ausfuhrland rechtmäßig in Verkehr gebracht worden war.

Beide Aspekte wurden im europarechtlichen Schrifttum unmittelbar nach Inkrafttreten des EWGV ausführlich erörtert. Ihre störenden Auswirkungen auf die Errichtung des Gemeinsamen Marktes standen sehr

---

* Artikel ohne nähere Bezeichnung sind solche des EWGV.

bald außer Frage, wobei der zweite Aspekt einer möglichen Verhinderung der Einfuhren geschützter Erzeugnisse aus einem anderen Mitgliedstaat als der schwerwiegendere angesehen wurde.

Die Erkenntnis der prinzipiellen Unvereinbarkeit des sog. Territorialitätsprinzips — ein Begriff mit dem der bestehende Zustand schlagwortartig charakterisiert zu werden pflegt — mit den Erfordernissen der Errichtung eines Gemeinsamen Marktes und vor allem der Herstellung des freien Warenverkehrs in diesem Gemeinsamen Markt hat in zweifacher Hinsicht Folgen gezeitigt:

— In der Literatur wurden verschiedene Theorien für eine Abgrenzung von Gemeinschaftsrecht und gewerblichem Rechtsschutz sowie Urheberrecht entwickelt. Sie reichen von der völligen Freistellung der gewerblichen Schutzrechte und des Urheberrechts von der Anwendung des Gemeinschaftsrechts bis zum Vorrang eben dieses europäischen Gemeinschaftsrechts gegenüber dem nationalen Recht der gewerblichen Schutzrechte und des Urheberrechts mit der Folge, daß einmal rechtmäßig in Verkehr gesetzte Erzeugnisse im gesamten Gebiet der Gemeinschaft frei zirkulieren können.

— Auf der anderen Seite wurde auf Initiative der damaligen EWG-Kommission schon 1959, im zweiten Jahr der EWG, mit der Ausarbeitung von Übereinkommen über ein europäisches Patentrecht und ein europäisches Markenrecht begonnen. Die Arbeiten am europäischen Patentrecht stehen vor ihrem Abschluß. Die Bemühungen um die Schaffung eines europäischen Markenrechts sind über einen ersten Übereinkommens-Vorentwurf noch nicht hinausgediehen.

Erstes Kapitel

Grundlagen, Problemstellung und Gang der Untersuchung

Die vorliegende Untersuchung befaßt sich mit dem oben erwähnten zweiten Aspekt des Widerspruchs zwischen Europäischem Gemeinschaftsrecht einerseits und gewerblichem Rechtsschutz und Urheberrecht andererseits, also mit der Möglichkeit, die Einfuhr geschützter Erzeugnisse aus anderen Mitgliedstaaten mit dem Mittel der Verletzungsklage zu unterbinden. Bevor darauf im einzelnen eingegangen wird, soll das „Umfeld" dieses Problems näher erkundet werden. Von besonderer Bedeutung ist dabei die allgemeine Stellung der gewerblichen Schutzrechte, vor allem des Patentrechts, im Wirtschaftssystem. Dieser „Stellenwert" des Patentrechts läßt sich vor allem anhand der historischen Entwicklung verdeutlichen.

1. Abschnitt

Grundlagen

§ 1 Das Dilemma zwischen Patentschutz und Wettbewerbsfreiheit

I. Die Auseinandersetzung zwischen Patentanhängern und Freihandelsschule um die Mitte des vorigen Jahrhunderts

Die Geschichte des Patentwesens während der letzten 150 Jahre ist durch die Auseinandersetzung mit der Gewerbe- oder Wettbewerbsfreiheit[1] gekennzeichnet. Ihren ersten Höhepunkt erreichte diese Auseinandersetzung um die Mitte des vorigen Jahrhunderts, als Bestrebungen zur Erweiterung und Verstärkung des Patentschutzes auf den Widerstand der sog. Freihandelsschule stießen. In beinahe allen Ländern Europas kam es zu einer Antipatentbewegung mit der Forderung, das Patentsystem überhaupt abzuschaffen. Ihren ersten „Durchbruch"

[1] Der noch im 19. Jahrhundert gebräuchliche Begriff der „Gewerbefreiheit" (ursprünglich als Forderung gegen den aus dem Mittelalter überkommenen Zunftzwang erhoben) ist durch den Begriff der „Wettbewerbsfreiheit" verdrängt worden (vgl. etwa zur Einführung der Gewerbefreiheit in Preußen im Zuge der Stein-Hardenbergschen Reformen *Herzfeld*, 63).

erzielte diese Bewegung in den Niederlanden mit der Abschaffung des Patentschutzes im Jahre 1869.

Die Anhänger der Antipatentbewegung sahen die Patente als eine „faule Frucht am Baume der menschlichen Kultur“ an, die „reif zum Fallen“ sei[2]. Sie erblickten, ganz im Sinne des herrschenden Freihandelsgedankens, „in dem individualistischen Spiele der Kräfte die Blüthe des menschlichen Daseins“[3]. Erfindungspatente wurden als störende Monopole abgelehnt. Die Wurzel allen wirtschaftlichen und technischen Fortschritts sah man in der uneingeschränkten Nachahmung, die „der größte Hebel vieler Industrien“[4] sei.

Bedingt durch die 1873 einsetzende Wirtschaftskrise und die in ihrem Gefolge überall eingeleitete Schutzzollpolitik schlug die Stimmung jedoch um. Jetzt wurde der Erfindungsschutz als willkommener Bestandteil eines sich mehr und mehr ausbreitenden Wirtschaftsprotektionismus gutgeheißen. Die „unheilvolle Theorie der freien Konkurrenz und des freien Handels“[5] verlor rasch an Bedeutung und machte einer patentfreundlicheren Strömung Platz. Die Kontroverse zwischen Gegnern und Befürwortern des Patentwesens wurde schließlich durch einen Kompromiß beendet:

Auf einem internationalen Patentkongreß anläßlich der Wiener Weltausstellung von 1873 wurde der Grundsatz der Zwangslizenz angenommen, der den Patentinhaber verpflichtet, jedem Interessenten gegen ein angemessenes Entgelt eine Lizenz zur Benutzung der Erfindung zu erteilen[6].

Dieser Kompromiß erwies sich aber in der Folgezeit als Sieg der Patentanhänger[7]. Denn entgegen der Resolution des Patentkongresses[8] wurden in den meisten Staaten Vorschriften über Zwangslizenzen nur zögernd und nur in abgeschwächter Form angenommen; von einer generellen Lizenzierungspflicht des Patentinhabers konnte keine Rede sein. Das Resultat der „ersten Runde“ in der Auseinandersetzung zwi-

---

[2] *Böhmert*, 80.

[3] *Kohler*, Handbuch, 26.

[4] *Böhmert*, 23.

[5] So der Reichstagsabgeordnete *Ackermann* bei der Eröffnung der Debatte über das deutsche Patentgesetz von 1877 (zitiert nach *Grothe*, 52).

[6] Vgl. zur „Ideengeschichte“ der Zwangslizenz *Machlup*, GRUR Int. 1961, 375 m. w. N.

[7] Er wurde verschiedentlich als Sieg der Jurisprudenz über die Nationalökonomie gedeutet (vgl. dazu *Machlup*, 379); Anklänge in dieser Richtung finden sich beispielsweise bei *Kohler* (vgl. etwa Handbuch, 28 ff. und Lehrbuch, 9 ff.).

[8] Text der Resolution abgedruckt, in: Der Erfinderschutz und die Reform der Patentgesetze: Amtlicher Bericht über den Internationalen Patent-Congreß zur Erörterung der Frage des Patentschutzes, Dresden 1873.

schen Patentschutz und Wettbewerbsfreiheit läßt sich mit den Worten *Josef Kohlers* wiedergeben:

„Die wirthschaftliche Stellung des Patentrechts bedarf heutzutage keiner Rechtfertigung mehr, der Kampf um das Patentrecht ist ausgekämpft. Nahezu alle Kulturstaaten haben sich Patentgesetze gegeben, sie oft mehrfach verbessert, ständig an der Fortbildung gearbeitet; und die Staaten, deren Industrie an der Spitze steht, stehen an der Spitze in der Pflege des Patentrechts[9]."

II. Die Kritik der Freiburger Schule am herkömmlichen Patentsystem

Das Fazit *Kohlers* sollte sich als verfrüht erweisen. Der „Kampf um das Patentrecht" lebte um die Mitte dieses Jahrhunderts wieder auf. In Deutschland verlangten die Väter der sog. Freiburger Schule[10] eine Überprüfung des Patentsystems, das sie für „entartet" hielten[11]. Sie sahen das Dilemma des Patents darin, daß einerseits ein (den Erfinder entschädigender und zu Erfindungen anreizender) Schutz des geistigen Eigentums anzuerkennen, andererseits aber die Errichtung von Monopolen grundsätzlich zu vermeiden sei. Dieses Dilemma sollte nach der Auffassung der Freiburger Schule am besten durch weitestgehende zeitliche Begrenzung des Patentschutzes und durch Einführung von Zwangslizenzen gelöst werden[12].

Immerhin unterscheidet sich die Argumentation der Freiburger Schule von derjenigen der Freihandelsbewegung des 19. Jahrhunderts. Im Gegensatz zu den Liberalen der Freihandelsschule gehen die Neo-Liberalen der Freiburger Schule nicht so weit, die Abschaffung des Erfindungsschutzes überhaupt zu fordern. Sie halten aber das herkömmliche Patentsystem wegen der ihm innewohnenden Gefahr des „Monopolmißbrauchs" für untragbar. Die Lösungsvorschläge, deren Hauptbestandteil der Gedanke einer allgemeinen Lizenzierungspflicht ist, liegen auf der Linie der Resolution des Patentkongresses von 1873. Bemerkenswert ist, daß sich die Vertreter der Freiburger Schule trotz des Mißtrauens, das sie dem Monopolcharakter des Patents entgegenbringen, der Idee der „Erfinderbelohnung" und des damit verbunde-

---

[9] *Kohler*, Handbuch, 3; zum Ganzen auch *Kohler*, Handbuch, 25 ff.; *ders.*, Lehrbuch, ff.; *Bernhardt*, 12 f.; *F. Neumeyer*, WuR 1960, 252; *Machlup*, GRUR Int. 1961, 374 ff.

[10] Vgl. den Artikel von *Hans Herbert Götz* über „Walter Eucken und die Freiburger Schule" in der FAZ vom 21. 3. 1970 auf S. 15.

[11] So etwa *Röpke*, 396; in ähnlichem Sinne *Eucken*, Grundsätze, 268 f., 290; *ders.*, Ordo II, 40 f.; *Rüstow*, 38; *Gather*, Ordo II, 271 f.; vgl. zum Ganzen auch *Gather*, Patente.

[12] *Röpke*, 396.

nen Ansporns für „das Erfinden" nicht entziehen können, sondern an einem irgendwie gearteten Erfindungsschutzsystem festhalten wollen[13].

III. Das „patent antitrust dilemma" in den USA

In neuerer Zeit hat sich der Schwerpunkt der Diskussion um „Wert oder Unwert" des Patentsystems in der Markt- und Wettbewerbswirtschaft in die USA verlagert. Die Auflösung des sog. patent antitrust dilemma wird als im Augenblick eines der fundamentalen Probleme auf dem Gebiet des amerikanischen Wirtschaftsrechts[14] angesehen. Es würde zu weit führen, die zahlreichen Stellungnahmen zu diesem Problem hier im einzelnen auszubreiten. An dieser Stelle soll lediglich auf den sog. Machlup-Report hingewiesen werden, eine Studie, die 1958 vom Unterausschuß für Patente, Warenzeichen und Urheberrechte des US-Senats veröffentlicht wurde[15] und eine Art Bestandsaufnahme der zu diesem Thema vorgetragenen Lehrmeinungen enthält[16]. Mag der Meinungsstreit in den USA über die Beseitigung oder Beibehaltung des Patentschutzes auch längst nicht zuende ausgetragen sein, so hat er doch schon jetzt eine Erkenntnis zutage gefördert, nämlich die, daß jedes noch so gewichtige bisher vorgebrachte Argument *für die Beibehaltung* des Patentschutzes mit ebenso guten Gründen *für seine Abschaffung* konterkariert werden kann. Der Machlup-Report schließt mit dem Eingeständnis ab, kein wirklicher Volkswirt könne auf der Grundlage des gegenwärtigen Standes der Volkswirtschaftslehre mit Sicherheit feststellen, ob das Patentsystem in seiner heutigen Form der Allgemeinheit im Endergebnis zum Nutzen oder zum Schaden gereiche. Daraus wird als Nutzanwendung abgeleitet, wenn man nicht wisse, ob ein System „als Ganzes" gut oder schlecht sei, so sei die sicherste Folgerung, die sich ziehen lasse, die, so wie bisher weiterzumachen — entweder mit dem System, wenn man lange mit ihm gelebt habe, oder ohne das System, wenn man bisher auch so ausgekommen sei[17].

---

[13] Vgl. z. B. *Gather*, Ordo II, 272, der zwei Lösungswege für die von ihm als unumgänglich angesehene Patentreform vorschlägt, von denen der zweite weitaus einschneidendere Veränderungen zur Folge hätte als der erste:
erster Lösungsweg: Beibehaltung der Grundgedanken des herkömmlichen Patentrechts, aber Erweiterung und Verstärkung der Korrektive (Zwangslizenz, zeitliche Begrenzung)
zweiter Lösungsweg: Beseitigung des Patentmonopolschutzes und Ersetzung desselben durch ein andersartiges Erfindungs- bzw. Erfinderschutzsystem.

[14] *Oppenheim*, 482.

[15] *Fritz Machlup:* An Economic Review of the Patent System. Study of the Subcommittee on Patents, Trademarks, and Copyrights of the Committee on the Judiciary US-Senate. Study No. 15 (1958).
Deutsche Übersetzung in GRUR Int. 1961, 373, 473, 524.

[16] *Machlup*, GRUR Int. 1961, 379 ff.

[17] *Machlup*, GRUR Int. 1961, 537; zu einem ähnlichen Ergebnis kommt of-

IV. Der Hintergrund des Dilemmas von Patentschutz und Wettbewerbsfreiheit

Die Unklarheit und Unsicherheit, was das Verhältnis von Patentschutz und Wettbewerbsfreiheit angeht, rührt zu einem großen Teil daher, daß in der Diskussion dieser Problematik juristische und ökonomische Argumente miteinander vermengt werden. Es wird keineswegs immer klar unterschieden zwischen der Stellung, die das Patent seinem Inhaber „von Rechts wegen“ verleiht und dem wirtschaftlichen „Monopol“, das durch eine Patentierung entstehen kann (aber nicht muß).

1. Rechtliche Aspekte

In der juristischen Literatur wird den Erwägungen zur volkswirtschaftlichen Nützlichkeit des Patentschutzes vielfach eine verfassungsrechtliche Argumentation gegenübergestellt, die auf den eigentumsgleichen Charakter des Patents abstellt. Den „Aufhänger“ für diese Argumentation bildet die Eigentumsgarantie des Art. 14 GG, die nach ganz herrschender Auffassung auch die gewerblichen Schutzrechte umfaßt[18]. Darauf soll hier nicht näher eingegangen werden. Die Untersuchung würde sonst auf die Fragestellung verkürzt, wann durch eine Umgestaltung des Patentwesens das Grundrecht des Eigentums in seinem Wesensgehalt angetastet werden könnte. Hier geht es darum, die Ursachen des Dilemmas von Patentschutz und Wettbewerbsfreiheit aufzuzeigen, die in der Tat im ökonomischen Bereich liegen[19].

2. Wirtschaftliche Aspekte

Vergegenwärtigt man sich die jeweilige „Zielvorstellung“, die mit beiden Instrumenten, dem Patentschutz wie der Wettbewerbsfreiheit, verbunden wird, so erhält das Dilemma Züge eines Paradoxons. Beiden Instrumenten wird ein wirtschaftlicher Maximierungseffekt zugespro-

---

fenbar eine von der „Royal Commission on Patents, Copyrights and Industrial Designs in Canada“ veröffentlichte amtliche Untersuchung („Report on Patents of Invention“, 1960); vgl. dazu *Wertheimer*, GRUR Int. 1966, 326; zur jüngsten Entwicklung im „patent bzw. trademark antitrust dilemma“ in den USA *Neale*, 300 ff.; *Callmann*, WuW 1970, 418 ff.

[18] *von Mangoldt / Klein*, I, Anm. III 1 b zu Art. 14 GG; *Maunz / Dürig / Herzog*, I, Anm. 3 zu Art. 14 GG; *Hubmann*, Grundrechte, 3 ff.

[19] In der juristischen Literatur wird die Rechtfertigung des Patentschutzes als Stimulans des technischen Fortschritts durchweg als feststehende Prämisse angenommen, während die Nationalökonomen diese Rechtfertigung gerade in Zweifel ziehen. Dementsprechend stellt sich das Dilemma Patentschutz — Wettbewerbsfreiheit für die juristische Betrachtungsweise als Problem der Abgrenzung beider Rechtgebiete dar, während es für die ökonomische Betrachtungsweise um eine Wertentscheidung für oder gegen ein wettbewerbsorientiertes Wirtschaftssystem geht. Vgl. dazu besonders *Prahl*, 15.

chen. „Beide Rechtsideen“ seien „nicht nur miteinander vereinbar“, sondern dienten „letzten Endes dem gleichen Zweck, nämlich dem wirtschaftlichen Fortschritt und damit dem allgemeinen Wohlstand“[20]. Dieser gemeinsame Zweck soll auf zwei einander diametral entgegengesetzten Wegen verwirklicht werden: auf der einen Seite durch die Intensivierung des wirtschaftlichen Wettbewerbs, der von Beeinträchtigungen möglichst weitgehend freigehalten werden soll, auf der anderen Seite durch die Einrichtung von „Bezirken der Wettbewerbslosigkeit“[21] für den Inhaber gewerblicher Schutzrechte[22].

Darin liegt der Kern des Dilemmas und damit der Ausgangspunkt für Konflikte zwischen Wettbewerbsrecht und gewerblichem Rechtsschutz[23]. Zur Konfliktslösung bieten sich zwei Möglichkeiten an: entweder billigt man den gewerblichen Schutzrechten gegenüber dem Kartellverbot generell einen Ausnahmecharakter zu oder man sieht beide, gewerblichen Rechtsschutz wie Wettbewerbsfreiheit, als gleichwertige und gleichberechtigte Elemente der Markt- und Wettbewerbswirtschaft an, wobei die Konfliktslösung nur von Fall zu Fall im Wege der „Güterabwägung“ erfolgen könnte[24].

§ 2 Nationales Patentrecht und Gemeinsamer Markt der EWG

I. Die nationalen Patentrechte als Hindernis für die Errichtung des Gemeinsamen Marktes

Den Gegnern des herkömmlichen Patentsystems wurde durch die Gründung der EWG eine neue Dimension[1] für ihre Kritik eröffnet.

---

[20] *Magen*, Lizenzverträge, 12; vgl. auch *Lieberknecht*, 18 f.; *Kellermann*, WuW 1958, 643 f.

[21] *Fikentscher*, 142.

[22] Vgl. dazu *Wertheimer*, GRUR Int. 1966, 312, der ebenfalls auf diesen „Ziel — Mittel — Konflikt“ aufmerksam macht und diesen auf eine „gänzlich verschiedene Philosophie“ zurückführt.

[23] Der Begriff „Wettbewerbsrecht“ wird in der vorliegenden Untersuchung als Kurzformel für das „Recht der Wettbewerbsbeschränkungen“ verwendet, schließt also das „Recht des unlauteren Wettbewerbs“ nicht mit ein („Wettbewerbsrecht im engeren Sinn“); die Begriffe „gewerblicher Rechtsschutz“ oder „gewerbliche Schutzrechte“ beziehen sich auf das Patentrecht, das Warenzeichenrecht, das Gebrauchs- sowie das Geschmacksmusterrecht; das Recht des unlauteren Wettbewerbs, das vielfach ebenfalls unter den Begriff des gewerblichen Rechtsschutzes subsumiert wird (vgl. etwa *Hubmann*, Rechtsschutz, 1), bleibt auch hier ausgeklammert.

[24] Vgl. dazu *Fikentscher*, 207 ff., der — ausgehend von der Untersuchung des rechtlichen Schutzes der Persönlichkeit im Wettbewerb — der zweiten Lösungsmöglichkeit zuzuneigen scheint, indem er beiden Seiten des Persönlichkeitsschutzes im Recht, dem Schutz erworbener Werte wie dem Schutz der Handlungsfreiheit, gleichen Rang zubilligt; siehe zum Ganzen auch die Arbeiten von *Geipel, Börlin, Weidlich / Spengler, Bollert* und *Kaufer* sowie die Aufsätze von *F. Neumeyer*, WuW 1960, 240; *Spengler*, GRUR 1961, 607; *Wagret*, GRUR Int. 1967, 77; *Burmann*, WRP 1968, 258 und *H. Hirsch*, WuW 1970, 99.

Der nationale Rahmen des Patentrechts, wie des gewerblichen Rechtsschutzes überhaupt, erwies sich schon bald nach Inkrafttreten des EWGV als Hindernis für die Errichtung des Gemeinsamen Marktes. Es zeigte sich, daß die Begrenzung des Patentschutzes auf das Territorium des jeweiligen patentverleihenden Mitgliedstaates (sog. Territorialitätsprinzip) zu Wettbewerbsverzerrungen und zu Beeinträchtigungen des freien Warenverkehrs im Gemeinsamen Markt führen kann[2]. Die Gründe dafür wurden einerseits in den materiell- wie formellrechtlichen Unterschieden der nationalen Patentrechte, andererseits darin gesehen, daß gegen Importe patentgeschützter Erzeugnisse, selbst wenn diese im Geltungsbereich eines Parallelpatents rechtmäßig in Verkehr gebracht worden waren, die Patentverletzungsklage aus dem inländischen Patentrecht erhoben werden kann. Der zuerst genannte Gesichtspunkt hatte schon lange vor Gründung der EWG Anlaß zu Bemühungen in Richtung auf die Vereinheitlichung des Patentrechts auf internationaler Ebene gegeben. Hier sind besonders die Arbeiten im Rahmen des Europarats[3] und die ebenfalls schon länger andauernden Vereinheitlichungsbestrebungen im Bereich der skandinavischen Länder[4] zu nennen. Diese Bemühungen zielen in erster Linie auf eine Vereinfachung des Erteilungsverfahrens ab, insbesondere im Hinblick auf die heute zur Regel gewordene Patentierung ein- und derselben Erfindung in verschiedenen Ländern (sog. Mehrfachanmeldung). Sie sind damit zugleich auf das Ziel der Erhaltung der Funktionsfähigkeit des Patentsystems überhaupt gerichtet.

---

[1] In ähnlichem Sinne *Wertheimer*, GRUR Int. 1966, 325, der davon spricht, daß die Eigenständigkeit des EWG-Rechts dem allgemeinen Problem des Verhältnisses der gewerblichen Schutzrechte zu den Wettbewerbsvorschriften eine neue Dimension hinzufüge.

[2] Die Unvereinbarkeit des Territorialitätsprinzips mit den Erfordernissen eines Gemeinsamen Marktes wurde schon bald nach Gründung der EWG von namhaften Autoren aufgezeigt; siehe etwa *Saint-Gal*, ZfdgHR Bd. 121 (1958), 188; *Bodenhausen*, GRUR Int. 1958, 222; *Gotzen*, GRUR Int. 1958, 224 f.; *Strauß*, 32 ff.; *E. Ulmer*, Wege, 12 f.; *ders.*, GRUR Int. 1962, 273; *von der Groeben*, GRUR Int. 1959, 629; vgl. in diesem Zusammenhang auch den interessanten Hinweis von *Goldstein*, in: Brevets et marques, 121 f., der die gegenwärtige Situation in der EWG mit der historischen Entwicklung in den USA vergleicht.

[3] Die Arbeiten im Rahmen des Europarats begannen noch in dessen Gründungsjahr 1949 ausgehend von dem Plan des französischen Senators *Longchambon* für die Errichtung eines europäischen Patentamts; vgl. dazu und zu den späteren Europäisierungsplänen im Rahmen des Europarates *E. Reimer*, 51 ff.; die Ergebnisse dieser Arbeiten sind die „Europäische Übereinkunft über Formerfordernisse bei Patentanmeldungen" vom 11. 12. 1953 (abgedruckt in GRUR Int. 1954, 153) und das „Übereinkommen über die Vereinheitlichung gewisser Begriffe des Patentrechts" vom 27. 11. 1963 (abgedruckt in GRUR Int. 1964, 259); vgl. dazu auch *Pfanner*, GRUR Int. 1964, 247.

[4] Vgl. dazu und zum Stand der Entwicklung *von Zweigbergk / Levin*, GRUR Int. 1968, 305.

In die gleiche Richtung geht der 1968 von den Vereinigten Internationalen Büros für den Schutz des geistigen Eigentums (BIRPI) in Genf vorgelegte Entwurf eines Vertrages über die Internationale Zusammenarbeit auf dem Gebiet des Patentwesens (Patent Cooperation Treaty — PCT —)[5].

Die Ziele der EWG[6] geben den Vereinheitlichungsbestrebungen im Bereich des Patentrechts einen erhöhten Stellenwert. Die Errichtung des Gemeinsamen Marktes erfordert über bloße rechtstechnische Erleichterungen bei Mehrfachpatentierungen hinaus die Beseitigung der nationalen Schutzrechtsgrenzen. Das wiederum ist gleichbedeutend damit, daß für den Bereich dieses Gemeinsamen Marktes die Notwendigkeit für Mehrfachpatentierungen überhaupt entfällt. Das Erfordernis, die Schutzrechtsgrenzen im Gemeinsamen Markt zu beseitigen, ergibt sich aus dem zweiten der oben erwähnten Gesichtspunkte, nämlich der Möglichkeit, durch Erhebung der Patentverletzungsklage den Import geschützter Erzeugnisse zu verhindern. Damit stellt sich die Beseitigung der Schutzrechtsgrenzen als Funktion der Errichtung des Gemeinsamen Marktes dar, zu dessen Hauptelementen die Freiheit des Warenverkehrs zählt. Hier liegt der grundlegende Unterschied gegenüber den herkömmlichen Vereinheitlichungsbemühungen. Während

---

[5] BIRPI-Dokument PCT/III/5 vom 15. 7. 1968 (deutsche Übersetzung in Beilage zum Bundesanzeiger Nr. 223 vom 29. 11. 1968); vgl. dazu *Mast*, GRUR Int. 1968, 251 und GRUR Int. 1969, 39, 185, 272; der „Patent Cooperation Treaty" (PCT) wurde am 19. 6. 1970 zum Abschluß einer vierwöchigen Diplomatischen Konferenz in Washington durch die Bevollmächtigten von 20 Staaten unterzeichnet; vgl. dazu die Mitteilungen in AWD 1970, 372 f.; 1971, 240 f. sowie *Klaus*, AWD 1971, 86; Text des „Vertrages über die internationale Zusammenarbeit auf dem Gebiet des Patentwesens" mit Einführung und Bericht der Deutschen Delegation in GRUR Int. 1971, 99 (Heft 4 = PCT-Sonderheft); vgl. auch die Würdigung des PCT von *Pfanner*, GRUR Int. 1971, 459 mit ausführlichen Literaturnachweisen.

[6] Nach Präambel und Eingangsartikeln des EWGV lassen sich zwei Gattungen von Zielen unterscheiden: allgemeinpolitische Ziele einerseits, wirtschaftspolitische Ziele andererseits; die erste Zielgattung betrifft das Verhältnis der „europäischen Völker" zueinander und zur übrigen Welt; an ihr erweist sich, daß die EWG von ihren Gründern als Teilabschnitt eines auf Dynamik angelegten Integrations*prozesses* angesehen wurde; dieser „übergreifende" Zielbereich wird in der Präambel eindeutig festgelegt (vgl. den ersten Satz, in dem von einem „immer engeren Zusammenschluß der europäischen Völker" die Rede ist); die zweite Zielgattung betrifft die konkreten Zielsetzungen, die die Mitgliedstaaten im wirtschaftlichen Bereich mit der EWG verfolgen; den „harten Kern" dieses Zielbereichs bilden die beiden Grundparameter „Wirtschaftswachstum" und „Stabilität" (vgl. dazu ebenfalls die Präambel, vor allem aber Art. 2, der als zentrale Bestimmung im Rahmen der Eingangsartikel des EWGV anzusehen ist); beide Zielgattungen bedingen einander: ein „Zusammenschluß der europäischen Völker" läßt sich nicht „uno actu" sondern nur auf dem Wege über „Teilzusammenschlüsse" verwirklichen; diese Teilzusammenschlüsse bleiben aber nur solange konsistent, wie sie sich als Elemente eines dynamischen, auf den „Gesamtzusammenschluß" hin fortschreitenden Prozesses verstehen.

diese das System nationaler, voneinander unabhängiger Schutzrechte unangetastet lassen, müssen die auf die Verwirklichung des freien innergemeinschaftlichen Warenverkehrs ausgerichteten Vereinheitlichungsbemühungen im Rahmen der EWG dieses System notwendigerweise in Frage stellen.

II. Die Schaffung eines europäischen Patentrechts

1. Erste Phase (Vorentwürfe eines Abkommens über ein europäisches Patentrecht und eines Abkommens über ein europäisches Markenrecht)

Bereits 1959, im zweiten Jahr der EWG, wurden auf Initiative der EWG-Kommission drei Arbeitsgruppen („Patente", „Warenzeichen" und „Muster und Modelle") sowie ein Koordinierungsausschuß eingesetzt. Die Arbeitsgruppen setzten sich aus Sachverständigen der Mitgliedsstaaten und der Kommission zusammen. Ihre Aufgabe bestand darin, Abkommensvorentwürfe für ein europäisches Patent-, Warenzeichen- und Geschmacksmusterrecht auszuarbeiten. Als erste konnte die Arbeitsgruppe „Patente" mit einem „Vorentwurf eines Abkommens über ein europäisches Patentrecht" aufwarten, der im November 1962 veröffentlicht wurde[7]. Im Jahre 1964 wurde der „Vorentwurf eines Abkommens über ein europäisches Markenrecht"[8] fertiggestellt, der jedoch erst kürzlich veröffentlicht worden ist[9]. Die Arbeiten an einem Abkommensvorentwurf über ein europäisches Geschmacksmusterrecht sind bislang über ein Anfangsstadium nicht hinausgelangt[10].

Nachdem der zügig und unter lebhafter Anteilnahme des patentrechtlichen Schrifttums[11] erarbeitete Vorentwurf des europäischen Pa-

---

[7] Koordinierungsausschuß auf dem Gebiet des gewerblichen Rechtsschutzes eingesetzt von den Mitgliedstaaten und der Kommission der Europäischen Wirtschaftsgemeinschaft, Vorentwurf eines Abkommens über ein europäisches Patentrecht ausgearbeitet von der Arbeitsgruppe „Patente", hrsg. vom Veröffentlichungsdienst der Europäischen Gemeinschaften, Luxemburg 1962.

[8] EWG-Dok. 1076/IV/63.

[9] Europäische Gemeinschaften. Die Kommission, Vorentwurf eines Übereinkommens über ein europäisches Markenrecht. Ausgearbeitet von der Arbeitsgruppe „Marken", 1973 (hrsg. vom Amt für amtliche Veröffentlichungen der Europäischen Gemeinschaften, Luxemburg, Dok. Nr. 8381).

[10] Vgl. zur Entstehung und Zielsetzung des Abkommensvorentwurfs von 1962 über ein europäisches Patentrecht dessen Einführung; eine Einführung in die Problematik der Rechtsvereinheitlichung auf dem Gebiet des gewerblichen Rechtsschutzes verbunden mit einem Überblick über den wesentlichen Inhalt des Patentvorentwurfs enthält der Beitrag von *Schwab* in „Einführung in die Rechtsfragen der europäischen Integration"; vgl. dazu auch *Froschmaier*, GRUR Int. 1962, 433; *Deringer*, AWD 1970, 204 f.

[11] Vgl. die oben (§ 2 I. Fußnote 2) gegebenen Nachweise sowie *Haertel*, GRUR 1965, 58; *ders.*, GRUR Int. 1966, 135 u. a. m.

tentrechts vorlag, kam die Entwicklung ins Stocken und schließlich um die Mitte des Jahres 1964 ganz zum Stillstand. Dies war weniger eine Folge sachlicher Schwierigkeiten als das Ergebnis einer zunehmenden Verlangsamung des Integrationsprozesses in der Gemeinschaft. An die Stelle des Elans des ersten Jahrfünfts der EWG war das „Karussel der Krisen" getreten[12]. Der Gemeinschaftsgeist der Gründerjahre wurde mehr und mehr durch den Interessenpartikularismus der Mitgliedstaaten in Frage gestellt. Gerade der Bereich des gewerblichen Rechtsschutzes gibt dafür ein eindrucksvolles Beispiel ab[13].

Angesichts dieses Rückschlags und wohl auch im Hinblick darauf, daß das vorgesehene europäische Patentrecht die nationalen Patentrechte nicht ersetzen sollte, war es nicht verwunderlich, daß nach anderen Wegen zur Überwindung des Territorialitätsprinzips gesucht wurde. Hier hat der Versuch von *Koch* und *Froschmaier*[14], die Marktaufteilung und -abriegelung mit Hilfe der Patentverletzungsklage durch eine „vertragskonforme Auslegung" des nationalen Patentrechts und insbesondere der Lehre von der „Erschöpfung" des Patentschutzes zu verhindern, besondere Beachtung, wenn auch in Form nahezu einmütiger Ablehnung[15] gefunden.

2. Zweite Phase (Vorentwürfe eines Übereinkommens über ein europäisches Patenterteilungsverfahren und eines Übereinkommens über das europäische Patent für den Gemeinsamen Markt)

Nach über vierjähriger Stagnation wurden die Arbeiten zur Vereinheitlichung des Patentrechts im Frühjahr 1969 wieder aufgenommen. Der Anstoß für diesen Neubeginn kam aus Frankreich. Der damalige französische Außenminister *Debré* hatte Anfang Dezember 1968 einen Vorschlag zur Wiederaufnahme der Arbeiten unterbreitet, dem eine neue Konzeption des europäischen Patentrechts zugrunde lag[16]. Diese

---

[12] Vgl. zur „Geschichte der EWG-Krisen" den Aufsatz von *Gerda Zellentin*, Integration 1970, 20.

[13] Eine Spezifizierung der zahlreichen, auf vielfältige Weise miteinander verquickten Gründe, die zum Scheitern des ersten Anlaufs auf das europäische Patentrecht führten, bringt *Beier*, GRUR Int. 1969, 146.

[14] GRUR Int. 1965, 121.

[15] *Monnet*, GRUR Int. 1965, 303 f.; *Was*, GRUR Int. 1965, 609 f.; *Wertheimer*, GRUR Int. 1966, 324; *P. Ulmer*, AWD 1966, 494 f.; *Heiseke*, GRUR Int. 1967, 60 ff.; *Deringer*, GRUR Int. 1968, 108; *Magen*, NJW 1968, 1062; *M. Hirsch*, in: Brevets et marques, 103 ff.; *Samwer*, GRUR Int. 1969, 3 ff.

[16] Den Anstoß für die Initiative Frankreichs gaben die raschen Fortschritte bei der Verwirklichung des von den USA angeregten Plans eines

Konzeption sah die Schaffung eines „groß-europäischen Bündelpatents mit EWG-Kern“[17] vor. Zu diesem Zweck sollten zwei getrennte Übereinkommen angestrebt werden. Mit dem ersten Übereinkommen, das neben den EWG-Staaten auch anderen europäischen Staaten, in erster Linie den damaligen „Beitrittskandidaten“ Großbritannien, Norwegen, Dänemark und Irland sowie den „Neutralen“ Schweden, Schweiz und Österreich offen stehen sollte, war die Einführung eines gemeinsamen europäischen Patenterteilungsverfahrens vorgesehen. Danach wird das Patent aufgrund einheitlicher formeller und materieller Erteilungsvoraussetzungen durch das europäische Patentamt erteilt.

Dieses gemeinsame Erteilungsverfahren führt grundsätzlich zu einem Bündel nationaler Patente, die nach Wirkung und Rechtsfolgen dem nationalen Recht der einzelnen Vertragsstaaten unterliegen. Nach dem zweiten, auf die Mitgliedstaaten der EWG beschränkten Übereinkommen, führt die Anmeldung beim europäischen Patentamt zur Erteilung eines einheitlichen europäischen Patents, dessen Rechtswirkungen sich allein nach den Bestimmungen des Übereinkommens beurteilen[18].

Bereits in der Ratssitzung vom 9./10. 12. 1968, in der die französischen Vorschläge offiziell vorgelegt worden waren, wurde ein Beschluß über das weitere Vorgehen gefaßt. Der Rat beauftragte den Ausschuß der Ständigen Vertreter, die Arbeiten zur Schaffung eines europäischen Patentrechts auf der Grundlage der Initiative der französischen Regierung wieder aufzunehmen. Dieser Auftrag führte zur Einsetzung einer Sachverständigengruppe unter dem Vorsitz des Präsidenten des Deutschen Patentamts, *Haertel*, der seinerzeit auch die Arbeitsgruppe „Patente“ geleitet hatte. Der von den Sachverständigen am 7. 2. 1969 vorgelegte Bericht[19] über die Möglichkeiten für die Schaffung eines europäischen Patentrechts auf der Grundlage der neuen französischen Konzeption wurde in der Sitzung des Rates vom 3. 3. 1969 erörtert. Der Rat folgte im wesentlichen den in dem Bericht enthaltenen Anregungen, die eine Annahme der französischen Vorschläge empfahlen. Er beschloß nunmehr endgültig, die Arbeiten am europäischen Patentrecht unter Zugrundelegung dieser Vorschläge unverzüglich wieder aufzunehmen.

Auf Grund dieses Beschlusses wurden die Vorarbeiten für die beiden Übereinkommen „zweispurig“ in Angriff genommen. Am 21. 5. 1969

„Patent Cooperation Treaty“, der mit Nachteilen für die französische Industrie verbunden zu sein schien; vgl. dazu die Hinweise bei *Beier*, GRUR Int. 1969, 146 f. und *Deringer*, AWD 1970, 205.

[17] *Beier*, GRUR Int. 1969, 147.

[18] Vgl. zum Inhalt der französischen Vorschläge *Beier*, GRUR Int. 1969, 147, sowie die Mitteilung in AWD 1969, 23 f.

[19] Dok. R/209/69 (ECO 31).

trat in Brüssel auf Einladung des Rates der EG eine Regierungskonferenz aus Vertretern von 17 europäischen Staaten[20] zusammen, die über die Einführung eines europäischen Patenterteilungsverfahrens beriet. Als Grundlage der Beratungen diente ein Memorandum der EG-Mitgliedstaaten[21] über die Grundzüge des in Aussicht genommenen einheitlichen europäischen Patenterteilungsverfahrens, das den Teilnehmerstaaten der Konferenz zusammen mit der Einladung übermittelt worden war. Die Vorschläge dieses Memorandums wurden von der Konferenz im Grundsatz gebilligt und als Ausgangspunkt für die künftigen Arbeiten akzeptiert. Die Konferenz beschloß die Einsetzung einer Arbeitsgruppe aus Vertretern der Delegationen Deutschlands, Frankreichs, der Niederlande, Schwedens, der Schweiz und des Vereinigten Königreichs mit dem Auftrag, einen Abkommensvorentwurf über ein europäisches Patenterteilungsverfahren auszuarbeiten und der Konferenz vorzulegen. Dieser Auftrag wurde innerhalb von nur 6 Monaten erfüllt, so daß die Regierungskonferenz über die Einführung eines europäischen Patenterteilungsverfahrens bereits auf einer zweiten Tagung vom 16. 1. 1970 den „Ersten Vorentwurf eines Übereinkommens über ein europäisches Patenterteilungsverfahren" verabschieden konnte. Auf Beschluß der Konferenz wurden dieser erste Vorentwurf sowie die Berichte der an der Arbeitsgruppe beteiligten Delegationen veröffentlicht[22], um den „interessierten Kreisen"[23] in den Teilnehmerstaaten Gelegenheit zur Stellungnahme zu geben. Diese Stellungnahmen sind teilweise in der Form öffentlicher Anhörungen erfolgt, die bereits Ende April 1970 begannen[24].

---

[20] Außer den sechs EG-Staaten Belgien, Deutschland, Frankreich, Italien, Luxemburg, Niederlande und den damaligen „Beitrittskandidaten" Großbritannien, Norwegen, Dänemark, Irland nahmen teil die Staaten Griechenland, Österreich, Portugal, Schweden, Schweiz, Spanien und Türkei.

[21] Memorandum vom 13. 5. 1969, Regierungskonferenz über die Einführung eines europäischen Patenterteilungsverfahrens, Dok. BR/2/69 (abgedruckt in GRUR Int. 1969, 226 ff.).

[22] Regierungskonferenz über die Einführung eines europäischen Patenterteilungsverfahrens,

— Erster Vorentwurf eines Übereinkommens über ein europäisches Patenterteilungsverfahren

— Berichte zum ersten Vorentwurf eines Übereinkommens über ein europäisches Patenterteilungsverfahren,

hrsg. vom Amt für amtliche Veröffentlichungen der Europäischen Gemeinschaften, Luxemburg 1970.

[23] Der Begriff der „interessierten Kreise" („milieux intéressés") stellt eine Sprachschöpfung der EG-Bürokratie dar; er hat sich zur Bezeichnung der nichtstaatlichen Organisationen, insbesondere der Wirtschaftsverbände und der Berufsvereinigungen, eingebürgert.

[24] Vgl. zum jeweiligen Stand der Arbeiten die laufenden Berichte in den einschlägigen Fachzeitschriften, beispielsweise in AWD (z. B. AWD 1969, 23 f., 149 f., 236; 1970, 131), NJW (insbesondere die Berichte von *Deringer*

Mit der Ausarbeitung eines Vorentwurfs für das zweite Übereinkommen über ein einheitliches europäisches Patent wurde die vom Ausschuß der Ständigen Vertreter eingesetzte Sachverständigengruppe aus Vertretern der sechs EG-Staaten unter dem Vorsitz von *Haertel* betraut (Sachverständigengruppe „Gemeinschaftspatent"). Der von dieser Gruppe erstellte „Erste Vorentwurf eines Übereinkommens über das europäische Patent für den Gemeinsamen Markt" wurde ebenfalls im Frühjahr 1970 zusammen mit dem Abkommensvorentwurf über das europäische Patenterteilungsverfahren veröffentlicht[25]. Dadurch sollte von Anfang an eine gewisse Parallelität in der weiteren Behandlung beider Abkommen sichergestellt werden, zumal ursprünglich beabsichtigt war, die Unterzeichnung der Abkommen uno acto vorzunehmen[26]. Den in Frage kommenden Organisationen sollte darüber hinaus die Möglichkeit gegeben werden, das Abkommen über das Gemeinschaftspatent von vornherein in ihre Stellungnahmen einzubeziehen. Auf der Grundlage dieser Stellungnahmen hat die Sachverständigengruppe „Gemeinschaftspatent" dann einen zweiten Vorentwurf ausgearbeitet[27].

Dieser zweite Vorentwurf ist nach erneuten Anhörungen weiter im Rahmen der Sachverständigengruppe „Gemeinschaftspatent" beraten

---

bzw. *Deringer / Sedemund* über die Entwicklung des Europäischen Gemeinschaftsrechts, z. B. NJW 1969, 361; 1970, 987 f.), EuR (Berichte von *Bülow* über die Entwicklung des Gemeinschaftsrechts, z. B. EuR 1969, 177) sowie in GRUR Int. (z. B. GRUR Int. 1969, 225 f.).

Auf der Grundlage der Stellungnahmen und Anhörungen zum „Ersten Vorentwurf" wurde ein „Zweiter Vorentwurf" erarbeitet, der von der Regierungskonferenz über die Einführung eines europäischen Patenterteilungsverfahrens auf ihrer sechsten Tagung im Juni 1972 in Luxemburg angenommen wurde. Die Festlegung der endgültigen Texte erfolgte im Rahmen einer Diplomatischen Konferenz, die vom 10. 9. bis 6. 10. 1973 in München stattfand, und die mit der Unterzeichnung des Übereinkommens über die Einführung eines europäischen Patenterteilungsverfahrens durch 21 europäische Staaten endete (Unterzeichnerstaaten sind: Belgien, Bundesrepublik Deutschland, Dänemark, Finnland, Frankreich, Griechenland, Irland, Italien, Jugoslawien, Liechtenstein, Luxemburg, Monaco, Niederlande, Norwegen, Österreich, Portugal, Schweden, Schweiz, Spanien, Türkei und Vereinigtes Königreich). Vgl. zur abschließenden Phase der Arbeiten auf Sachverständigenebene u. a. *Moser v. Filseck*, GRUR Int. 1971, 1; *Haertel / Mast / Singer / Bossung*, GRUR Int. 1971, 345; *Mast*, GRUR Int. 1973, 1.

[25] Rat der Europäischen Gemeinschaften, Erster Vorentwurf eines Übereinkommens über das europäische Patent für den Gemeinsamen Markt ausgearbeitet von der Sachverständigengruppe „Gemeinschaftspatent", hrsg. vom Amt für amtliche Veröffentlichungen der Europäischen Gemeinschaften, Luxemburg 1970.

[26] Diese Absicht hatten die Mitgliedstaaten der EG bereits in dem Memorandum vom 13. 5. 1969 bekundet.

[27] Zweiter Vorentwurf eines Übereinkommens über das europäische Patent für den Gemeinsamen Markt ausgearbeitet von der Sachverständigengruppe „Gemeinschaftspatent" (Stand vom 18. 6. 1971) Dok. R/1307 d/71 (ECO 130) (BC 19).

worden, seit Mai 1972 unter Teilnahme der Beitrittsstaaten Großbritannien, Dänemark und Irland. Diese Beratungen konzentrierten sich zuletzt auf rechtliche Fragen im Zusammenhang mit einzelnen Bestimmungen des Vorentwurfs. Zur näheren Prüfung dieser Fragen hatte die Sachverständigengruppe „Gemeinschaftspatent" im Oktober 1972 eine Untergruppe „Rechtsfragen" eingesetzt, die ihre Arbeit mit einer Zusammenstellung der von den Delegationen sowie den „interessierten Kreisen" aufgeworfenen Fragen einleitete[28]. Die von einem Redaktionsausschuß der Sachverständigengruppe „Gemeinschaftspatent" ausgearbeiteten Texte wurden in einer weiteren Sitzungsperiode vom 19. - 30. 3. 1973 erneut von der Sachverständigengruppe „Gemeinschaftspatent" geprüft und in einer überarbeiteten Fassung dem Ausschuß der Ständigen Vertreter unterbreitet[29].

Dieser „vorläufig endgültige" Text liegt inzwischen in einer gedruckten mehrsprachigen Fassung vor, die vom Amt für amtliche Veröffentlichungen der Europäischen Gemeinschaften in Luxemburg herausgegeben worden ist. Nach dem ursprünglichen Zeitplan sollten die Arbeiten an dem Übereinkommen „Gemeinschaftspatent" im Rahmen einer Schlußkonferenz vom 6. bis 28. Mai 1974 in Luxemburg bis zur „Paraphierungsreife" vorangetrieben werden. Anschließend sollte im Laufe des Juni 1974 die Unterzeichnung durch die Außenminister der Mitgliedstaaten erfolgen. Diese Zeitvorstellungen haben sich inzwischen als zu ambitiös erwiesen. Aufgrund von zum Teil sehr weitgehenden Änderungswünschen „in letzter Minute", vor allem von Seiten der „neuen" EG-Mitgliedstaaten, mußte die Luxemburger Konferenz zunächst abgesetzt werden. Im Augenblick ist völlig offen, ob das Übereinkommen bereits in absehbarer Zeit unterzeichnet werden kann.

2. Abschnitt

Problemstellung und Gang der Untersuchung

§ 3 Problemstellung

Die Arbeiten zur Schaffung eines „Europäischen Patents" im Rahmen der Gemeinschaft dauern bereits mehr als zehn Jahre. Die europäische Lösung wird i. ü. nicht per se an die Stelle der nationalen Lösungen, sondern nur neben diese treten. Die nationalen Patentrechte werden noch längere Zeit neben dem europäischen Patentrecht bestehen blei-

[28] Vgl. dazu Dok. R/2315/72 (ECO 226) (BC 21).

[29] Dok. 785 d/73 (ECO 92) (BC 19).

ben. Das „Europäische Patent" wird dem Erfinder lediglich wahlweise neben einem nationalen Patent seines Heimatlandes angeboten, wobei außerdem das eine das andere nicht ausschließt[1].

Angesichts dieser längerfristigen Perspektive einer wirklichen Patentrechtsvereinheitlichung in der Gemeinschaft erscheint es verständlich, wenn für die Probleme, die sich im Hinblick auf die Errichtung des Gemeinsamen Marktes aus dem Fortbestehen nationaler Patentrechte ergeben, eine Lösung aus dem geltenden Gemeinschaftsrecht gesucht wird. Einen ersten Versuch in dieser Richtung stellten die bereits erwähnten Überlegungen von *Koch* und *Froschmaier*[2] dar.

Als eines der Hauptprobleme erweist sich dabei das der sog. Parallelimporte. Unter Parallelimport ist, bezogen auf den Fall des Patentrechts, die Einfuhr von Erzeugnissen zu verstehen, für die im Inland Patentschutz besteht und bei denen dem Patentinhaber oder einem mit diesem wirtschaftlich verbundenen Unternehmen entsprechende Patente im Verbreitungsstaat zustehen, und das eingeführte Erzeugnis dort rechtmäßig in Verkehr gebracht worden war. Es fragt sich, ob die nach der in der patentrechtlichen Rechtsprechung und Literatur bisher noch überwiegenden Abfassung bestehende Möglichkeit, derartige Parallelimporte mit dem Mittel der patentrechtlichen Verletzungsklage zu verhindern, für den Bereich des Gemeinsamen Marktes — unbeschadet einer ausdrücklichen Regelung in dem geplanten Übereinkommen über das „Europäische Patent" — bereits nach geltendem (Gemeinschafts-)Recht ausgeschlossen ist.

§ 4 Gang der Untersuchung

Als Ausgangspunkt für die Beantwortung dieser Frage bietet sich die einschlägige Rechtsprechung des EuGH an (Urteile Grundig / Consten und Parke-Davis sowie Sirena und Deutsche Grammophon). In diesen Urteilen hatte sich das Gericht mit dem Verhältnis der nationalen gewerblichen Schutzrechte zum Gemeinschaftsrecht zu befassen. Es hat zwar — wenigstens für das Patentrecht — noch keine abschließende Antwort auf die hier zu untersuchende Frage gegeben, jedoch grundlegende Markierungen gesetzt, die für die Bestimmung des Verhältnisses von Gemeinschaftsrecht und nationalen gewerblichen Schutzrechten und schließlich auch für die Beantwortung der Frage nach einer möglichen Lösung des Parallelimportproblems richtungweisend sein können.

---

[1] Vgl. den Hinweis von *Alexander*, Cah. dr. eur. 1971, 600.
[2] GRUR Int. 1965, 121; vgl. oben § 2 II. 1.

Bevor jedoch dieser Frage im einzelnen nachgegangen wird, soll versucht werden, den Begriff des sog. Territorialitätsprinzips näher zu analysieren. Obwohl dieser Begriff die Diskussion der Parallelimportproblematik immer noch weitgehend beherrscht, trägt er in den meisten Fällen eher zur Verwirrung als zur Verständigung bei.

Eine Antwort auf die Frage einer Lösung des Parallelimportproblems aus dem geltenden Gemeinschaftsrecht wird schließlich dadurch gesucht, daß die einzelnen Lösungsansätze für eine Überwindung der Territorialität der Patentrechtserschöpfung im Wege der Subsumtion unter die jeweils angezogenen Artikel des EWGV geprüft werden.

Abschließend soll dann auf die in dem Entwurf für ein europäisches „Gemeinschaftspatent“ vorgesehene Lösung eingegangen werden.

Zweites Kapitel

Die Rechtsprechung des EuGH (Urteile Grundig / Consten und Parke-Davis[1] sowie Sirena und Deutsche Grammophon[2])

§ 5 Das Urteil Grundig/Consten

I. Sachverhalt

Die Problematik des Verhältnisses von gewerblichen Schutzrechten oder Urheberrechten und EWGV hat den EuGH in mehreren Rechtssachen beschäftigt. Grundlegend für die Rechtsprechung des Gerichts

---

[1] EuGH, Urt. vom 13. 7. 1966, verbundene Rechtssachen 56 und 58/64 (Consten GmbH und Grundig-Verkaufs-GmbH gegen Kommission der EWG) Rspr. XII, 321 sowie Urt. vom 29. 2. 1968, Rechtssache 24/67 (Firma Parke, Davis and Co. gegen Firmen Probel, Reese, Beintema-Interpharm und Centrafarm, Ersuchen um Vorabentscheidung vorgelegt vom „Gerechtshof" Den Haag) Rspr. XIV, 85; die im Text verwendeten Kurzbezeichnungen „Grundig / Consten" und „Parke-Davis" sollen die Darstellung vereinfachen. Beide Urteile sind in zahlreichen Anmerkungen besprochen worden; *Grundig / Consten: Baardmann*, Cah. dr. eur. 1966, 669; *Bohlig*, GRUR Int. 1966, 584; *Deringer*, NJW 1966, 1585 = CMLR, Bd. 4 (1966/67), 220 (engl. Fassung); *Gleiss / Hootz*, AWD 1966, 310; *Hootz*, NJW 1966, 2249; *Kirschstein*, WuW 1966, 777; *ders.*, AWD 1967, 209; *Koenigs*, EuR 1966, 343; *Mailänder*, BB 1966, 838; *Pfeifer*, JZ 1966, 677; *Le Tallec*, AWD 1966, 437; *Tessin*, DB 1966, 1261; *Würdinger*, EuR 1966, 283; *André*, CMLR, Bd. 5 (1967/68), 35; *Gleiss*, WRP 1967, 163; *H. Schumacher*, WuW 1967, 3 = Brevets et marques, 49 (frz. Fassung); *Parke-Davis: Alexander*, Cah. dr. eur. 1968, 307; *Deringer*, GRUR Int. 1968, 105; *Fuß*, DVBl. 1968, 460; *Gleiss*, WRP 1968, 143; *Grüter*, WRP 1968, 214; *Kirschstein*, EuR 1968, 306; *Koch*, AWD 1968, 185; *Magen*, NJW 1968, 1061; *H. Schumacher*, WuW 1968, 487; *Tessin / Sedemund*, BB 1968, 604.

[2] EuGH, Urt. vom 18. 2. 1971, Rechtssache 40/70 (Sirena S. r. l. gegen Eda S. r. l. und andere, Ersuchen um Vorabentscheidung vorgelegt vom Tribunale civile e penale in Mailand) Rspr. XVII, 69 sowie Urt. vom 8. 6. 1971, Rechtssache 78/70 (Firma Deutsche Grammophon Gesellschaft mbH gegen Firma METRO-SB-Großmärkte GmbH & Co KG, Ersuchen um Vorabentscheidung vorgelegt vom OLG Hamburg) Rspr. XVII, 487; Kurzbezeichnungen: „Sirena" und „Deutsche Grammophon". Auch diese beiden Urteile sind vielfach besprochen worden. Die wichtigsten Anmerkungen sind: *zum Sirena-Urteil: Chavanne*, Rev. trim. dr. eur. 1971, 830; *Deringer*, AWD 1971, 179; *Kraft*, MA 1972, 35; *Loewenheim*, GRUR Int. 1971, 260; *de Mello*, Gaz. Pal. 1971 (ler sem.) Doctrine, 172; *Röttger*, GRUR Int. 1971, 469; *Völp*, WRP 1971, 197; *zum Urteil Deutsche Grammophon: Alexander*, Cah. dr. eur. 1971, 594; *Deringer / Sedemund*, AWD 1971, 341; *Emmerich*, DB 1972, 1275, 1325; *Marchini-Camia*, Dir. Sc. Int. 1971, 463; *Mestmäcker*, Schulze Rspr. UrhR EuGH Nr. 1, 33; *Roeber*, Film R 1971, 349; *Schröter*, WRP 1971, 356; *Wertheimer*, SEW 1971, 659.

in diesem Bereich waren die Urteile Grundig / Consten und Parke-Davis. Während im Fall Grundig / Consten das Verhältnis von nationalem Warenzeichenrecht und EWG-Wettbewerbsrecht nur einen Teilaspekt der Beurteilung des Alleinvertriebsvertrages Grundig / Consten darstellte, war die Vereinbarkeit des Territorialitätsprinzips im Patentrecht mit dem EWGV, insbesondere mit den Wettbewerbsvorschriften des Vertrages, im Fall Parke-Davis alleiniger Gegenstand der Entscheidung.

Dem Urteil Grundig / Consten lag folgender Sachverhalt[3] zugrunde: Die deutsche Firma Grundig-Verkaufs-GmbH hatte mit der französischen Firma Etablissements Consten einen Vertrag über den Vertrieb von Grundig-Erzeugnissen (Rundfunk-, Tonband-, Diktier- und Fernsehgeräten) in Frankreich geschlossen. Darin wurde die Firma Consten zum „Alleinvertreter" für das französische Mutterland, das Saargebiet und Korsika bestellt. Diese „Alleinvertriebsvereinbarung" sah für Consten eine Reihe von Verpflichtungen vor, darunter eine Abnahmepflicht in bestimmter Mindesthöhe, sowie die Verpflichtung zum Betrieb einer Reparaturwerkstatt und zur Leistung des Garantie- und Kundendienstes. Außerdem unterwarf sich Consten einem absoluten Konkurrenz- und Exportverbot[4]. Dafür ging Grundig seinerseits die Verpflichtung ein, Consten den Verkauf von Grundig-Geräten im Vertragsgebiet zu überlassen und dort weder unmittelbar noch mittelbar an andere Personen zu liefern.

Consten erhielt die Erlaubnis zur Benutzung des Namens- und Bildzeichens von Grundig und ließ außerdem in Frankreich das Warenzeichen GINT („Grundig International") auf seinen Namen eintragen. Dieses Zeichen ist international für Grundig registriert und wird auf allen Grundig-Geräten angebracht, einschließlich der auf dem deutschen Markt verkauften. Zu einem späteren Zeitpunkt gab Consten dazu die „Erklärung" ab, daß „dieses Warenzeichen ausschließlich zur Verwendung auf Geräten bestimmt (ist), die von der deutschen Firma Grundig erzeugt sind"[5]. Weiter erklärte die Firma Consten, daß sie nach Beendigung des Alleinvertriebsverhältnisses verpflichtet sei, das Zeichen GINT mit allen Rechten auf Grundig zu übertragen oder löschen

---

[3] Zur Vorgeschichte des Grundig / Consten-Urteils *Waelbroeck* in Brevets et marques, 47.

[4] Das *Konkurrenzverbot* ging dahin, „weder für eigene noch für fremde Rechnung gleichartige Waren zu vertreiben, die den vertragsgegenständlichen Waren Konkurrenz machen konnten"; Gegenstand des *Exportverbots* war die Verpflichtung, „weder unmittelbar noch mittelbar aus dem Vertragsgebiet in andere Länder zu liefern" (EuGH Rspr. XII, 328); entsprechende Verbote hatte die Firma Grundig bereits ihren Alleinvertriebsberechtigten in anderen EWG-Ländern sowie den Großhändlern in Deutschland auferlegt.

[5] EuGH Rspr. XII, 328.

zu lassen. Nachdem Consten vor französischen Gerichten mehrere Klagen wegen unlauteren Wettbewerbs[6] und unbefugter Benutzung des Warenzeichens GINT gegen französische Parallelimporteure erhoben hatte, wurde schließlich auch der EuGH mit dem Alleinvertriebsvertrag Grundig-Consten befaßt. Dazu kam es, nachdem Grundig die mit Consten und den Vertriebsberechtigten in den übrigen Mitgliedstaaten abgeschlossenen Alleinvertriebsverträge zur Prüfung und Erteilung der Nichtanwendbarkeitserklärung nach Art. 85 Abs. 3 bei der Kommission angemeldet hatte. Diese entschied[7] zunächst nur über den Vertrag Grundig — Consten. Sie stellte fest, daß dieser Vertrag und die Zusatzvereinbarung über die Eintragung und Benutzung des Warenzeichens GINT gegen Art. 85 Abs. 1 verstießen (Art. 1 des Entscheidungstenors) und lehnte eine Nichtanwendbarkeitserklärung nach Art. 85 Abs. 3 ab (Art. 2 des Entscheidungstenors). Außerdem verpflichtete sie Grundig und Consten, „jede Handlung zu unterlassen, die Drittunternehmen daran hindert oder es ihnen erschwert, Vertragserzeugnisse nach ihrer freien Wahl von Groß- oder Einzelhändlern in der Europäischen Wirtschaftsgemeinschaft zum Zwecke der Weiterveräußerung im Vertragsgebiet zu beziehen" (Art. 3 des Entscheidungstenors)[8].

Die von Grundig und Consten gegen diese Entscheidung jeweils erhobenen Nichtigkeitsklagen, denen sich die italienische und die deutsche Regierung als Streithelferinnen anschlossen, wurden vom Gerichtshof zu einem Verfahren verbunden. Im Mittelpunkt dieses Verfahrens stand die Beurteilung der Alleinvertriebsvereinbarung nach dem EWG-Wettbewerbsrecht. Demgegenüber trat die Würdigung der Zusatzvereinbarung über das Warenzeichen GINT in den Hintergrund. Bei der Beurteilung dieser Vereinbarung stellte der Gerichtshof allerdings erstmals Kriterien für die Bestimmung des Verhältnisses von EWG-Recht, vor allem EWG-Wettbewerbsrecht, und nationalem Recht der gewerblichen Schutzrechte auf. Im Parke-Davis-Fall und später in den Fällen Sirena und Deutsche Grammophon greift er dann auf diese Kriterien zurück, so daß sich die Entwicklung einer „ständigen Rechtsprechung" abzuzeichnen beginnt. Das gilt besonders für die vom Gerichtshof getroffene Unterscheidung von „Bestand" und „Ausübung" der gewerblichen Schutzrechte[9].

---

[6] Hierbei handelt es sich um eine Besonderheit des französischen Rechts, wonach Parallelimporte, die von Dritten trotz Kenntnis eines Alleinvertriebsverhältnisses vorgenommen werden, als unlauterer Wettbewerb gelten; vgl. dazu *Markert*, AWD 1965, 130; *Pfeifer*, JZ 1966, 678 mit Fußnote 9; *Ulmer / Kraßer*, 520 ff.

[7] Entscheidung vom 23. 9. 1964, ABLEG 2545/64.

[8] ABLEG 2553/64.

[9] EuGH Rspr. XII, 394.

Nach der Auffassung des Gerichts bleiben die gewerblichen Schutzrechte des nationalen Rechts in ihrem Bestand unangetastet. Ihre Ausübung muß sich dagegen an den Vorschriften des Gemeinschaftsrechts messen lassen.

II. Entscheidung des Gerichtshofs

Die Entscheidung des Gerichtshofs zu der warenzeichenrechtlichen Problematik des Grundig / Consten-Falles bezieht sich auf drei Komplexe: im ersten Komplex geht es darum, ob im Zusammenhang mit der Eintragung des Zeichens GINT für Consten überhaupt von einer „Vereinbarung" im Sinne von Art. 85 Abs. 1[10] gesprochen werden kann; der zweite Komplex betrifft den Vorwurf der Klägerinnen Grundig und Consten, das Vorgehen der beklagten Kommission stelle einen Übergriff auf ein Gebiet dar, das den Behörden der Mitgliedsländer vorbehalten sei; Gegenstand des dritten Komplexes schließlich ist die Frage, ob sich die Beklagte einer „Verletzung dieses Vertrages" schuldig gemacht hat: die Klägerinnen Grundig und Consten hielten diesen Klagegrund für gegeben, und zwar in Gestalt eines Verstoßes gegen die Art. 36, 222 und 234[11].

1. Das Vorliegen einer „Vereinbarung" i. S. von Art. 85 Abs. 1

Die Klägerin Grundig schien die Existenz einer „Vereinbarung zwischen Unternehmen" i. S. von Art. 85 Abs. 1 anfänglich bestreiten zu wollen. Sie meldete Zweifel an, *welche Vereinbarung* die beklagte Kommission als Zuwiderhandlung gegen das Kartellverbot habe qualifizieren wollen.

Der Generalanwalt[12] hob demgegenüber hervor, daß „ein einverständliches Handeln der Firmen Grundig und Consten unerläßlich war

---

[10] Art. 85 Abs. 1 zählt drei Kartellformen auf: „Vereinbarungen zwischen Unternehmen", „Beschlüsse von Unternehmensvereinigungen" und „aufeinander abgestimmte Verhaltensweisen".

[11] Während es in dem ersten der drei genannten Komplexe um die Subsumtion unter Art. 85 Abs. 1 geht und damit um die Frage, ob überhaupt ein Verstoß gegen das Kartellverbot vorliegt, beziehen sich die Komplexe zwei und drei auf mögliche „Ausschließungsgründe" von diesem Verbot; sie reflektieren gleichzeitig die prozessualen Erfordernisse für eine Individualklage gemäß Art. 173 Abs. 1 und 2; danach ist eine Klage nur zulässig „wegen Unzuständigkeit, Verletzung wesentlicher Formvorschriften, Verletzung dieses Vertrages oder einer bei seiner Durchführung anzuwendenden Rechtsnorm oder wegen Ermessensmißbrauchs".

[12] Schlußanträge des Generalanwalts *Roemer*, EuGH Rspr. XII, 422; der Generalanwalt gibt den Inhalt der Abmachung dahingehend wieder, daß die Firma Grundig, für die das Zeichen GINT international registriert sei, auf ihre Rechte in Frankreich verzichte und der Eintragung des Zeichens

für die Begründung des Zeichenrechts, weil mit Rücksicht auf die internationale Registrierung des Zeichens GINT für die Firma Grundig dessen ungehinderte Eintragung in Frankreich auf die Firma Consten ohne die Zustimmung Grundigs nicht möglich gewesen wäre"[13].

Dieses Argument ist auch für den Gerichtshof maßgebend gewesen. Er stellt fest, daß Consten „dieses Zeichen nur aufgrund einer Vereinbarung mit Grundig eintragen lassen (konnte)"[14].

2. Der Vorwurf des Übergriffs in nationales Recht

Der „Übergriff" der beklagten Kommission in nationales Recht wird von den Klägerinnen Grundig und Consten darin gesehen, daß die Verbotsentscheidung der Beklagten in Wahrheit nicht gegen eine bestimmte Vereinbarung der Klägerinnen gerichtet sei, „sondern ganz einfach die Ausübung der Zeichenrechte treffen wolle"[15].

Der Gerichtshof schließt sich der gegenteiligen Auffassung der Kommission an, wonach die Vereinbarung über das Zeichen GINT als solche auf eine Einschränkung des Wettbewerbs gerichtet ist. Dem Zeichen GINT komme insoweit nur eine Mittlerfunktion zu, um den mit der Vereinbarung erstrebten Erfolg der Marktaufteilung zu erreichen[16].

3. Der Vorwurf der Vertragsverletzung

a) Verstoß gegen Art. 36

Gegenüber der von Grundig und Consten erhobenen Rüge des Verstoßes gegen Art. 36 geht die Auffassung des Gerichtshofs dahin, dieser Artikel sei als Sondervorschrift für den engeren Bereich der Liberalisierung des Warenverkehrs (Art. 30 ff.) anzusehen. Der entscheidende Satz in den Entscheidungsgründen lautet: „Artikel 36 schränkt den Anwendungsbereich der im Titel I Kapitel 2 des Vertrages enthaltenen Vorschriften über die Liberalisierung des Warenaustauschs ein, nicht aber den des Artikels 85"[16].

b) Verstoß gegen Art. 222

Bei der Auslegung des Art. 222 geht es im Kern um die nähere Bestimmung des Begriffs der „Eigentumsordnung".

---

für die Firma Consten sowie der Ausübung der Zeichenrechte durch diese nicht widerspreche.

[13] EuGH Rspr. XII, 422.

[14] EuGH Rspr. XII, 394.

[15] EuGH Rspr. XII, 349.

[16] EuGH Rspr. XII, 394.

Die Kommission meint, dieser Begriff beziehe sich auf die Frage, ob das Eigentum in private oder öffentliche Hand zu geben sei. Den Mitgliedstaaten werde durch Art. 222 die Freiheit garantiert, die Eigentumsverhältnisse selbständig, wenn auch im Rahmen der ihnen vom Vertrag auferlegten Pflichten, zu regeln[17]. Der Gerichtshof versteht den Begriff der Eigentumsordnung dagegen nicht in dem engeren Sinne der Verstaatlichung oder Nichtverstaatlichung des Privateigentums. Für ihn stellt Art. 222 eine Kollisionsnorm dar, die zwar auf der einen Seite nicht garantiert, „daß die Gemeinschaftsorgane in keiner Weise in subjektive Eigentumsrechte eingreifen"[18], auf der anderen Seite den Gemeinschaftsorganen aber auch nicht jede Freiheit des Eingriffs in das Eigentum zubilligt. Diese Auslegung läßt sich auf die auch in anderen Fällen gültige Formel der begrenzten Eingriffe „nach Maßgabe dieses Vertrages"[19] bringen.

Die konkrete Frage nach der Anwendbarkeit des Gemeinschaftsrechts auf gewerbliche Schutzrechte beantwortet der Gerichtshof im Grundig / Consten-Urteil erstmals mit der inzwischen zur ständigen Rechtsprechung gewordenen Unterscheidung zwischen Bestand und Ausübung. Dabei setzt er die „Eigentumsordnung" i. S. von Art. 222 gleich mit dem „Bestand dieser Rechte"[20]; er meint nämlich, die Verbotsentscheidung der Kommission trage Art. 222 dadurch Rechnung, daß sie den Bestand des Warenzeichens nach nationalem Recht unberührt lasse und nur seine Ausübung beschränke, „soweit dies zur Durchsetzung des Verbots des Artikels 85 Absatz 1 erforderlich ist"[21].

c) Verstoß gegen Art. 234

Die dritte Vertragsbestimmung, mit der die Klägerinnen den Vorwurf des Vertragsverstoßes begründen, Art. 234[22], wird vom Gerichts-

---

[17] EuGH Rspr. XII, 351.

[18] EuGH Rspr. XII, 423.

[19] Die Formulierung „nach Maßgabe dieses Vertrages" (oder eine ähnliche Formulierung) wird vom EWGV vor allem bei der Regelung der Aufgaben der Gemeinschaftsorgane verwendet: vgl. z. B. Art. 137 (Europäisches Parlament), Art. 145 (Rat), Art. 155 (Kommission); in dieser Formulierung drückt sich das sog. Attributionsprinzip aus, wonach die Aufgaben der Gemeinschaftsorgane jeweils auf einer Einzelzuweisung beruhen, die ausdrücklich im EWGV niedergelegt bzw. durch Beschluß des zuständigen Organs ausgesprochen sein muß (vgl. zum Begriff des Attributionsprinzips *Lagrange*, Rev. dr. publ. 1961, 45).

[20] EuGH Rspr. XII, 394.

[21] EuGH Rspr. XII, 394.

[22] Mit ihrer Berufung auf Art. 234, der das Verhältnis des EWGV zu anderen internationalen Verträgen regelt, zielten die Klägerinnen Grundig und Consten auf die internationalen Übereinkommen auf dem Gebiet des gewerblichen Rechtschutzes, vor allem auf die Pariser Verbandsüberein-

hof für auf den vorliegenden Fall nicht anwendbar erklärt, da sie „die Wahrung der Rechte dritter Staaten" zum Ziel habe[23].

§ 6 Das Urteil Parke-Davis

I. Sachverhalt

Während es sich im Falle Grundig / Consten um ein kontradiktorisches Verfahren handelte, hatte der Gerichtshof in der Rechtssache Parke-Davis im Wege der Vorabentscheidung nach Art. 177 über die Auslegung der Art. 85 Abs. 1 und 86 zu entscheiden. Der diesem Verfahren zugrunde liegende Sachverhalt[1] läßt sich folgendermaßen zusammenfassen:

Die amerikanische Firma Parke, Davis & Co. hält zwei niederländische Verfahrenspatente zur Herstellung des Antibiotikums „Chloramphenicol", für die sie einer niederländischen Firma Lizenzen erteilt hat. Gegenstand der Lizenzvereinbarungen ist u. a. die Wahrnehmung des Patentrechtsschutzes in den Niederlanden durch Parke-Davis. Die belgische Firma Probel sowie die niederländischen Firmen Reese, Beintema-Interpharm und Centrafarm importierten aus mehreren europäischen Ländern ohne Erlaubnis der Patentinhaberin oder Lizenznehmerin Chloramphenicol, das nach den patentierten Verfahren hergestellt war, und setzten es auf dem holländischen Markt ab. Die Patentinhaberin verklagte die genannten Firmen auf Schadenersatz wegen Patentverletzungen. Das Verfahren zog sich mehr als neun Jahre lang hin und erreichte mit einem Urteil des „Gerechtshof" Den Haag vom 30. 6. 1967[2], das der Klage zum größten Teil stattgab, seinen vorläufigen Abschluß.

Der „Gerechtshof" Den Haag stellte in dieser Entscheidung die Beurteilung der aus Italien stammenden Einfuhren von Chloramphenicol zurück. Italien kennt als einziges Mitgliedsland der EWG keinen Patentschutz für Arzneimittel, weder einen Stoffschutz noch einen Verfahrensschutz. Die beklagte Firma Centrafarm hatte vor dem „Gerechtshof" geltend gemacht, das von ihr in den Niederlanden vertriebene Chloramphenicol stamme vorwiegend aus Italien. Das Begehren der Klägerin Parke-Davis, das auf ein Importverbot für das in Italien patentfrei hergestellte Chloramphenicol hinauslaufe, verstoße gegen

---

kunft zum Schutze des gewerblichen Eigentums (PVÜ) ab, aus denen sie die Unabhängigkeit und Eigenständigkeit der nationalen gewerblichen Schutzrechte ableiten.

[23] EuGH Rspr. XII, 394.

[1] Zur Vorgeschichte des Parke-Davis-Urteils *Brinkhorst*, EuR 1970, 174 f. m. w. N.

[2] Cah. dr. eur. 1967, 697 m. Anm. *Alexander*.

die Wettbewerbsbestimmungen des EWGV, die den ungehinderten Warenaustausch im gesamten Gebiet des Gemeinsamen Marktes sicherstellen sollten.

Die Klärung dieser Problematik erschien dem „Gerechtshof" vor einer endgültigen Entscheidung unbedingt geboten. Er beschloß daher in dem erwähnten Urteil vom 30. 6. 1967 zugleich, den EuGH anzurufen und ihm die beiden folgenden Auslegungsfragen vorzulegen:

„1. Fällt es — auch bei Berücksichtigung der Bestimmungen der Artikel 36 und 222 des Vertrages zur Gründung der Europäischen Wirtschaftsgemeinschaft — unter das Verbot von Verhaltensweisen und Mißbräuchen, das die Artikel 85 Absatz 1 und 86 dieses Vertrages vorsehen, wenn der Inhaber eines durch die Behörden eines Mitgliedstaats erteilten Patents aufgrund dieses Patents eine richterliche Anordnung erwirkt, wonach im Hoheitsgebiet dieses Mitgliedstaats das Inverkehrbringen, Weiterverkaufen, Vermieten, Liefern, Für-andere-auf-Lager-Halten oder Gebrauchen eines aus einem anderen Mitgliedstaat stammenden Erzeugnisses, für dessen Herstellung und Vertrieb im Hoheitsgebiet des letztgenannten Mitgliedstaats keine Exklusivrechte eingeräumt sind, in jeder Form zu unterlassen ist?

2. Ist die erste Frage anders zu beantworten, wenn derjenige, der die Rechte des Patentinhabers erworben hat, das Erzeugnis im Hoheitsgebiet des erstgenannten Mitgliedstaates zu einem höheren als dem Preis vertreibt, den der Verbraucher in diesem Gebiet für das aus dem Hoheitsgebiet des anderen Mitgliedstaats stammende Erzeugnis zu entrichten hat[3]?"

II. Entscheidung des Gerichtshofs

Zu den soeben zitierten Auslegungsfragen haben im Verfahren vor dem EuGH die Parteien des Hauptprozesses, die Kommission sowie die französische, niederländische und deutsche Regierung Stellung genommen. Die erste Vorlagefrage wurde dabei teilweise zum Anlaß für eine grundsätzliche Erörterung des Verhältnisses von nationalem Patentrecht und europäischem Gemeinschaftsrecht genommen[4]. Generalanwalt und Gerichtshof beschränkten sich dagegen auf die in den Vorlagefragen erbetene Auslegung der Art. 85 Abs. 1 und 86.

In der Entscheidung des Gerichtshofs lassen sich wiederum drei Schwerpunkte feststellen: die Vereinbarkeit territorial begrenzter ge-

[3] EuGH Rspr. XIV, 88.

[4] Das gilt insbesondere für die Stellungnahme der Kommission, die damit offensichtlich den Gerichtshof zu einer grundsätzlichen Stellungnahme zum Problem der sog. Parallelimporte veranlassen wollte, worauf dieser jedoch nicht eingegangen ist (vgl. dazu *Mestmäcker*, Wettbewerbsrecht, 453).

werblicher Schutzrechte mit dem EWGV, die Problematik der sog. Parallelpatente, die Auslegung der Art. 85 Abs. 1 und 86.

1. Die Vereinbarkeit territorial begrenzter gewerblicher Schutzrechte mit dem EWGV

Die Tatsache, daß die grundsätzliche Erörterung des Verhältnisses von EWGV und nationalen gewerblichen Schutzrechten in den Stellungnahmen der Kommission und z. T. auch der anderen Verfahrensbeteiligten im Grunde „neben der Sache" liegt[5], erklärt, daß diese Erörterung in den Entscheidungsgründen des Gerichtshofs keine Entsprechung findet. Dieser hält sich strikt an die vom „Gerechtshof" Den Haag gestellten Vorlagefragen und beschränkt sich auf die Auslegung der Art. 85 und 86.

Der Gerichtshof bleibt damit in dem durch die Vorlagefragen gesteckten Rahmen[6] und macht nur summarische Bemerkungen zur allgemeinen Problematik der Vereinbarkeit von Territorialitätsprinzip und EWGV. Er weist lediglich auf das Bestehen dieser Problematik hin, indem er feststellt, daß sich „aus der Begrenzung des Schutzbereichs des gewerblichen Eigentums auf den Einzelstaat und aus den Unterschieden zwischen den einschlägigen einzelstaatlichen Gesetzgebungen Hindernisse für den freien Verkehr der patentierten Erzeugnisse und den freien Wettbewerb innerhalb des gemeinsamen Marktes ergeben"[7].

Im Anschluß daran geht er kurz auf die Bedeutung des Art. 36 ein. Er schließt dabei ausdrücklich den in Satz 2 dieses Artikels enthaltenen Vorbehalt mit in seine Überlegungen ein[8]. Darauf folgt die Bemerkung, daß „aus ähnlichen Gründen" die Ausübung der Rechte aus einem nach

---

[5] „Neben der Sache" deshalb, weil die Frage, ob das Territorialitätsprinzip mit dem ihm innewohnenden Marktaufteilungseffekt mit dem EWGV vereinbar ist, im Falle Parke-Davis gar nicht „virulent" wird; denn in diesem Fall geht es um die Unterbindung der Einfuhr eines im Ausland *patentfrei* hergestellten Produkts in ein Land, in dem dieses Produkt Patentschutz genießt, also nicht um die Regionalisierung des Gemeinsamen Marktes in verschiedene, durch den Geltungsbereich der jeweiligen nationalen Patentrechte bestimmte Teilmärkte.

[6] Diese „Selbstbescheidung" des Gerichts folgt aus Art. 177; danach hat der EuGH im Rahmen des Vorabentscheidungsverfahrens nicht etwa eine generelle Gutachterfunktion; seine Zuständigkeiten sind vielmehr in Art. 177 Abs. 1 enumerativ und abschließend aufgeführt; sie lassen sich schlagwortartig als Auslegungs- und Gültigkeitskontrolle beschreiben; vgl. zum Vorabentscheidungsverfahren vor dem EuGH *Martinez,* JCM Stud. Vol. V (1966) 113; *Pepy,* Cah. dr. eur. 1966, 459; *Constantinesco,* AWD 1967, 125; *Paetow,* MDR 1967, 445; *Selmer,* AWD 1968, 424; *Daig,* EuR 1968, 259, 371; *Mashaw,* CMLR, Bd. 7 (1970), 258; vor allem aber das „Standardwerk" von *Tomuschat.*

[7] EuGH Rspr. XIV, 111.

[8] Im Grundig / Consten-Urteil war das Gericht demgegenüber auf Satz 2 des Art. 36 nicht eingegangen; vgl. EuGH Rspr. XII, 394.

den Rechtsvorschriften eines Mitgliedstaats erteilten Patent „für sich allein“ keinen Verstoß gegen die Wettbewerbsregeln des Vertrages bedeute[9]. Die Formel „für sich allein“ findet ihre Erklärung in den folgenden Ausführungen zur Tatbestandsmäßigkeit i. S. der Art. 85 Abs. 1 und 86. Sie bedeutet soviel wie „mangels Erfüllung sämtlicher Tatbestandsvoraussetzungen der Art. 85 Abs. 1 und 86“. Dagegen bleibt die Bedeutung der Formel „aus ähnlichen Gründen“ unklar, weil der Gerichtshof hier[10] nicht erkennen läßt, wie er den Zusammenhang zwischen Art. 36 und den Art. 85, 86 sieht. An anderer Stelle, nämlich bei der Erörterung der Tatbestandsvoraussetzungen des Art. 86, greift er ein zweites Mal auf Art. 36 zurück[11]. Im Gegensatz zu der ersten Bezugnahme wird hier aber ohne Schwierigkeiten erkennbar, daß es dem Gerichtshof um die Verbindung zwischen Art. 86 und Art. 36 im Zusammenhang mit der Auslegung des Tatbestandsmerkmals der „mißbräuchlichen Ausnutzung“ geht.

2. Die Problematik der sog. Parallelimporte

In der Diskussion über die Vereinbarkeit des Territorialitätsprinzips im Patentrecht mit dem EWGV spielt, wie oben bereits kurz angedeutet[12], die Problematik der sog. Parallelimporte eine besondere Rolle.

Diese Problematik ist in ihrer vollen Tragweite erstmals von *Koch* und *Froschmaier* in ihrem bereits erwähnten Aufsatz über „Patentgesetze und Territorialitätsprinzip im Gemeinsamen Markt“[13] aufgezeigt worden, die als Lösung die „Vergemeinschaftung“ der sog. Erschöpfungslehre vorschlagen[14]. Die Erschöpfungslehre besagt, daß der Patentschutz „erschöpft“, „verbraucht“, „konsumiert“ ist, sobald das geschützte Erzeugnis rechtmäßig, d. h. durch den Patentinhaber selbst oder mit seiner Erlaubnis durch Dritte, etwa durch einen Lizenznehmer, in Verkehr gebracht wird. Eine gemeinschaftskonforme Auslegung und Anwendung dieser bisher nach ganz herrschender Auffassung auf den jeweiligen nationalen Geltungsbereich des Patentrechts beschränkten Lehre würde so aussehen, daß im Falle von Parallelpatenten die Erschöpfung in einem Mitgliedstaat zugleich mit Wirkung für die übrigen Mitgliedstaaten eintritt, in denen derartige Parallelpatente beste-

[9] EuGH Rspr. XIV, 111.

[10] Deutlicher wird der Gerichtshof erst im Urteil Deutsche Grammophon (vgl. dazu unten § 9 III.).

[11] EuGH Rspr. XIV, 112.

[12] s. o. § 3.

[13] GRUR Int. 1965, 121.

[14] Vgl. *Johannes*, Gewerblicher Rechtsschutz, 24, der den Beitrag von *Koch* und *Froschmaier* mit Recht als Pioniertat würdigt, ungeachtet der Einwände, die gegen Begründung und Ergebnis erhoben werden müssen.

hen. Parallelpatente liegen dann vor, wenn für ein- und dieselbe Erfindung unter verschiedenen Rechtsordnungen zugunsten desselben Berechtigten oder eines wirtschaftlich mit ihm verbundenen Unternehmens Patentschutz gewährt wird. Diese Theorie von *Koch / Froschmaier* würde partiell, d. h. beschränkt auf die jeweiligen Parallelpatentländer[15], die Fiktion des EWG-Raumes als eines einheitlichen Patentgebietes bedeuten.

Obwohl es sich im Fall Parke-Davis gerade nicht um Parallelpatente handelt, denn für das in Frage stehende Chloramphenicol bestand Patentschutz nur im Einfuhrland Holland, dagegen nicht im Ausfuhrland Italien, kommt vor allem die Kommission auf die Problematik der Parallelimporte ausdrücklich und ausführlich zu sprechen. Sie macht sich die Auffassung von *Koch* und *Froschmaier* zu eigen und geht mit ihnen darin einig, daß das Territorialitätsprinzip im Bereich der EWG gewisser Einschränkungen bedarf, da „eine bestimmte Verwertung von Parallelpatenten und die sich aus ihr ergebende Abschließung verschiedener geschützter Märkte dem Hauptziel des Vertrages entgegenstehen: der Errichtung eines freien, gemeinsamen Marktes zwischen den Mitgliedstaaten"[16]. Sie läßt indessen auf der anderen Seite keinen Zweifel daran, daß die von ihr befürwortete gemeinschaftskonforme Auslegung und Anwendung des Territorialitätsprinzips bzw. der Erschöpfungslehre dort ihre Grenze hat, wo es darum geht, eine Entwertung des Patentschutzes zu verhindern. Die Gefahr einer solchen Entwertung ist nach ihrer Ansicht dann gegeben, wenn die Ausfuhr eines in einem patentfreien Mitgliedstaat hergestellten Erzeugnisses in einen anderen Mitgliedstaat, in dem für dieses Erzeugnis ein Patent erteilt ist, uneingeschränkt zugelassen wird.

Wie bereits erwähnt[17] lassen Generalanwalt und Gerichtshof das Problem der Parallelimporte unerörtert. Der Generalanwalt begründet dies in einer Vorbemerkung[18] damit, daß die Problematik der Parallelimporte „nur in einem entfernten gedanklichen Zusammenhang" mit den Vorlagefragen stehe und er selbst ebenso wie der Gerichtshof nicht „ultra petita" antworten dürfe.

3. Die Auslegung der Art. 85 Abs. 1 und 86

An den Anfang seiner Ausführungen zur Anwendung der Wettbewerbsbestimmungen des EWGV auf das Patentrecht setzt der Gerichts-

---

[15] Das können, müssen aber nicht alle EG-Mitgliedsstaaten sein; die „Mindestparallelität" liegt bei zwei Mitgliedstaaten.

[16] EuGH Rspr. XIV, 100.

[17] s. o. § 6 II.

[18] EuGH Rspr. XIV, 117 ff.

hof die Feststellung, daß die Ausübung der Rechte aus einem nach den Rechtsvorschriften eines Mitgliedstaats erteilten Patent für sich allein keinen Verstoß gegen die Wettbewerbsregeln des Vertrages bedeutet. Ein derartiger Verstoß ist — so muß man diese Äußerung verstehen — nur dann gegeben, wenn im Einzelfall die Tatbestandsvoraussetzungen der Art. 85, 86 erfüllt sind.

Was zunächst Art. 85 Abs. 1 anlangt, so geht das Gericht davon aus, daß dieser Vorschrift ein „restriktiver Charakter" zukommt, der es verbietet, „das Verbot über die drei abschließend aufgezählten Formen von Kartellen hinaus auszudehnen"[19]. Nach Auffassung des Gerichtshofs läßt sich aber die unilaterale Patentausübung unter keine der in Art. 85 Abs. 1 aufgeführten Kartellformen subsumieren. Die Ausführungen des Gerichts in diesem Punkt seien wegen ihrer Bedeutung für die Anwendbarkeit der Wettbewerbsvorschriften des EWGV auf das Patentrecht wörtlich wiedergegeben: „Das Patent ist als solches, wenn man davon absieht, daß es zum Gegenstand von Vereinbarungen gemacht werden kann, mit keiner dieser Kartellformen verwandt. Es ist vielmehr der Ausdruck einer gesetzlichen Rechtsposition, die ein Staat für Erzeugnisse vorsieht, die bestimmten Merkmalen genügen, und erfüllt daher nicht die im Art. 85 Abs. 1 geforderten Voraussetzungen der vertraglichen Abmachung oder der Abstimmung[20]."

In Beantwortung der zu Art. 86 gestellten Auslegungsfrage bemüht sich der Gerichtshof um die Bestimmung des Mißbrauchsbegriffs i. S. dieser Vorschrift, bezogen auf den Fall der Ausübung gewerblicher Schutzrechte. Dazu steckt er als erstes die „Fronten" zwischen Patentausübung einerseits und Art. 86 andererseits ab: „Wenn das Patent seinem Inhaber auch innerhalb eines Staates einen besonderen Schutz gewährt, so ergibt sich hieraus noch nicht, daß die Ausübung der Rechte aus dem Patent die drei genannten Tatbestandsmerkmale (sc. des Art. 86: marktbeherrschende Stellung, deren mißbräuchliche Ausnutzung, Beeinträchtigung des zwischenstaatlichen Handels) erfüllt[21]." Etwas anderes, so meint der Gerichtshof weiter, könne nur gelten, wenn die Verwertung des Patents zu einer mißbräuchlichen Ausnutzung dieses Schutzes ausarte. Dazu verweist er auf Art. 36, der ein „vergleichbares Gebiet" betreffe, und bezieht sich insbesondere auf den in Satz 2 ausgedrückten Vorbehalt, wonach Verbote oder Beschränkungen der Ein-, Aus- oder Durchfuhr (die nach Satz 1 aus verschiedenen ordre-public-Gründen zugelassen werden) „weder ein Mittel zur willkürlichen Diskriminierung noch eine verschleierte Beschränkung des Han-

---

[19] EuGH Rspr. XIV, 112.
[20] EuGH Rspr. XIV, 112.
[21] EuGH Rspr. XIV, 112.

dels zwischen Mitgliedstaaten darstellen" dürfen. Diese Bezugnahme kann dahin verstanden werden, daß der Gerichtshof die in Art. 36 Satz 2 verwendete Vorbehaltsformel bei der näheren Bestimmung des Begriffs der „mißbräuchlichen Ausnutzung" des Patentschutzes herangezogen wissen will[22].

§ 7 Die durch die Urteile Grundig/Consten und Parke-Davis aufgeworfenen Fragen

Die Urteile Grundig / Consten und Parke-Davis sind gekennzeichnet durch eine gewisse Tendenz zur Argumentation vom Ergebnis her. Auf der einen Seite werden Antworten gegeben, die eine abschließende Klärung lange umstrittener Streitfragen bringen, andererseits aber werden neue Fragen aufgeworfen, die auf unklare und zum Teil widersprüchliche Ausführungen des Gerichts zurückgehen.

So beschäftigte sich das Gericht etwa im Grundig / Consten-Urteil ausführlich mit der „Vereinbarung über das Warenzeichen GINT"[1] und versuchte nachzuweisen, daß diese auf eine Einschränkung des Wettbewerbs gerichtet sei. Im Gegensatz dazu übergeht der Gerichtshof im Parke-Davis-Urteil die Vereinbarung zwischen Patentinhaberin und Lizenznehmerin über die Wahrung des Patentrechtsschutzes, obwohl die Patentinhaberin Parke-Davis im Laufe des Verfahrens ausdrücklich darauf hingewiesen hatte, daß sie zur Erhebung der Patentverletzungsklage „nicht nur berechtigt, sondern auf Grund der von ihr der Koninklijke Nederlandse Gist en Spiritusfabriek N. V., Delft erteilten Lizenz zur Auswertung dieser Patente sogar verpflichtet (sei), in dieser Weise gerichtlich vorzugehen"[2]. Stattdessen stellte der Gerichtshof — wie oben gezeigt — lediglich auf das „Patent als solches" ab.

Ein ähnlicher Widerspruch zeigt sich bei der Auslegung des vielzitierten Art. 36. Im Urteil Grundig / Consten will der Gerichtshof die Anwendung dieser Bestimmung auf den Bereich der Vorschriften über die Liberalisierung des Warenverkehrs (Art. 30 - 34) beschränkt wissen[3]. Demgegenüber finden sich im Parke-Davis-Urteil Hinweise auf eine entsprechende Anwendung zumindest des Satzes 2 dieses Artikels im Bereich der Wettbewerbsbestimmungen[4].

---

[22] So etwa *H. Schumacher*, WuW 1968, 497 f.; a. A. jedoch *Mestmäcker*, Vermittlung, 109 ff.

[1] EuGH Rspr. XII, 393 f.

[2] EuGH Rspr. XIV, 88.

[3] EuGH Rspr. XII, 394.

[4] EuGH Rspr. XIV, 111, 112 f.

I. Die Ablehnung der Lehren von der totalen bzw. partiellen Bereichsausnahme durch den Gerichtshof und die Unterscheidung von Bestand und Ausübung der gewerblichen Schutzrechte

Von diesen Widersprüchen abgesehen, enthalten die Urteile Grundig / Consten und Parke-Davis bedeutsame Aussagen über das Verhältnis von EWG-Wettbewerbsrecht und gewerblichem Rechtsschutz, die der Gerichtshof in den Urteilen Sirena und Deutsche Grammophon bestätigt hat.

In der Frage der Anwendbarkeit des Gemeinschaftsrechts, insbesondere der Wettbewerbsbestimmungen, auf die gewerblichen Schutzrechte standen sich vor dem Grundig / Consten-Urteil zwei Lehrmeinungen gegenüber: auf der einen Seite die von *Gotzen* begründete Lehre von der totalen Bereichsausnahme[5], auf der anderen die von der Mehrzahl der Autoren vertretene Lehre von der partiellen Bereichsausnahme[6]. Beide Auffassungen stützen sich vor allem auf Art. 36 und die dort u. a. „zum Schutz des gewerblichen und kommerziellen Eigentums" vorgesehene Ausnahme von dem Verbot jeglicher Beschränkung der Ein-, Aus- oder Durchfuhr zwischen den Mitgliedstaaten.

Gotzen leitete aus dieser Bestimmung ab, daß die gewerblichen Schutzrechte durch den EWGV in keiner Weise berührt würden, sondern nach wie vor und in jeder Beziehung nur dem innerstaatlichen Recht unterworfen seien.

Die h. L. sah dagegen in Art. 36 lediglich eine „institutionelle Garantie[7] für die gewerblichen Schutzrechte: Inhalt und Umfang dieser Rechte bestimmten sich ausschließlich nach innerstaatlichem Recht und ebenso ihre Auswertung, soweit sie vom Inhalt der Rechte gedeckt sei; die Anwendbarkeit des Gemeinschaftsrechts, insbesondere der Art. 85 ff. des EWGV, beschränke sich demgegenüber auf rechtsgeschäftliche Verwertungen gewerblicher Schutzrechte, die über den Inhalt der Rechte hinausgingen. Zur Abgrenzung der wettbewerbsrechtlich zulässigen von der unzulässigen Verwertung greifen die Anhänger dieser Lehre somit zurück auf die im deutschen Recht anerkannte Lehre vom Schutzumfang gewerblicher Schutzrechte. Danach sind Beschränkungen, die sich innerhalb des Inhalts und damit des Schutzumfangs eines gewerblichen Schutzrechts bewegen, keine unzulässigen Wettbewerbsbeschränkungen. Dagegen kann ein Verstoß gegen die Wettbewerbsregeln des EWGV gegeben sein, wenn die in Frage stehen-

---

[5] *Gotzen*, GRUR Int. 1961, 277 ff.; *Schrans*, SEW 1963, 333 f.; 1964, 320 ff.; *ders.*, GRUR Int. 1964, 626 ff.

[6] Vgl. dazu die Nachweise bei *Möschel*, 130 (Fußnote 505).

[7] Vgl. dazu *Spengler*, GRUR Int. 1958, 321 ff.

den Beschränkungen über den Inhalt des Schutzrechts hinausgehen[8]. Dabei begegnet die Bestimmung und Abgrenzung des Schutzrechtsinhalts auf der Gemeinschaftsebene allerdings den gleichen Schwierigkeiten wie auf der nationalen Ebene. In beiden Fällen stellt sich die Frage, ob der Schutzrechtsinhalt rechtlich und damit enger oder wirtschaftlich und damit weiter aufzufassen ist[9].

Der EuGH lehnt sowohl die Lehre von der totalen wie von der partiellen Bereichsausnahme ab. Das Gericht unterscheidet stattdessen zwischen Bestand und Ausübung der gewerblichen Schutzrechte: der Bestand dieser Rechte werde vom Gemeinschaftsrecht nicht berührt, ihre Ausübung müsse sich aber an ihm, insbesondere seinen Wettbewerbsregeln, messen lassen.

Zur Begründung stützt sich der Gerichtshof im Grundig / Consten-Urteil nicht auf Art. 36, dessen Anwendung er auf die Vorschriften über die Liberalisierung des Warenverkehrs (Art. 30 - 34) beschränkt wissen will, sondern auf Art. 222[10].

Damit ist auf der einen Seite, was die Frage der Anwendbarkeit „als solche" angeht, eine gewisse Klärung erfolgt. Auf der anderen Seite hat der Gerichtshof aber mit der Unterscheidung von Bestand und Ausübung der Schutzrechte neue Fragezeichen gesetzt. Denn es stellt sich jetzt ein doppeltes Abgrenzungsproblem: ad 1 ist zu klären, was zum Bestand des Schutzrechts und was zu seiner Ausübung gehört; ad 2 ist abzugrenzen zwischen wettbewerbsrechtlich zulässiger und unzulässiger Ausübung des gewerblichen Schutzrechts.

Die Schwierigkeiten der Abgrenzung zwischen Bestand und Ausübung klingen bereits in den Anmerkungen zum Urteil Grundig / Consten an[11]. Sie treten im Parke-Davis-Verfahren offen zutage. Dort operiert etwa Parke-Davis, um die Patentverletzungsklage einer gemeinschaftsrechtlichen Beurteilung überhaupt zu entziehen, mit dem Begriff der „ganz normalen Ausübung", die die Verletzungsklage dar-

---

[8] In diesem Sinne, in Anlehnung an § 20 GWB, *Spengler*, GRUR Int. 1958, 323, 327, 330; *Samwer*, GRUR Int. 1969, 7 f.; vgl. auch *D. Reimer*, GRUR Int. 1972, 230.

[9] Vgl. dazu für den EWG-Bereich vor allem *Magen*, 76 ff.; für den nationalen Bereich vor allem die Untersuchung von *Knöpfle*.

[10] EuGH Rspr. XII, 394; vgl. dazu auch *Deringer*, GRUR Int. 1968, 105 m. w. N.

[11] Vgl. etwa *Mailänder*, BB 1966, 843, der zu bedenken gibt, daß auch durch „schwerwiegende Ausübungsbeschränkungen" in den Bestand des Rechts selbst eingegriffen werden könne; siehe auch *H. Schumacher*, WuW 1967, 4 und neuerdings wieder *Kraft*, MA 1972, 38; *D. Reimer*, GRUR Int. 1972, 233 und neuerdings *Johannes*, Gewerblicher Rechtsschutz, 61, der mit Recht feststellt, daß mit dem Begriffspaar „Bestand" und „Ausübung" das Problem nur umrissen, nicht aber beantwortet wird.

stelle: „Würde schon diese ganz normale Ausübung des Rechts verhindert, so wäre das Recht selbst erloschen und tatsächlich enteignet". Ähnliche, die Unterscheidung von Bestand und Ausübung „verwischende" Formulierungen finden sich auch in den Stellungnahmen der französischen und der deutschen Regierung[12] sowie in den Schlußanträgen des Generalanwalts[13]. Daran zeigt sich, daß eine verläßliche Grenzziehung zwischen Bestand und Ausübung kaum möglich erscheint.

II. Die Bedeutung des Art. 36 für das Verhältnis von Gemeinschaftsrecht und gewerblichem Rechtsschutz

Hatte der Gerichtshof im Urteil Grundig / Consten Art. 36 noch eindeutig in den engeren Bereich der Vorschriften über mengenmäßige Beschränkungen des freien Warenverkehrs verwiesen, so dehnt er im Urteil Parke-Davis den Anwendungsbereich dieser Bestimmung gleich an zwei Stellen über diese Vorschriften aus. Die erste Erwähnung des Art. 36 in diesem Sinne findet sich in den grundsätzlichen Bemerkungen zur Situation der „einzelstaatlichen Vorschriften über den Schutz des gewerblichen Eigentums in der Gemeinschaft". Die entscheidenden Sätze der Entscheidungsbegründung lauten im Zusammenhang: „Die einzelstaatlichen Vorschriften über den Schutz des gewerblichen Eigentums sind in der Gemeinschaft noch nicht vereinheitlicht. Infolgedessen können sich aus der Begrenzung des Schutzbereichs des gewerblichen Eigentums auf den Einzelstaat und aus den Unterschieden zwischen den einschlägigen einzelstaatlichen Gesetzgebungen Hindernisse für den freien Verkehr der patentierten Erzeugnisse und den freien Wettbewerb innerhalb des Gemeinsamen Marktes ergeben. Im Bereich der Vorschriften über den freien Warenverkehr sind Verbote und Einfuhrbeschränkungen, die zum Schutz des gewerblichen Eigentums gerechtfertigt sind, nach Artikel 36 zulässig, jedoch unter dem ausdrücklichen Vorbehalt, daß sie ‚weder ein Mittel zur willkürlichen Diskriminierung noch eine verschleierte Beschränkung des Handels zwischen den Mitgliedstaaten darstellen (dürfen)'.

Aus ähnlichen Gründen bedeutet die Ausübung der Rechte aus einem nach den Rechtsvorschriften eines Mitgliedstaats erteilten Patent für sich allein keinen Verstoß gegen die Wettbewerbsregeln des Vertrages."

Die zweite Bezugnahme auf Art. 36 erfolgt im Rahmen der Subsumtion unter die Tatbestandsmerkmale des Art. 86. Es heißt dort:

---

[12] Nach Ansicht der französischen Regierung sind die nationalen gewerblichen Schutzrechte vom Vertrag „sowohl in ihrem Bestand als auch in ihren Auswirkungen auf den innergemeinschaftlichen Handel" als rechtmäßig anerkannt (EuGH Rspr. XIV, 102).

[13] EuGH Rspr. XIV, 123.

„Wie schon bemerkt wurde, bestimmt übrigens Art. 36 des Vertrages auf einem vergleichbaren Gebiet zunächst, daß die Artikel 30 bis 34 Einfuhr- oder Ausfuhrbeschränkungen, die namentlich zum Schutze des gewerblichen und kommerziellen Eigentums gerechtfertigt sind, nicht entgegenstehen, und fährt fort, daß diese Beschränkungen, weder ein Mittel zur willkürlichen Diskriminierung noch eine verschleierte Beschränkung des Handels zwischen Mitgliedstaaten darstellen dürfen. Sonach kann, da über den Bestand des Patentrechts gegenwärtig allein die innerstaatliche Gesetzgebung entscheidet, nur die Ausübung dieses Rechts dem Gemeinschaftsrecht unterliegen, wenn sie zu einer beherrschenden Stellung beiträgt, deren mißbräuchliche Ausnutzung dazu führen kann, den Handel zwischen Mitgliedstaaten zu beeinträchtigen[14]."

Aus diesen Ausführungen des Gerichts sind in der Literatur zum Teil gegensätzliche Schlußfolgerungen gezogen worden. Die Befürworter einer uneingeschränkten Beibehaltung des Territorialitätsprinzips sahen sich durch sie bestätigt. Sie verwiesen vor allem auf die Feststellung des Gerichtshofs, daß der gewerbliche Rechtsschutz noch nicht vereinheitlicht sei, und daß sich daraus Hindernisse für den freien Warenverkehr ergeben könnten. Daraus sei zu schließen, „daß alle solche Hindernisse bis auf weiteres mit dem Gemeinsamen Markt vereinbar sind, die sich allein aus der Tatsache der territorialen Begrenzung der nationalen Schutzrechte und den Unterschieden zwischen ihnen ergeben"[15].

Die Gegner eines uneingeschränkten Territorialitätsprinzips sehen die oben zitierten Sätze aus den Entscheidungsgründen des Parke-Davis-Urteils im Zusammenhang und vor dem Hintergrund der Kontroverse über die Bedeutung des Art. 36, insbesondere des auch vom Gerichtshof besonders hervorgehobenen Vorbehalts des Satzes 2 dieser Bestimmung. In dieser Kontroverse standen sich, wie erwähnt, Anhänger und Gegner der Lehre von der absoluten Bereichsausnahme gegenüber. Die Anhänger dieser Lehre hatten stets nur mit Satz 1 des Art. 36 argumentiert, Satz 2 dagegen als angeblich für die gewerblichen Schutzrechte nicht zutreffend beiseite gelassen[16]. Diese Haltung nahm auch die französische Regierung in ihrer Stellungnahme im Rahmen des Parke-Davis-Verfahrens ein. Die Gegner einer absoluten Bereichsausnahme und mit ihnen die Kommission im Verfahren Parke-Davis hatten demgegenüber den Akzent auf Satz 2 des Art. 36 gelegt. Ihrer Meinung

[14] EuGH Rspr. XIV, 112 f.

[15] *Deringer*, GRUR Int. 1968, 108; in gleichem Sinne auch *Kirschstein*, EuR 1968, 307 f.; *Magen*, NJW 1968, 1062 f.; *Tessin / Sedemund*, BB 1968, 604 ff.

[16] So schon der „Begründer" der Lehre von der absoluten Bereichsausnahme, *Gotzen*, GRUR Int. 1958, 226.

nach enthält Art. 36 keine Rechtmäßigkeitserklärung für das Territorialitätsprinzip, sondern Art. 36 Satz 2 schränkt dieses Prinzip gerade ein[17]. Vor dem Hintergrund dieses Meinungsstreits — so meinten die Gegner eines uneingeschränkten Territorialitätsprinzips — werde deutlich, „daß der Europäische Gerichtshof mit der starken Unterstreichung des Satzes 2 von Art. 36 zu erkennen gegeben hat, daß er den Standpunkt ... von der Bedeutungslosigkeit dieses Satzes im Bereich der gewerblichen Schutzrechte und damit wohl auch den französischen Standpunkt der uneingeschränkten Geltung des Territorialitätsprinzips nicht teilt“[18].

Damit stellt sich grundsätzlich die Frage nach der Bedeutung des Art. 36 für die gewerblichen Schutzrechte, genauer gesagt: für die Vereinbarkeit von auf gewerbliche Schutzrechte gestützten Importverboten mit dem EWGV. Läßt sich bereits aus dieser Bestimmung die Abgrenzung der „gemeinschaftskonformen“ von der „gemeinschaftswidrigen“ Auswertung gewerblicher Schutzrechte herleiten, ohne daß es jeweils auf die Verwirklichung der Tatbestandsvoraussetzungen der Wettbewerbsvorschriften Art. 85, 86 ankommt? Läßt sich also die Problematik der sog. Parallelimporte bereits „im Vorfeld“ der Wettbewerbsvorschriften lösen, oder bedarf es in jedem Fall „zusätzlicher Tatsachen“[19] in Gestalt der Tatbestandsvoraussetzungen der Art. 85, 86[20]?

§ 8 Die Urteile Sirena und Deutsche Grammophon

I. Das Urteil Sirena

1. Sachverhalt und Verfahren vor dem EuGH

Die mit dem Urteilspaar Grundig / Consten und Parke-Davis eingeleitete Rechtsprechung des EuGH zum Verhältnis von Gemeinschafts-

[17] EuGH Rspr. XIV, 98 (Kommission); *VerLoren van Themaat*, GRUR Int. 1964, 22; *H. Schumacher*, WuW 1968, 491 passim; vgl. auch *Möschel*, 139 ff. m. w. N.

[18] *H. Schumacher*, WuW 1968, 491.

[19] Vgl. *Deringer*, GRUR Int. 1968, 108.

[20] Eine weitere Frage, die durch das vom Gerichtshof im Grundig / Consten-Urteil bestätigte Verbot der Kommission an die Firmen Grundig und Consten aufgeworfen wurde, jede (!) Handlung zu unterlassen, durch die Parallelimporte von Grundig-Erzeugnissen nach Frankreich verhindert oder erschwert werden, ist die, ob die Anrufung innerstaatlicher Gerichte oder Verwaltungsbehörden (im Fall Grundig / Consten also etwa die warenzeichenrechtliche Verletzungsklage) überhaupt nach dem Gemeinschaftsrecht verboten sein kann. Vgl. zu dieser Frage vor allem die kontroversen Beiträge von *Koch*, AWD 1968, 186 und *Johannes*, AWD 1968, 412 sowie *Ballhaus*, 81, 84 ff.; *Schluep*, 180 mit Fußnote 377; *Mestmäcker*, Wettbewerb als Aufgabe, 598 f.; *ders.*, Vermittlung, 105 ff.; *Pfeifer*, JZ 1966, 680; *H. Schumacher*, WuW 1967, 5; *Deringer*, NJW 1969, 364.

recht und gewerblichen Schutzrechten wird mit den Urteilen Sirena und Deutsche Grammophon fortgesetzt. Dabei hat das Gericht auf der einen Seite die Grundsätze der Grundig / Consten- und Parke-Davis-Rechtsprechung bestätigt und weiter verdeutlicht, ist andererseits aber auch über diese Rechtsprechung hinausgegangen[1].

a) Sachverhalt

Dem Urteil Sirena lag folgender Sachverhalt[2] zugrunde: Im Jahre 1933 ließ die amerikanische Firma Mark Allen in Italien für Kosmetika das Warenzeichen PREP eintragen. Vier Jahre später übertrug sie dieses Zeichen auf die italienische Firma Sirena, die es zunächst im eigenen Namen verlängerte und, als es infolge Nichtverlängerung und Nichtbenutzung durch Mark Allen erloschen war, im Jahre 1944 auf sich neu eintragen ließ. 1952 ließ Sirena außerdem zwei weitere Warenzeichen mit dem Wortbestandteil PREP GOOD MORNING und zusätzlichen Bildbestandteilen eintragen. Unabhängig davon hatte Mark Allen einer deutschen Firma eine Warenzeichenlizenz für die Bundesrepublik Deutschland erteilt. Als diese Firma durch die Import-Export-Firma Novimpex Tiegel mit medizinischer Schönheitscreme unter dem Zeichen PREP nach Italien einführte und dort erheblich unter den Preisen der Sirena verkaufte, erhob Sirena gegen Novimpex und eine Reihe von Wiederverkäufern Klage wegen Verletzung ihrer Warenzeichen. Im Verfahren vor dem „Tribunale Civile e Penale" in Mailand berief sich Novimpex auf die Art. 85, 86 und führte aus, diese stünden der Ausübung der Rechte entgegen, die Sirena einerseits aus ihrem Vertrag mit Mark Allen und andererseits aus dem italienischen Warenzeichenrecht herzuleiten suche, und die darauf hinauslaufe, Einfuhren original rechtmäßig mit dem Warenzeichen PREP versehener Erzeugnisse aus anderen Ländern der Gemeinschaft nach Italien zu verhindern. Auf Grund dieses Vorbringens sah sich das italienische Gericht veranlaßt, dem EuGH folgende Fragen zur Vorabentscheidung vorzulegen[3]:

„1. Sind die Artikel 85 und 86 EWGV auf die Wirkungen eines vor Inkrafttreten des EWG-Vertrags geschlossenen Vertrages, durch den ein Warenzeichen übertragen wird, anwendbar oder nicht?

2. Sind die genannten Artikel 85 und 86 dahin auszulegen, daß sie den Inhaber eines in einem Mitgliedstaat rechtmäßig eingetragenen

---

[1] Vgl. *D. Reimer*, GRUR Int. 1972, 232.

[2] EuGH Rspr. XVII, 71, 86; vgl. auch die Zusammenfassung von *Pappalardo*, EuR 1970, 343 sowie die Sachverhaltsschilderungen in den Anmerkungen zum Sirena-Urteil (s. o. 2. Kapitel, Fußnote 2).

[3] Tribunale Civile e Penale Mailand, Beschluß vom 12. 6. 1970, ABLEG C 107/4 vom 25. 8. 1970.

Warenzeichens daran hindern, das aus dem Zeichen fließende absolute Recht geltend zu machen, um Dritten die Einfuhr von Waren, die original rechtmäßig mit diesem Warenzeichen versehen worden sind, aus anderen Ländern der Gemeinschaft zu untersagen?"

b) Verfahren vor dem EuGH

Die Kommission[4] meint zur ersten Vorlagefrage des Mailänder Gerichts, die bloße Übertragung des Rechts an einem Warenzeichen gehöre nicht zu den Wirkungen einer Vereinbarung, die in den Anwendungsbereich der Art. 85, 86 fallen könnten. Gehe man von der bisherigen Rechtsprechung des Gerichtshofs aus, so könne die endgültige Übertragung eines Warenzeichens nur dann unter die vorgenannten Vorschriften fallen, wenn mit ihr, sei es auch nur mittelbar, der Vereinbarung über die Warenzeichenübertragung nicht wesensgemäße Ziele verfolgt würden oder wenn sie benutzt werde, um Wirkungen von der Art derjenigen verbotener Kartelle zu erzielen. Insoweit glaubt die Kommission, zwischen der vorliegenden Rechtssache und der Rechtssache Grundig / Consten unterscheiden zu müssen: Während für Grundig / Consten das Nebeneinanderbestehen eines Hauptvertrags über den Alleinvertrieb und einer Zusatzvereinbarung über die Warenzeichenrechte, die ausschließlich den absoluten Gebietsschutz habe garantieren sollen, kennzeichnend gewesen sei, handle es sich im vorliegenden Fall um eine bloße Übertragung eines Immaterialguts.

Folgerichtig kommt die Kommission bei der Prüfung der zweiten Vorlagefrage zu dem Ergebnis, daß das Recht des Erwerbers des Warenzeichens, gegen Einfuhren Dritter vorzugehen, durch Art. 85, 86 nicht ausgeschlossen werde. Der im Tatbestand des Urteils wörtlich zitierte Kerngedanke der von der Kommission gegebenen Begründung sei hier ebenfalls wiedergegeben: „Der Gebietsschutz ist, wie die Rechtsprechung des Gerichtshofes und der innerstaatlichen Gerichte erkennen läßt, aus der Sicht des Wettbewerbsrechts der Gemeinschaft gewiß die heikelste Wirkung der Übertragung eines Warenzeichens. Jedoch ist es bei einer Vereinbarung, die der ihr wesensgemäßen Funktion entspricht (die Herkunft eines bestimmten Erzeugnisses zu garantieren) und zwischen den Vertragspartnern keine Verpflichtungen oder Bindungen begründet, die sich nicht unmittelbar aus der Übertragung des Zeichenrechts ergeben, nicht möglich, einzelne Rechtsfolgen herauszulösen, welche die staatlichen Rechtsordnungen an diese Inhaberschaft knüpfen[5]."

---

[4] EuGH Rspr. XVII, 78 ff.

[5] EuGH Rspr. XVII, 80.

Der Generalanwalt[6] geht vom Urteil des EuGH in der Rechtssache Parke-Davis aus und legt sich die Frage vor, ob der in diesem Urteil für Patente entwickelte Grundsatz der Unterscheidung zwischen Bestand und Ausübung des Schutzrechts ebenso auf Warenzeichen anzuwenden sei. Nach einer Erörterung der wirtschaftlichen und rechtlichen Bedeutung des Warenzeichens im Vergleich zum Patent kommt er unter Zurückstellung gewisser Bedenken[7] zur Bejahung dieser Frage und schlägt dem Gerichtshof vor, dahingehend zu entscheiden, daß die dem Warenzeicheninhaber nach der innerstaatlichen Gesetzgebung zustehenden Rechte nur der Ausübung nach, nicht dagegen in ihrem Bestand durch das Inkrafttreten der Bestimmungen des EWGV berührt werden können.

Bei der Prüfung, wann die Ausübung eines Warenzeichenrechts gegen Art. 85 Abs. 1 verstoßen könne, unterscheidet der Generalanwalt drei Fälle:

Erster Fall: Die geltend gemachten Rechte fließen ausschließlich aus der innerstaatlichen Gesetzgebung (originärer Erwerb).

Zweiter Fall: Die geltend gemachten Rechte fließen wenigstens teilweise aus einem Vertrag, der nichts anderes bezweckt und bewirkt, als dem Erwerber des Warenzeichens den Schutz zu verschaffen, den das innerstaatliche Recht dem berechtigten Inhaber eines Warenzeichens gewährt (einfacher oder typischer abgeleiteter Erwerb).

Dritter Fall: Die geltend gemachten Rechte beruhen auf einem Vertrag, der noch andere Rechte und Pflichten vorsieht als die sich notwendig aus dem innerstaatlichen Warenzeichenrecht ergebenden oder der mit anderen Verträgen zwischen den gleichen Parteien oder mit gleichartigen Verträgen zwischen dem ursprünglichen Warenzeicheninhaber und anderen Lizenznehmern oder Erwerbern im Zusammenhang steht (qualifizierter oder atypischer Erwerb)[8].

Für die ersten beiden Fälle verneint er die Anwendbarkeit von Art. 85 Absatz 1. Dagegen sieht er im dritten Fall die Möglichkeit eines Verstoßes gegen diesen Artikel als gegeben an und verweist dazu auf das Grundig / Consten-Urteil sowie auf die Rechtsprechung des EuGH in den Rechtssachen Brasserie de Haecht[9] und Völk[10]. Dementsprechend

[6] Schlußanträge des Generalanwalts *Dutheillet de Lamothe* vom 21. 1. 1971, EuGH Rspr. XVII, 86.

[7] Diese Bedenken haben ihren Niederschlag in Rdnr. 7 der Entscheidungsgründe gefunden, wo der Gerichtshof dem Warenzeichen eine geringere Schutzwürdigkeit als den übrigen gewerblichen Schutzrechten attestiert (EuGH Rspr. XVII, 82).

[8] Vgl. zu den „drei Fällen“ auch *Deringer*, AWD 1971, 179 f.

[9] EuGH, Urt. vom 12. 12. 1967, Rspr. XIII, 543.

[10] EuGH, Urt. vom 9. 7. 1969, Rspr. XV, 295.

formuliert er seinen zweiten Antwortvorschlag auf die Vorlagefragen des „Tribunale Civile e Penale“ Mailand dahingehend, daß Vereinbarungen, durch die ein Unternehmen das Recht zur ausschließlichen Verwendung eines Warenzeichens in einem Mitgliedstaat endgültig oder für begrenzte Zeit überträgt, *nicht schon ihrem Wesen nach* den Tatbestand der Unvereinbarkeit mit dem Gemeinsamen Markt nach Art. 85 Abs. 1 erfüllen. Solche Vereinbarungen können dann unter die Verbotsvorschrift dieses Artikels fallen, wenn sie für sich allein oder zusammen mit anderen Vereinbarungen auf Grund einer Gesamtheit objektiver rechtlicher und tatsächlicher Umstände geeignet erscheinen, den Handel zwischen Mitgliedstaaten zu beeinträchtigen, und wenn sie eine Verhinderung, Einschränkung oder Verfälschung des Wettbewerbs bezwecken oder bewirken.

2. Entscheidungsgründe des EuGH[11]

Der Gerichtshof nimmt in den Entscheidungsgründen — wie der Generalanwalt in seinem Schlußvortrag — die in den Urteilen Grundig / Consten und Parke-Davis entwickelte Unterscheidung zwischen Bestand und Ausübung gewerblicher Schutzrechte wieder auf und verdeutlicht insoweit die Rolle des Art. 36 im Verhältnis zu Art. 85, 86. Er stellt — wie schon die Kommission im Parke-Davis-Verfahren — der Bestandsgarantie des Art. 36 Satz 1 die in Satz 2 enthaltene Garantie eines von „willkürlicher Diskriminierung“ und „verschleierter Beschränkung“ freien Handels zwischen den Mitgliedstaaten an die Seite und führt weiter aus, Art. 36 gehöre zwar dem Kapitel über die mengenmäßigen Beschränkungen im Handel zwischen den Mitgliedstaaten an, er sei aber Ausfluß eines Grundsatzes, der im Wettbewerbsrecht in dem Sinne Anwendung finden könne, daß die von der Gesetzgebung eines Mitgliedstaates anerkannten gewerblichen Schutzrechte zwar durch die Art. 85, 86 in ihrem Bestand nicht berührt würden, daß aber ihre Ausübung unter die in diesen Vorschriften ausgesprochenen Verbote fallen könne.

Darüber hinaus stellt der Gerichtshof fest, das Warenzeichenrecht könne *als Rechtsinstitut an sich* die Tatbestandsmerkmale der Vereinbarung oder Abstimmung i. S. von Art. 85 Abs. 1 nicht erfüllen. Jedoch könne seine Ausübung immer dann unter die Verbotsvorschriften des Vertrages fallen, wenn sich herausstelle, daß sie *Gegenstand, Mittel oder Folge einer Kartellabsprache* sei. Für den Fall der Warenzeichenübertragung folgert der Gerichtshof aus diesem Grundsatz, daß Art. 85 auf den Fall, daß die Einfuhr aus anderen Mitgliedstaaten stammender, das gleiche Warenzeichen tragender Erzeugnisse unter Berufung auf

[11] EuGH Rspr. XVII, 80 ff.

das Zeichenrecht verhindert werde, anwendbar sei, wenn die Zeicheninhaber dieses Zeichens oder das Recht zu seiner Benutzung durch Vereinbarungen untereinander oder mit Dritten erworben haben.

Bei der Auslegung von Art. 86 folgt das Gericht seinen im Parke-Davis-Urteil aufgestellten Grundsätzen, die es jedoch bei dieser Gelegenheit weiter präzisiert. Zunächst dehnt es die im Parke-Davis-Fall für das Patent getroffenen Feststellungen zum Merkmal der „beherrschenden Stellung“ i. S. von Art. 86 auf das Warenzeichen aus.

Ergänzend dazu heißt es dann weiter, da Art. 86 voraussetze, daß die beherrschende Stellung sich zumindest auf einen „wesentlichen Teil“ des Gemeinsamen Marktes erstrecke, müßte der Zeicheninhaber die Macht haben, die Aufrechterhaltung eines wirksamen Wettbewerbs auf einem erheblichen Teil des zu berücksichtigenden Marktes zu verhindern. Bei der Prüfung dieser Frage sei insbesondere das etwaige Vorhandensein und die Stellung von Herstellern oder Verteilern zu berücksichtigen, die gleichartige oder substituierbare Waren vertreiben.

Seine Erkenntnisse faßt das Gericht sodann in folgenden Antworten auf die Vorlagefragen[12] zusammen:

1. a) Werden unter Berufung auf das Recht aus dem Warenzeichen Einfuhren aus anderen Mitgliedstaaten stammender, das gleiche Warenzeichen tragender Erzeugnisse unterbunden, so ist Artikel 85 EWGV anwendbar, wenn die Warenzeicheninhaber dieses Zeichen oder das Recht zu seiner Benutzung durch Vereinbarungen untereinander oder mit Dritten erworben haben.

   b) Sind die vorgenannten Vereinbarungen vor Inkrafttreten des EWG-Vertrags zustande gekommen, so ist es erforderlich, aber auch ausreichend, daß ihre Wirkungen nach diesem Zeitpunkt fortdauern.

2. a) Der Inhaber eines Warenzeichens nimmt nicht schon deshalb eine beherrschende Stellung im Sinne von Artikel 86 des Vertrages ein, weil er Dritten verbieten kann, im Hoheitsgebiet eines Mitgliedstaats Erzeugnisse der gleichen Marke zu vertreiben. Es ist zusätzlich erforderlich, daß er die Macht hat, die Aufrechterhaltung eines wirksamen Wettbewerbs auf einem erheblichen Teil des zu berücksichtigenden Marktes zu verhindern.

   b) Der höhere Preis eines Erzeugnisses beweist zwar für sich allein nicht notwendig den Mißbrauch einer beherrschenden Stellung im Sinne des Artikels 86, er kann jedoch ein entschei-

---

[12] EuGH Rspr. XIV, 112.

dendes Indiz sein, wenn er besonders hoch und sachlich nicht gerechtfertigt ist.

II. Das Urteil Deutsche Grammophon

1. Sachverhalt und Verfahren vor dem EuGH

a) Sachverhalt

Um die Verhinderung der Einfuhr von Originalware ging es auch im Fall Deutsche Grammophon. Diesmal sollten Paralleleinfuhren von Schallplatten aus Frankreich nach Deutschland mit Hilfe des deutschen Urheberrechtsgesetzes[13] unterbunden werden, das den Schallplattenherstellern ein dem Urheberrecht verwandtes Schutzrecht einräumt. Im einzelnen handelte es sich um folgenden Sachverhalt[14]: Die Deutsche Grammophon Gesellschaft mbH, eine Tochtergesellschaft der Philips Gloeilampen-Fabrieken in Eindhoven, Niederlande und der Siemens AG in Berlin und München, befaßt sich überwiegend mit der Produktion von Schallplatten, wofür sie eine Reihe von Interpreten durch Exklusivverträge an sich gebunden hat. Der Verkauf dieser Platten erfolgt in Deutschland unmittelbar über den Einzelhandel sowie über zwei Buchgrossisten. Dabei bedient sich die Deutsche Grammophon des Systems gebundener Endpreise und liefert ihre Platten nur an Händler, die sich durch Unterzeichnung eines Reverses zur Einhaltung der Preisbindung verpflichtet haben. Im Ausland werden die Schallplatten zum Teil über Tochtergesellschaften der Deutschen Grammophon vertrieben, mit denen diese Lizenzverträge abgeschlossen hat. Den Tochtergesellschaften wird darin das ausschließliche Recht gewährt, Aufnahmen der Deutschen Grammophon in einem bestimmten Land auf handelsüblichem Wege auszuwerten. Ein solcher Vertrag besteht auch zwischen der Deutschen Grammophon und ihrer nahezu 100 %igen Tochter „Polydor" in Paris.

Die Firma Metro-SB-Großmärkte GmbH & Co KG bezog von der Deutschen Grammophon Schallplatten der Marke Polydor. Da die Metro nicht durch Händlerrevers gebunden war, verkaufte sie die Platten erheblich unter dem vorgeschriebenen Endpreis. Als die Deutsche Grammophon die Metro zur Unterzeichnung des Preisbindungsreverses aufforderte, weigerte sich diese zu unterschreiben. Daraufhin brach Deutsche Grammophon die Geschäftsbeziehungen zu Metro ab.

---

[13] Gesetz über Urheberrecht und verwandte Schutzrechte vom 9. 9. 1965, BGBl. I, S. 1273.

[14] EuGH Rspr. XVII, 489, 503; vgl. auch die Sachverhaltsschilderungen in den Anmerkungen zum Urteil Deutsche Grammophon (s. o. 2. Kapitel, Fußnote 2).

Diese verkaufte jedoch weiterhin Polydor-Schallplatten weit unter dem gebundenen Endpreis. Es handelte sich um Platten, die von der Deutschen Grammophon in Deutschland gepreßt und an ihre Tochtergesellschaft Polydor in Paris geliefert worden waren. Diese hatte einen Teil der Platten an eine Schweizer Firma weiterverkauft, und von dort gelangten wiederum Platten über einen Hamburger Großhändler in die Hände der Firma Metro.

Die Deutsche Grammophon sah in dem Verkauf ihrer Schallplatten durch die Metro eine Verletzung ihres ausschließlichen Verbreitungsrechts für Deutschland und erwirkte beim Landgericht Hamburg eine einstweilige Verfügung, durch die Metro der weitere Verkauf untersagt wurde. Auf den Widerspruch der Metro hielt das Landgericht seine einstweilige Verfügung aufrecht. Im Berufungsverfahren beschloß[15] das Hanseatische Oberlandesgericht, dem EuGH folgende Fragen zur Vorabentscheidung vorzulegen:

a) Verstößt die Auslegung der §§ 97, 85 des Gesetzes über Urheberrecht und verwandte Schutzrechte vom 9. September 1965 (BGBl. I S. 1273), wonach eine deutsche Herstellerin von Tonträgern aufgrund ihres Verbreitungsrechtes den Vertrieb von Tonträgern in der Bundesrepublik Deutschland verbieten kann, die sie selbst an ihre rechtlich selbständige, wirtschaftlich aber vollständig abhängige Tochtergesellschaft in Frankreich geliefert hatte, gegen Artikel 5 Absatz 2 oder Artikel 85 Absatz 1 des EWG-Vertrages?

b) Kann die Ausübung des Verbreitungsrechtes durch den Hersteller von Tonträgern als mißbräuchlich angesehen werden, wenn der gebundene Verkaufspreis der Tonträger höher ist als der Preis des aus einem anderen Mitgliedstaat reimportierten Originalerzeugnisses, wenn zugleich die maßgeblichen Interpreten durch Exklusivverträge an den Hersteller der Tonträger gebunden worden sind (Artikel 86 EWG-Vertrag)?

b) Verfahren vor dem EuGH

Die Kommission eröffnet ihre Stellungnahme zu den Vorlagefragen mit der Feststellung, eine Auslegung des sog. Territorialitätsprinzips dahingehend, daß es dem Schutzrechtsinhaber die Möglichkeit gebe, Parallelimporte geschützter Erzeugnisse zu untersagen, stehe im Widerspruch zu den in Art. 3 Bst. a und f genannten Gemeinschaftszielen der Herstellung des freien Warenverkehrs und der Errichtung eines Sy-

---

[15] Hanseatisches Oberlandesgericht, Beschluß vom 8. 10. 1970, ABLEG C 8/2 vom 29. 1. 1971; der Beschluß ist außerdem mit der Begründung sowie einer Anm. von *E. Ulmer* in GRUR Int. 1970, 377 abgedruckt.

stems unverfälschten Wettbewerbs. Von dieser Prämisse ausgehend kommt sie zu folgenden Ergebnissen: Art. 5 Abs. 2 binde alle staatlichen Organe einschließlich der rechtsprechenden Gewalt. Eine Auslegung des hier einschlägigen § 85 URG durch die Gerichte, die dem Schutzrechtsinhaber die Befugnis zur Verhinderung von Parallelimporten einräume, könne daher gegen die in Art. 5 Abs. 2 enthaltene Verpflichtung verstoßen, alle Maßnahmen zu unterlassen, die die Verwirklichung der Vertragsziele gefährden könnten.

Bei der Subsumtion unter Art. 85 Abs. 1 unterscheidet die Kommission zwischen den Lizenzverträgen der Deutschen Grammophon mit ihren Tochtergesellschaften und den Preisbindungsvereinbarungen mit den Händlern, den sog. Reversen. Während sie im ersten Fall die Tatbestandsmäßigkeit i. S. von Art. 85 Abs. 1 verneint, bejaht sie diese im zweiten Fall. Zwar berufe sich Deutsche Grammophon im Verfahren gegen Metro nicht unmittelbar auf die in den Reversen enthaltenen Bestimmungen, sie stütze vielmehr ihre Klage ausschließlich auf § 85 URG. Dies geschehe jedoch nur, um eine unter Art. 85 Abs. 1 fallende Vereinbarung, nämlich den Händlerrevers, durchzusetzen.

Art. 86 ist nach Auffassung der Kommission ebenfalls erfüllt. Die Deutsche Grammophon nehme zusammen mit der Firma Phonogram Ton GmbH eine beherrschende Stellung auf dem deutschen Markt für Tonträger ein. Den Mißbrauch dieser Stellung sieht die Kommission in Anlehnung an die in Art. 86 Abs. 2 Bst. a und c[16] angeführten Beispiele einmal in dem erheblichen, durch sachliche Gründe nicht zu erklärenden Preisunterschied zwischen den im In- und Ausland vertriebenen Platten und zum anderen darin, daß deutsche Händler, insbesondere solche in der Nähe der französischen Grenze, durch den weit höheren Abgabepreis in Deutschland daran gehindert würden, Schallplatten der Deutschen Grammophon nach Frankreich zu verkaufen.

Für den Generalanwalt[17] geht es in dem vorliegenden Verfahren vor allem um das Problem der sog. Erschöpfung gewerblicher Schutzrechte und hier insbesondere um die Erschöpfung des dem Hersteller von Tonträgern eingeräumten ausschließlichen Verbreitungsrechts. Ist insbesondere § 17 Abs. 2 URG dahin zu verstehen, daß nur das inländische Inverkehrbringen die Erschöpfung des Urheberrechts und der verwandten Schutzrechte bewirkt, oder ist in gemeinschaftskonformer Auslegung der genannten Bestimmung das Inverkehrbringen im EG-Ausland in gleicher Weise geeignet, die Erschöpfung herbeizuführen?

---

[16] Die in EuGH Rspr. XVII, 496 angegebene Referenz auf „Artikel 86 Absatz 1 Buchstaben a und d" ist offensichtlich ein Druckfehler.

[17] Schlußanträge des Generalanwalts *Karl Roemer* vom 28. 4. 1971, EuGH Rspr. XVII, 503.

Der Generalanwalt spricht sich für die zweite Alternative aus und führt dafür den in Art. 36 Satz 2 enthaltenen Vorbehalt, die wesentlichen Ziele des Vertrages und die Prinzipien des Gemeinsamen Marktes als Begründung an.

2. Entscheidungsgründe des EuGH[18]

Der Gerichtshof geht bei seinen Überlegungen zur ersten Vorlagefrage offensichlich davon aus, daß die Tatbestandsmerkmale der Vereinbarung oder abgestimmten Verhaltensweise i. S. von Art. 85 Abs. 1 im vorliegenden Fall nicht erfüllt sind. Er legt sich daher die Frage vor, „ob die Ausübung des fraglichen Schutzrechts (sc. zur Verhinderung von Parallelimporten) nicht gegen andere Vertragsvorschriften, insbesondere diejenigen über den freien Warenverkehr, verstößt".

Zur Beantwortung dieser Frage sind nach Auffassung des Gerichts in erster Linie die „Grundsätze für die Verwirklichung eines einheitlichen Marktes zwischen den Mitgliedstaaten" heranzuziehen, die dem Vertragstitel „Der freie Warenverkehr" sowie Art. 3 Bst. f zu entnehmen seien. Insbesondere sei auf Art. 36 Satz 2 abzustellen, der den nach Satz 1 zulässigen Verboten oder Beschränkungen des Warenverkehrs zwischen den Mitgliedstaaten „doch klare Grenzen setzt". Die Prüfung des Problems der Importverhinderung unter Berufung auf das Tonträgerrecht läßt den Gerichtshof zu dem Ergebnis gelangen, daß es gegen die „Normen über den freien Warenverkehr im Gemeinsamen Markt" verstoße, wenn ein Schallplattenhersteller das ihm nach der Gesetzgebung eines Mitgliedstaats zustehende ausschließliche Verbreitungsrecht dazu benutze, um in diesem Mitgliedstaat den Vertrieb von Erzeugnissen, die von ihm selbst oder mit seiner Zustimmung in einem anderen Mitgliedstaat verkauft worden sind, allein deshalb zu verbieten, weil dieses Inverkehrbringen nicht in dem zuerst genannten Mitgliedstaat erfolgt sei.

Die zweite Frage des vorlegenden Gerichts zielte — wie im Sirena-Fall — auf die besondere Problematik des Mißbrauchs einer marktbeherrschenden Stellung durch Ausübung gewerblicher Schutzrechte. Verstößt die Verhinderung des Imports von im Ausland rechtmäßig in Verkehr gebrachten Erzeugnissen — insbesondere im Hinblick auf den wesentlich niedrigeren Preis der Importware — gegen das Verbot der mißbräuchlichen Ausnutzung einer marktbeherrschenden Stellung i. S. von Art. 86? Der Gerichtshof bestätigt insoweit seine im Sirena-Urteil getroffenen Feststellungen zu den Tatbestandsmerkmalen der

---

[18] EuGH Rspr. XVII, 497 ff.

Marktbeherrschung und des Mißbrauchs und kommt damit zu folgenden Antworten[19] auf die Vorlagefragen:

„1. Es verstößt gegen die Normen über den freien Warenverkehr im Gemeinsamen Markt, wenn ein Hersteller von Tonträgern das ihm nach der Gesetzgebung eines Mitgliedstaats zustehende ausschließliche Recht, die geschützten Gegenstände in Verkehr zu bringen, ausübt, um in diesem Mitgliedstaat den Vertrieb von Erzeugnissen, die von ihm selbst oder mit seiner Zustimmung in einem anderen Mitgliedstaat verkauft worden sind, allein deshalb zu verbieten, weil dieses Inverkehrbringen nicht im Hoheitsgebiet des ersten Mitgliedstaats erfolgt ist.

2. a) Ein Hersteller von Tonträgern, dem nach einer nationalen Gesetzgebung ein ausschließliches Verbreitungsrecht zusteht, hat nicht schon deshalb eine beherrschende Stellung im Sinne von Artikel 86 des Vertrages inne, weil er dieses Recht ausübt. Etwas anderes gilt, wenn er nach Lage der Dinge einen wirksamen Wettbewerb auf einem bedeutenden Teil des in Betracht zu ziehenden Marktes verhindern kann.

b) Ein Unterschied zwischen dem gebundenen Preis und dem Preis des aus einem anderen Mitgliedstaat reimportierten Erzeugnisses erlaubt nicht unbedingt den Schluß auf einen Mißbrauch einer beherrschenden Stellung, kann jedoch ein entscheidendes Indiz für einen solchen Mißbrauch sein, wenn er groß und durch keine sachlichen Gründe zu erklären ist."

§ 9 Die durch die Urteile Sirena und Deutsche Grammophon aufgeworfenen Fragen

Wie bei den Urteilen Grundig / Consten und Parke-Davis stehen auch in den Fällen Sirena und Deutsche Grammophon den vom EuGH entschiedenen Fragen die von ihm neu aufgeworfenen gegenüber. Auf der einen Seite werden bestimmte Grundsätze bestätigt und zum Teil weiterentwickelt, auf der anderen Seite geht das Gericht aber über diesen mittlerweile als gesichert anzusehenden Bestand hinaus, um neue Maßstäbe für die Anwendung des Gemeinschaftsrechts auf die gewerblichen Schutzrechte zu setzen.

Für die erste Feststellung läßt sich die Bestätigung und weitere Verdeutlichung der besonderen Rolle des Art. 36 im Verhältnis zu den Art. 85, 86 sowie die Bekräftigung der für diese Vorschriften selbst aufgestellten Auslegungsgrundsätze anführen. Gerade am Beispiel von

---

[19] EuGH Rspr. XVII, 502 f.

Art. 36 läßt sich die kontinuierliche Entwicklung und allmähliche Stabilisierung einer bestimmten Auslegung durch den EuGH besonders anschaulich verdeutlichen. So wurde Art. 36 im Grundig / Consten-Urteil noch restriktiv interpretiert und in den engeren Bereich der Vorschriften über die Beseitigung mengenmäßiger Beschränkungen des freien Warenverkehrs (Art. 30 ff.) verwiesen. Seine dort erstmals getroffene Unterscheidung zwischen Bestand und Ausübung der gewerblichen Schutzrechte leitete der Gerichtshof damals aus Art. 222 ab[1]. Demgegenüber finden sich in den Entscheidungsgründen des Parke-Davis-Urteils an zwei Stellen Hinweise darauf, daß der Gerichtshof über den Bereich der Liberalisierungsvorschriften hinaus eine entsprechende Anwendung des Art. 36 im Bereich der Wettbewerbsvorschriften (Art. 85, 86) für möglich hält[2]. Im Sirena-Urteil erscheint Art. 36 dann als eine Art Vorschaltnorm für die Anwendung der Art. 85, 86 auf gewerbliche Schutzrechte. Dies wird besonders augenscheinlich, wenn man die entsprechenden Passagen der Urteile Grundig / Consten und Sirena miteinander vergleicht[3]. Danach stellt sich die Subsumtionskette für eine Anwendung der Art. 85, 86 auf gewerbliche Schutzrechte folgendermaßen dar: Zunächst ist zu prüfen, ob ein Verhalten des Schutzrechtsinhabers in Frage steht, das mit dem Bestand des Rechts zu tun hat, oder ob es „nur" um die Ausübung dieses Rechts geht. Im ersten Fall verbietet Art. 36 Satz 1 die weitere Subsumtion unter die Art. 85, 86. Der Bestand der gewerblichen Schutzrechte wird von den Normen des Gemeinschaftsrechts nicht erreicht. Im Fall bloßer „bestandsneutraler" Ausübung des Schutzrechts ist dagegen entsprechend Art. 36 Satz 2 der Weg für eine weitere Subsumtion unter Art. 85, 86 frei.

Ist damit einerseits Art. 36 nunmehr eindeutig als Rechtsgrundlage der Unterscheidung von Bestand und Ausübung ausgewiesen, so bleibt andererseits diese Unterscheidung selbst nach wie vor fragwürdig. Insbesondere bleibt ungeklärt, bis zu welchem Punkt es im Einzelfall noch um die Rechtsausübung geht und von wo ab der Bestand eines

---

[1] EuGH Rspr. XII, 394; s. o. § 7 I.

[2] EuGH Rspr. XIV, 111 f.; s. o. § 6 II. 1., § 6 II. 3., § 7 II.

[3] *Grundig / Consten:* „Artikel 36 schränkt den Anwendungsbereich der in Titel I Kapitel 2 des Vertrages enthaltenen Vorschriften über die Liberalisierung des Warenaustauschs ein, nicht aber den des Artikels 85". (EuGH Rspr. XII, 394); *Sirena:* „Artikel 36 gehört zwar dem Kapitel über die mengenmäßigen Beschränkungen im Handel zwischen den Mitgliedstaaten an, er ist aber Ausfluß eines Grundsatzes, der im Wettbewerbsrecht in dem Sinne Anwendung finden kann, daß die von der Gesetzgebung eines Mitgliedstaates anerkannten gewerblichen Schutzrechte zwar durch die Artikel 85 und 86 des Vertrages in ihrem Bestand nicht berührt werden, daß aber ihre Ausübung unter die in diesen Vorschriften ausgesprochenen Verbote fallen kann." (EuGH Rspr. XVII, 82).

Schutzrechts berührt wird[4]. Immerhin hat der Gerichtshof im Urteil Deutsche Grammophon einen ersten positiven[5] Hinweis darauf gegeben, was nach seiner Auffassung zum Bestand eines Schutzrechts gehört. Er meint nämlich, Art. 36 Satz 1 erlaube Beschränkungen des freien Warenverkehrs nur, „soweit sie zur Wahrung der Rechte berechtigt sind, die den spezifischen Gegenstand dieses Eigentums ausmachen“[6]. Mit dieser neuen Formel vom „spezifischen Gegenstand“ des Eigentums bzw. gewerblichen Schutzrechts ist jedoch nur ein Synonym für den „Bestand“ aber noch nicht dessen Definition gefunden. Auch nach den Urteilen Sirena und Deutsche Grammophon muß somit die Frage nach der Brauchbarkeit der Unterscheidung zwischen Bestand und Ausübung gestellt werden, zumal man sich den Bestand eines Rechts ohne ein gewisses Maß an Rechtsausübung nicht vorstellen kann[7].

Während der Gerichtshof bei der Auslegung des Art. 36 sowie der Art. 85 und 86 im wesentlichen auf der Linie seiner bisherigen Rechtsprechung bleibt, betritt er mit der Subsumtion unter die „Grundsätze für die Verwirklichung eines einheitlichen Marktes zwischen den Mitgliedstaaten“ bzw. die „Normen über den freien Warenverkehr im Gemeinsamen Markt“[8] in gewisser Weise Neuland. Zwar wird das Gericht mit dieser Verlagerung des Subsumtionsschwerpunktes von den Wettbewerbsbestimmungen auf die Vorschriften über die Freiheit des Warenverkehrs dem Problem der Parallelimporte im weitesten Sinne eher gerecht, denn hierbei geht es in erster Linie um eine Unterbindung des grenzüberschreitenden Warenverkehrs und erst in zweiter Linie um die — dadurch möglicherweise bewirkte — Verfälschung des Wettbewerbs[9]. Andererseits wird aber mit dem Abstellen auf die bloße Zustimmung des Schutzrechtsinhabers, ohne daß es noch auf das Be-

---

[4] Diese Unklarheit hat im Fall „Sirena“ zur Folge, daß der EuGH dort — jedenfalls bei weiter Auslegung seines Urteils — möglicherweise selbst in den Bestand des Warenzeichenrechts eingreift. Vgl. dazu *Deringer*, AWD 1971, 181; *Röttger*, GRUR Int. 1971, 472; siehe auch *Kraft*, MA 1972, 38; *D. Reimer*, GRUR Int. 1972, 233.

[5] In den früheren Urteilen umschrieb der Gerichtshof den „Bestand“ jeweils nur negativ durch die Bezugnahme auf den Satz 2 des Art. 36.

[6] EuGH Rspr. XVII, 500.

[7] Vgl. vor allem *Kraft*, MA 1972, 38, der die Unterscheidung von Bestand und Ausübung schlicht für unbrauchbar hält; s. dazu auch oben § 7 I. (Fußnote 56).

[8] EuGH Rspr. XVII, 499.

[9] Vgl. besonders die sehr klaren Ausführungen von *Johannes*, Gewerblicher Rechtsschutz, 27 f., 58 f. („Der kartellrechtliche Aspekt ist ... logisch und systematisch notwendig sekundärer Natur“); a. A. *Mestmäcker*, Wettbewerbsrecht, 467 f., der auf den Wortlaut der Entscheidungsgründe des EuGH abstellt (EuGH Rspr. XVII, 499, Rdnr. 7: „Falls ... die zum Tatbestand des Artikels 85 EWG-Vertrag gehörenden Merkmale nicht erfüllt (sind), erfordert die Beantwortung der Frage die *weitere Prüfung* ...“ (Hervorhebung durch Verfasser).

stehen eines Parallelrechts im Verbreitungsland ankommt, eine neue Dimension hinsichtlich der Abgrenzung von Gemeinschaftsrecht und gewerblichem Rechtsschutz eröffnet, die noch über die seinerzeit von *Koch / Froschmaier* vorgeschlagene Lösung hinausreicht.

I. Fragen der Auslegung der Wettbewerbsvorschriften (Art. 85, 86)

1. Die Auslegung des Art. 85

Abgesehen von der nach Meinung des EuGH für die Anwendung der Art. 85, 86 entscheidenden Vorfrage der Unterscheidung von Bestand und Ausübung und der Ableitung dieser Unterscheidung aus Art. 36 hat das Gericht, vor allem im Sirena-Urteil[10], seine Auslegungsgrundsätze für die Wettbewerbsbestimmungen selbst weiterentwickelt. Zu Art. 85 Abs. 1 prägt es im Falle Sirena erstmals die Formel, daß die Ausübung gewerblicher Schutzrechte immer dann unter die Verbotsvorschrift dieses Artikels fallen könne, wenn sich herausstelle, daß sie „Gegenstand, Mittel oder Folge einer Kartellabsprache" sei[11]. Damit ist beispielsweise eine Fallgestaltung des Typs Grundig / Consten gemeint, wie sich aus den weiteren Ausführungen des Gerichts ergibt[12]. Wenn der Gerichtshof an anderer Stelle der Entscheidungsgründe und auch im Tenor feststellt, Artikel 85 sei auf den Fall, daß die Einfuhr aus anderen Mitgliedstaaten stammender, das gleiche Warenzeichen tragender Erzeugnisse unter Berufung auf das Zeichenrecht verhindert werde, anwendbar, wenn die Zeicheninhaber dieses Zeichen oder das Recht zu seiner Benutzung durch Vereinbarungen untereinander oder mit Dritten erworben haben, so ist damit wohl nicht gemeint, daß jeder Übertragungsvertrag als solcher die Tatbestandsvoraussetzungen des Art. 85 Abs. 1 erfüllt[13].

---

[10] Im Urteil Deutsche Grammophon werden lediglich die Feststellungen des Sirena-Urteils zu den Art. 85, 86 wiederholt; der Schwerpunkt liegt dort — wie bereits ausgeführt — auf der Auslegung der „Grundsätze für die Verwirklichung eines einheitlichen Marktes zwischen den Mitgliedstaaten".

[11] EuGH Rspr. XVII, 83; diese auf den Tatbestand des Art. 85 ausgerichtete Formel erscheint wesentlich prägnanter, als die im Grundig / Consten-Urteil verwendete Mißbrauchsformel (siehe EuGH Rspr. XII, 394).

[12] EuGH Rspr. XVII, 83 (Rdnr. 10).

[13] Von diesem Verständnis geht beispielsweise *Röttger* in seiner Urteilsanmerkung aus (GRUR Int. 1971, 469); *Deringer*, AWD 1971, 180, hält eine solche Auslegung des EuGH-Urteils zumindest für möglich; allerdings wird diese „weite Auslegung" vor allem durch die unklare Formulierung von Ziff. 1 a) des Urteilstenors auch nahe gelegt; dort ist nämlich nur die oben zuletzt erwähnte Feststellung des Gerichts wiedergegeben; der Hinweis auf die Notwendigkeit einer „Kartellabsprache" fehlt hier. Vgl. auch *Völp*, WRP 1971, 202 f.; *Kraft*, MA 1972, 36 ff.; *D. Reimer*, GRUR Int. 1972, 231 f., die offenbar ebenfalls — wie *Röttger* — von einem weiten Verständnis des fraglichen Satzes in den Entscheidungsgründen und im Urteilstenor ausgehen. Auch *Loewenheim* (GRUR Int. 1971, 261), der aus wirtschaftlichen

Vielmehr ergibt sich aus dem Zusammenhang der Entscheidungsgründe, daß der Gerichtshof nur solche Warenzeichenübertragungen im Auge hat, die im Zusammenhang mit einer „Kartellabsprache“ erfolgt sind, so daß sich wiederum die Geltendmachung des Zeichenrechts zur Importverhinderung als „Gegenstand, Mittel oder Folge“ einer solchen Absprache im Sinne der vorher vom Gerichtshof geprägten Formel darstellen würde[14].

2. Die Auslegung des Art. 86

Was die Anwendung von Art. 86 auf gewerbliche Schutzrechte anlangt, so bedeuten die Ausführungen des Gerichtshofs dazu eine deutliche Fortentwicklung der im Parke-Davis-Urteil aufgestellten Grundsätze. Zunächst überträgt das Gericht die dort für das Patentrecht getroffenen grundsätzlichen Feststellungen auf das Warenzeichenrecht und das Verbreitungsrecht des Herstellers von Tonträgern[15].

Die Argumentation des Gerichts im Sirena- und Deutsche Grammophon-Urteil ist insofern prägnanter, als jetzt die Rechtsposition des Schutzrechtsinhabers, genauer gesagt, sein aus dem Schutzrecht fließendes Verbietungsrecht, zuerst am Tatbestandsmerkmal der „beherrschenden Stellung“ i. S. von Art. 86 gemessen wird; m. a. W., es wird deutlicher, was worunter subsumiert wird. Dabei kommt der Gerichtshof zu dem Ergebnis, daß der Inhaber eines Warenzeichens / Hersteller von Tonträgern nicht schon deshalb eine „beherrschende Stellung“ einnimmt, „weil er von seinem ausschließlichen Recht, die geschützten Gegenstände, in Verkehr zu bringen, Gebrauch macht“[16]. Damit dürfte jetzt allgemein für alle gewerblichen Schutzrechte feststehen, daß die

---

Gründen die Übertragung und die Lizenzierung des Warenzeichens gleichbehandelt wissen will (ebenso schon in: Warenzeichen, 27 ff.) muß letztlich doch unter die Kritiker des Sirena-Urteils eingereiht werden. Nach seiner Auffassung ist durch eine langjährige Trennung von Unternehmen, die ursprünglich in wirtschaftlicher Verbindung standen, eine solche Verselbständigung eingetreten, daß das übereinstimmende Zeichen in Wahrheit auf verschiedene Herkunftsquellen hinweist (265).

[14] Diese „enge Auslegung“ in dem Sinne, daß Warenzeichenübertragungen nur dann von Art. 85 erfaßt werden, wenn sie „Teil eines größeren, den Wettbewerb beschränkenden Vertragssystems sind“ (*Deringer*, AWD 1971, 180), folgt auch daraus, daß der Gerichtshof — wie in der Ausgangsformel von „Gegenstand, Mittel oder Folge“ — auch in seinen späteren Ausführungen stets auf das Vorliegen einer „Kartellabsprache“ abstellt (siehe EuGH Rspr. XVII, 83 Rdnr. 12 und 13).

[15] Vgl. EuGH Rspr. XIV, 112 (Parke-Davis); XVII, 84 (Sirena); 500 f. (Deutsche Grammophon).

[16] So die schon mehr verallgemeinernde Formulierung im Urteil Deutsche Grammophon (EuGH Rspr. XVII, 501, Rdnr. 16), während die entsprechende Formulierung im Urteil Sirena lediglich auf die Situation des Warenzeichenrechts abstellt (EuGH Rspr. XVII, 84, Rdnr. 16).

von diesen verliehene Rechtsposition nicht schon als solche mit einer „beherrschenden Stellung" i. S. von Art. 86 gleichzusetzen ist. Dafür sind vielmehr zusätzliche Elemente nachzuweisen, mit denen im Einzelfall eine wirtschaftliche Marktbeherrschung dargetan werden muß. Die entscheidenden Gesichtspunkte, auf die es dabei ankommt, liefert der Gerichtshof jetzt in Vervollständigung und Verdeutlichung seiner Aussage im Parke-Davis-Urteil nach. Seiner Auffassung nach ist es „ferner (sc. über das Vorhandensein der durch das Schutzrecht eingeräumten rechtlichen Ausschließlichkeitsstellung hinaus) erforderlich", daß der Schutzrechtsinhaber die Macht hat, die Aufrechterhaltung eines wirksamen Wettbewerbs auf einem erheblichen Teil des zu berücksichtigenden Marktes zu verhindern. Hierbei sei insbesondere das etwaige Vorhandensein und die Stellung von Herstellern oder Verteilern zu berücksichtigen, die gleichartige oder substituierbare Waren vertreiben[17].

Somit kann das Schutzrecht zwar Element einer „beherrschenden Stellung" i. S. von Art. 86 sein. Ihm kommt sogar eine gewisse Hinweisfunktion für das Vorliegen einer solchen Stellung zu. Ausschlaggebend ist jedoch in jedem Fall die wirtschaftliche Stellung des Schutzrechtsinhabers auf dem „zu berücksichtigenden Markt" d. h. dem sog. relevanten Markt, der insbesondere — wie der Gerichtshof zutreffend ausführt — durch das Vorhandensein (oder Nichtvorhandensein) „gleichartiger oder substituierbarer Waren" bestimmt wird. Um dies an einem Beispiel zu verdeutlichen, so wird etwa die Marke eines bestimmten Waschmittels ihrem Inhaber nur schwerlich zu einer marktbeherrschenden Stellung verhelfen, weil in diesem Bereich jedes Produkt mit einer Vielzahl gleichartiger oder substituierbarer Produkte konkurriert. Demgegenüber kann auf einem vergleichsweise begrenzten relevanten Markt, wie dem für Computer, mit einer bestimmten Marke sehr wohl auch eine beherrschende wirtschaftliche Stellung verbunden sein.

II. Fragen der Auslegung der „Normen über den freien Warenverkehr im Gemeinsamen Markt"

Während der Gerichtshof im Sirena-Urteil im wesentlichen auf der Linie der Urteile Grundig / Consten und Parke-Davis geblieben ist, geht er im Urteil Deutsche Grammophon einen entscheidenden Schritt weiter, der „sicher in seinen Konsequenzen über die für den Fall Deutsche Grammophon ./. METRO präjudiziellen Fragen hinausgeht"[18]. Ausgehend von dem in der ersten Vorlagefrage des Hanseatischen Oberlandesgerichts — wahrscheinlich angeregt durch einen Beitrag von

---

[17] EuGH Rspr. XVII, 84, Rdnr. 16 (Sirena); 501, Rdnr. 17 (Deutsche Grammophon).

[18] *Deringer / Sedemund*, AWD 1971, 342.

Johannes[19] — angezogenen Art. 5 Abs. 2 legt sich der Gerichtshof erstmals die Frage vor, „ob die Ausübung des fraglichen Schutzrechts nicht gegen andere Vertragsvorschriften, insbesondere diejenigen über den freien Warenverkehr, verstößt“[20]. Damit setzt sich der Gerichtshof, wenn auch in ewas verklausulierter Form, von seiner bisherigen Subsumtionspraxis ab, die vorwiegend am kartellrechtlichen Aspekt des Problems orientiert war und dementsprechend von den Wettbewerbsvorschriften des EWGV (Art. 85, 86) ausging. Stattdessen werden als „sedes materiae“ nunmehr die „Normen über den freien Warenverkehr im Gemeinsamen Markt“, d. h. die Art. 30 ff. und insbesondere Art. 36 angesehen. Das im ersten Antwortsatz zusammengefaßte Ergebnis der Subsumtion unter diese Vorschriften wird von den einen als „Ende des Territorialitätsprinzips“ begrüßt[21], von anderen als mögliche Quelle „einer unerträglichen Rechtsunsicherheit“[22] beklagt.

III. Die Problematik der Parallelimporte als zentrale Frage des Verhältnisses von Gemeinschaftsrecht und nationalem Recht der gewerblichen Schutzrechte

Vergegenwärtigt man sich die vorstehend dargestellten vier Urteile des EuGH auf einen Blick, so zeigt sich, daß sie sachverhaltsmäßig für die Problematik der Parallelimporte i. S. der oben[23] gegebenen Definition in unterschiedlicher Weise einschlägig, um nicht zu sagen nicht einschlägig sind. Die drei Grundelemente der Parallelimportkonstellation, nämlich Identität des Schutzgegenstandes (Erfindung, Marke usw.), Identität des Schutzrechtsinhabers, erweitert durch den Fall der wirtschaftlichen Verbundenheit, und Rechtmäßigkeit des Inverkehrbringens im Verbreitungsstaat, lassen sich — wenn überhaupt — nur im Fall Grundig / Consten nachweisen. Dort handelte es sich um ein- und dasselbe Zeichen, nämlich jeweils um die Marke GINT, im Verbreitungs- wie im Einfuhrland, in diesem Fall Deutschland und Frankreich. Die Identität des Schutzrechtsinhabers war in der erweiterten Form der wirtschaftlichen Verbundenheit, nämlich in Gestalt der zwischen Grundig und Consten geschlossenen Alleinvertriebsvereinbarung gegeben.

---

[19] GRUR Int. 1970, 222, 225; vgl. auch *Alexander*, Cah. dr. eur. 1971, 602 f.

[20] EuGH Rspr. XVII, 499, Rdnr. 7.

[21] *Schröter*, WRP 1971, 363; *Alexander*, Cah. dr. eur. 1971, 602 ff.; beide Autoren folgern darüber hinaus, daß die in dem Entwurf des Übereinkommens für ein europäisches Patent vorgesehene Übergangsregelung bis zur endgültigen Beseitigung der Möglichkeit, Parallelimporte mit Hilfe der Patentverletzungsklage zu verbieten, durch das Urteil Deutsche Grammophon überholt sei (*Schröter*, 364; *Alexander*, 609); ebenso neuerdings *Johannes*, Gewerblicher Rechtsschutz, 49 f. sowie *Mestmäcker*, Wettbewerbsrecht, 449.

[22] *Deringer / Sedemund*, AWD 1971, 342, 343.

[23] s. o. § 3.

Schließlich waren die in Frage stehenden Erzeugnisse auch im Verbreitungsstaat rechtmäßig, nämlich vom inländischen Zeicheninhaber Grundig selbst, in Verkehr gebracht worden.

Demgegenüber fehlte es im Fall Parke-Davis, dem zweiten EuGH-Urteil, das sich auf das Verhältnis von Gemeinschaftsrecht und nationalen gewerblichen Schutzrechten bezog, an jeglicher Parallelität von Schutzrechten in den beiden fraglichen Mitgliedstaaten Holland und Italien. Vielmehr bestand nur im Einfuhrland Holland Patentschutz für das Arzneimittel Chloramphenicol, dagegen — mangels Patentierbarkeit von Gesetzes wegen — nicht in Italien, woher das Chloramphenicol nach Holland eingeführt worden war. Dieser Umstand hat allerdings, wie oben gezeigt[24], die Kommission nicht daran gehindert, sich in ihrer Stellungnahme ausführlich mit der Parallelimportproblematik zu befassen, der sie offensichtlich eine zentrale Bedeutung beimißt[25].

Auch der Fall Sirena läßt sich schwerlich unter den Begriff des Parallelimports in dem hier verstandenen Sinne subsumieren. Von den drei Elementen der Parallelimportkonstellation lassen sich allenfalls zwei mit Gewißheit nachweisen, nämlich die Identität des Schutzgegenstandes, hier der fraglichen Marke für Schönheitscreme, und das rechtmäßige Inverkehrbringen im Verbreitungsstaat, in diesem Fall Deutschland. Schwierigkeiten macht dagegen der Nachweis des dritten Merkmals, also der Identität des Schutzrechtsinhabers. Dieses Merkmal ist im Verhältnis der italienischen Herstellerin Sirena und der deutschen Herstellerfirma, die auf der Grundlage einer von der amerikanischen Warenzeicheninhaberin erteilten Lizenz arbeitet, sicherlich nicht gegeben. Beide, Sirena und die fragliche deutsche Firma, sind in keiner Weise, weder rechtlich noch wirtschaftlich, miteinander verbunden[26]. Anders läge es, wenn Sirena nicht, sei es durch derivativen oder originären Erwerb, selbst Inhaberin des Warenzeichens PREP geworden wäre, sondern sich dieses Zeichen ebenfalls, wie die deutsche Firma, nur „in Lizenz“ bediente. In diesem Fall ließe sich, von zusätzlichen gebietsbeschränkenden Abreden, z. B. Exportverboten, in den entsprechenden Lizenzverträgen abgesehen, die wirtschaftliche Verbundenheit und damit die Inhaberidentität aus der beiderseitigen Abhängigkeit von der ursprünglichen Warenzeicheninhaberin herleiten.

---

[24] s. o. § 6 II.

[25] Vgl. insbesondere die in EuGH Rspr. XIV, 99 ff. wiedergegebenen Ausführungen der Kommission.

[26] a. A. wohl *Koppensteiner*, AWD 1971, 365 f., der die Inhaberidentität im Falle der Schutzrechtsveräußerung nicht als aufgehoben ansieht, also nach dem kaum überzeugenden Motto „einmal Parallelität, immer Parallelität“ verfährt.

Schließlich kann auch im Fall Deutsche Grammophon von einer Parallelität der Schutzrechte keine Rede sein, denn das fragliche Schutzrecht des Herstellers von Tonträgern besteht überhaupt nur nach deutschem Recht (§ 85, 86 URG) und findet im französischen Recht keine Entsprechung, jedenfalls nicht in Gestalt eines gewerblichen Schutzrechts[27]. Der EuGH stützt seine Entscheidung dementsprechend auch nicht, wie *Koch / Froschmaier,* auf den Tatbestand der Erschöpfung eines Parallelrechts, sondern darauf, daß die fraglichen Erzeugnisse im Verbreitungsland vom inländischen Schutzrechtsinhaber selbst oder mit seiner Zustimmung in Verkehr gebracht worden sind[28]. Daraus folgert *Johannes*[29], daß die Lehre von den parallelen Schutzrechten als überwunden gelten könne. Es sei in jedem Fall unerheblich, ob in dem jeweiligen Verbreitungsland ein Parallelrecht bestehe oder nicht. Ausschlaggebend sei allein, ob das Inverkehrbringen durch den inländischen Schutzrechtsinhaber autorisiert gewesen sei. Es fragt sich, ob dem Gerichtshof und *Johannes* insoweit gefolgt werden kann[30]. Jedenfalls muß die oben entwickelte Bestimmung des Begriffs des Parallelimports dahingehend erweitert werden, daß sie auch die Untersuchung der Frage einschließt, ob nicht auf das Kriterium der Schutzrechtsparallelität schlechthin verzichtet werden kann und stattdessen ausschließlich auf die Zustimmung des inländischen Schutzrechtsinhabers abzustellen ist.

---

[27] Der Schallplattenhersteller genießt jedoch in Frankreich Schutz gegen unlauteren Wettbewerb (vgl. den Hinweis bei *D. Reimer,* GRUR Int. 1972, 233, Fußnote 83).

[28] Vgl. Ziff. 1 des „Tenors" der Entscheidung des EuGH (EuGH Rspr. XVII, 502).

[29] Gewerblicher Rechtsschutz, 24 ff., 47 f., 62 f.

[30] Dagegen haben sich z. B. *Alexander,* GRUR Int. 1972, 280 f. und *D. Reimer,* GRUR Int. 1972, 229 f., 233 ausgesprochen.

Drittes Kapitel

Das Territorialitätsprinzip bei gewerblichen Schutzrechten

§ 10 Das Territorialitätsprinzip als Rechtsbegriff im allgemeinen

I. Der Begriff des Territorialitätsprinzips als Schlüsselbegriff

Nach den EuGH-Urteilen Grundig / Consten und Parke-Davis stand fest, daß die gewerblichen Schutzrechte nicht vollkommen außerhalb der Reichweite des Gemeinschaftsrechts liegen. Damit war allerdings erst eine Teilstrecke bei der Bestimmung des Verhältnisses von Gemeinschaftsrecht und gewerblichen Schutzrechten zurückgelegt. Offen geblieben war die Frage, *wie* die Anwendung des Gemeinschaftsrechts auf die gewerblichen Schutzrechte aussieht, *wie weit* sie geht und *welche Folgerungen* sich aus ihr ergeben. Insbesondere blieb unklar, welchen Beitrag das Gemeinschaftsrecht zur Lösung des Problems der Parallelimporte leisten kann. Auch nach den Urteilen Sirena und Deutsche Grammophon fragt es sich, ob das Inkrafttreten des EWGV allgemein zu einer Änderung der Rechtslage im Bereich des gewerblichen Rechtsschutzes geführt hat[1], oder ob sich die Einwirkung des Gemeinschaftsrechts auf bestimmte, durch festumrissene Tatbestandsmerkmale gekennzeichnete Fallgestaltungen beschränkt. Gemeint sind hier vor allem die Wettbewerbsbestimmungen des EWGV (Art. 85, 86).

Um die Frage der Auswirkungen des EWGV auf den gewerblichen Rechtsschutz zu beantworten, muß man sich noch einmal vergegenwärtigen, daß sich aus dem Nebeneinander nationaler Warenzeichen-, Patent-, Gebrauchs- und Geschmacksmusterrechte Erschwerungen für die Verwirklichung der Gemeinschaftsziele, vor allem für den freien Wa-

---

[1] Dabei muß berücksichtigt werden, daß die Normen des Gemeinschaftsrechts zum Teil unmittelbare Geltung im Recht der Mitgliedstaaten beanspruchen. Diese unmittelbare Geltung, gekoppelt mit dem insoweit bestehenden Vorrang des Gemeinschaftsrechts übt auf die Mitgliedstaatennorm, soweit sie mit der Gemeinschaftsnorm nicht in Einklang steht, eine derogierende Wirkung aus. Die Folge davon ist im geringsten Fall die — teilweise oder völlige — Unanwendbarkeit der Mitgliedstaatennorm. Vgl. zur Unmittelbarkeit des Gemeinschaftsrechts vor allem die ausführlichen Untersuchungen von *Constantinesco, Daig* und *Bebr*. Die Literatur zum Vorrang des Gemeinschaftsrechts ist mittlerweile kaum mehr überschaubar. Vgl. aus jüngerer Zeit vor allem die Arbeiten von *Grabitz, Constantinidès-Mégret, Arnold, Emrich* und *Zuleeg*, die jeweils ausführliche Literaturübersichten enthalten.

renverkehr im Gemeinsamen Markt ergeben. Fragt man nach der rechtlichen Begründung für diese Möglichkeit einer Regionalisierung des Gemeinsamen Marktes, so stößt man sehr bald und immer wieder auf den Begriff des sog. Territorialitätsprinzips.

Allerdings wird der Begriff des Territorialitätsprinzips von einigen Autoren auch wie eine Art „Sesam-öffne-dich" gebraucht, der die aus dem Nebeneinander nationaler gewerblicher Schutzrechtsordnungen erwachsenden Probleme mühelos lösen hilft[2]. Vielfach wird er als Begründung (besser gesagt: an Stelle einer Begründung) für die These gebraucht, die gewerblichen Schutzrechte der EG-Mitgliedstaaten und darüber hinaus der verschiedenen Staaten überhaupt führten ein *in jeder Hinsicht* separates Eigenleben. Dies habe wiederum zur Folge, daß ausländische Tatbestandshandlungen ohne jede Wirkung auf das inländische Schutzrecht blieben. Das habe insbesondere auch für den Tatbestandsakt des rechtmäßigen Inverkehrbringens geschützter Ware zu gelten.

Es fragt sich, ob gerade diese letzte Folgerung durch die bloße Berufung auf das Territorialitätsprinzip zu rechtfertigen ist. Das wird im Schrifttum für alle Bereiche des gewerblichen Rechtsschutzes und auch für das Urheberrecht mehr und mehr bezweifelt[3].

II. Bedeutungsvielfalt und Bedeutungszwiespalt des Territorialitätsprinzips

In den meisten Fällen setzt die Kritik schon bei dem Begriff des Territorialitätsprinzips als solchem an. Dieser werde „in den verschiedensten Bereichen mit unterschiedlichen Bedeutungen"[4] gebraucht. Aus

[2] Vgl. dazu *Beier*, GRUR Int. 1964, 207; *ders.*, Mitt. Max-Pl.-Ges., Heft 6 (1967), 386 (*Beier* spricht dort von der „verbreiteten Tendenz", den Begriff des Territorialitätsprinzips als „bequeme Zauberformel" zu benutzen.).

[3] Diese Tendenz des Schrifttums sah sich in Deutschland erstmals für den Bereich des Warenzeichenrechts in dem berühmten „Maja"-Urteil des BGH höchstrichterlich bestätigt (Urt. vom 22. 1. 1964, BGHZ 41, 84, 91 = GRUR Int. 1964, 202 m. Anm. *Beier* = GRUR 1964, 372 m. Anm. *Hefermehl*); ähnliche Urteile sind auch in anderen Ländern ergangen (vgl. die Zusammenstellungen bei *H. Schumacher*, GRUR Int. 1966, 306 f.; *Beier*, Mitt. Max-Pl.-Ges., Heft 6 (1967), 375 f.; *Riehle*, 81 (Fußnote 14); *Waelbroeck*, in: Brevets et marques, 45 f.). Zum Ganzen auch *Beier*, Mitt. Max-Pl.-Ges., Heft 6 (1967), 380 ff., der den Nachweis führt, daß die „Maja"-Entscheidung die konsequente Fortführung einer über 70jährigen Rechtsprechungstradition von RG und BGH bedeutet. Für das Urheberrecht und das Patentrecht siehe *D. Reimer*, GRUR Int. 1972, 226, 228 m. w. N.

[4] *Möschel*, 106; ähnlich auch *Riehle*, 9, 12; vgl. dazu i. ü. die zahlreichen kritischen Stimmen in der allgemeinen IPR-Literatur, so z. B. *Frankenstein*, 42 ff.; *Kahn*, 240 ff.; *K. Neumeyer*, 25 ff.; *Nussbaum*, Deutsches IPR, 40 (Fußnote 1); *ders.*, Grundzüge, 39 (Fußnote 29); *Riezler*, Begrenzung, 4 f.; *ders.*, Internationales Zivilprozeßrecht, 81 ff.; *Ficker*, 89 ff.; *Troller*, IPR, 48 ff.; *ders.*, Zwangsverwertung, 94; *Wolff*, 67, 183; *Schnitzer*, I/118 ff., II/595 ff.; *Gamillscheg*, 121 f.; *Raape*, 634 ff.; *Neuhaus*, 117 ff.; *Vogel*, 13.

ihm ließen sich daher keine Schlüsse für die Lösung bestimmter Rechtsfragen ziehen[5]. Die Vielfalt der Bedeutungen dieses Begriffs[6] gibt einigen Autoren Veranlassung, ihm überhaupt jede Brauchbarkeit abzusprechen. Nach ihrer Auffassung sollte dieser „schillernde"[7] Begriff aus der wissenschaftlichen Diskussion eliminiert werden[8].

Andere Autoren bemühen sich demgegenüber, dem Begriff des Territorialitätsprinzips wenigstens für den Bereich des internationalen gewerblichen Rechtsschutzes und Urheberrechts schärfere Konturen zu geben. Das Ziel ist, den Begriff eines „Territorialitätsprinzips im Warenzeichenrecht, Patentrecht usw." zu entwickeln und für jedes dieser Rechtsgebiete möglichst klar abzugrenzen[9].

Dieser Weg muß angesichts der Bedeutung, die der Begriff des Territorialitätsprinzips in der Diskussion über das Verhältnis von gewerblichem Rechtsschutz und EWGV erlangt hat, als der richtige angesehen werden. Man mag die Vieldeutigkeit und den Schlagwortcharakter dieses Begriffs im allgemeinen beklagen. Das ändert nichts daran, daß er sich mehr oder weniger eingebürgert hat, daß man also auch in Zukunft mit ihm wird umgehen müssen, solange es nämlich nebeneinanderstehende nationale gewerbliche Schutzrechte geben wird[10]. Um so notwendiger ist es, sich Klarheit über die Aussage zu verschaffen, die mit diesem Begriff gemacht werden soll.

---

[5] Das Unbehagen an dem Begriff des Territorialitätsprinzips wird selbst bei solchen Autoren erkennbar, die von der absoluten Territorialität der gewerblichen Schutzrechte ausgehen und sich für die Möglichkeit der Verhinderung von Parallelimporten mit Hilfe der warenzeichen- oder patentrechtlichen Verletzungsklage aussprechen; so z. B. bei *Troller*, Immaterialgüterrecht I, 150 ff.

[6] Vgl. die Zusammenstellung bei *Möschel*, 106.

[7] *Möschel*, 106.

[8] So vor allem *Gamillscheg*, 121 f., der seine Abneigung gegen den Begriff des Territorialitätsprinzips besonders deutlich formuliert: „Wenige Schlagwörter sind undeutlicher, verwaschener, unbrauchbarer als das von der Territorialität dieses oder jenes Zweiges des Rechtes ... Der Ausdruck ist ... unbrauchbar, mit ihm ist nichts ausgesagt, gerade deshalb läßt sich damit auch trefflich, wenn auch unfruchtbar streiten."

[9] Vgl. *D. Reimer*, GRUR Int. 1972, 223, 226, 228, der den Begriff für das Warenzeichenrecht, das Urheberrecht und das Patentrecht definiert.

[10] Das wird, wie bereits erwähnt, für das Gebiet des Warenzeichen- und Patentrechts auch dann noch der Fall sein, wenn Europa-Marke und Europa-Patent Wirklichkeit geworden sein sollten. Abgesehen davon, daß diese neben die nationalen Warenzeichen- und Patentrechte treten, m. a. W. die nationalen Warenzeichen- und Patentrechte — jedenfalls zunächst noch — fortbestehen sollen, hebt die „Europäisierung" das Territorialitätsproblem nicht auf, sondern verschiebt es lediglich von der innergemeinschaftlichen Ebene auf die Ebene der Beziehungen zu dritten Staaten.

§ 11 Das Territorialitätsprinzip als Rechtsbegriff im gewerblichen Rechtsschutz

I. Unsicherheiten und Meinungsverschiedenheiten über den Begriffsinhalt

Der Versuch, den Begriff des Territorialitätsprinzips für das Gebiet des gewerblichen Rechtsschutzes zu präzisieren, stößt auf die Schwierigkeit, daß in der Literatur, insbesondere in den Abhandlungen zum Problem der Parallelimporte, unter diesem Begriff zwei Fragen behandelt werden, über deren Beziehung zueinander erhebliche Meinungsunterschiede bestehen. Es handelt sich einmal um die Frage des bei der Verletzung eines inländischen Schutzrechts *im Ausland* anwendbaren Rechts, zum anderen um die Frage, ob Tatbestandsmerkmale, die *im Ausland* verwirklicht worden sind, bei der Beurteilung der Rechtslage in Ansehung eines *inländischen* Schutzrechts zu berücksichtigen sind oder nicht.

Eine Gruppe von Autoren versteht den Begriff des Territorialitätsprinzips extensiv und will ihm die Antwort auf beide Fragen entnehmen. Die Antwort auf die zweite Frage soll sich außerdem folgerichtig aus der Antwort auf die erste ergeben[1].

Die Antwort auf die erste Frage ist heute in Literatur und Rechtsprechung unstreitig. Sie läßt sich in die negative Feststellung kleiden, daß der gewerbliche Rechtsschutz nicht über die Staatsgrenzen hinausreicht. Der Schutzrechtsinhaber kann sich auf sein inländisches Recht nur berufen, wenn die Verletzung seines Schutzrechts im Inland stattgefunden hat. Liegt der Verletzungsort dagegen im Ausland, so kommen Verletzungsansprüche nur dann in Betracht, wenn in dem betreffenden Land ebenfalls ein Schutzrecht besteht. Inhalt und Umfang dieser Ansprüche richten sich ausschließlich nach dem Recht dieses Lan-

---

[1] Vgl. für das *Warenzeichenrecht*, wo diese Auffassung allerdings nicht mehr als herrschende gelten kann: *Pinzger*, WuW 1932, 409 ff.; *Callmann*, GRUR Int. 1959, 228 ff.; *ders.*, GRUR 1963, 461 ff.; *Troller*, GRUR Int. 1960, 244 ff.; *ders.*, Festschrift Möhring, 295 ff., 313; *ders.*, GRUR Int. 1967, 261 ff.; *ders.*, Immaterialgüterrecht I, 148 ff., 151; *ders.*, Immaterialgüterrecht II, 876 f.; *Gerstenberg*, MA 1961, 407 ff., 409; *von Gamm*, WRP 1962, 79 ff., 82; *Miosga*, MA 1963, 511 ff., 517 f., 521 ff.; *Röttger*, GRUR Int. 1964, 125; *ders.*, MA 1964, 654 ff.; *Birk*, NJW 1964, 1596; *Ballhaus*, 81 ff. (der aber an anderer Stelle wieder von dieser Auffassung abzurücken scheint, vgl. 88 f.); im *Patentrecht* ist diese Auffassung nach wie vor herrschend, wobei vor allem auf den Wesensunterschied von Warenzeichenrecht und Patentrecht verwiesen wird: *Moser von Filseck*, GRUR 1961, 613 ff.; *Krieger*, Warenzeichenlizenz, 24 f.; *P. Ulmer*, AWD 1966, 494 f.; *Kraßer*, GRUR Int. 1967, 23 f.; *Krausse / Kathlun / Lindenmaier*, Anm. 69 ff. zu § 6 PatG; *Baumbach / Hefermehl*, Anm. 46 zu § 15 WZG; *E. Reimer*, Patentgesetz, Anm. 2 f. zu § 6 PatG; *Klauer / Möhring*, Anm. 173 ff. zu § 6 PatG; *Busse*, Anm. 2 ff. zu § 6 PatG; BGH, Urt. vom 29. 2. 1968 („Voran") BGHZ 49, 331 = GRUR Int. 1968, 129 = GRUR 1968, 195 m. Anm. *Moser von Filseck* = NJW 1968, 1042.

des. Daraus wird die Folgerung gezogen, daß auch in sachlicher Hinsicht bei der Beurteilung der Rechtslage in Ansehung eines gewerblichen Schutzrechts jeweils nur die Verhältnisse im Inland maßgebend sind und die Verwirklichung von Tatbestandsmerkmalen im Ausland außer Betracht zu bleiben hat.

Von diesem Ergebnis her gesehen leuchtet es ein, daß die Anhänger eines extensiv verstandenen Territorialitätsprinzips mit der Meinungsgruppe identisch sind, die sich für die Möglichkeit einer lückenlosen warenzeichen- oder patentrechtlichen Verhinderung von Parallelimporten ausspricht. Denn die Lösung dieses Problems hängt davon ab, wie die Frage der Berücksichtigung ausländischer Tatbestandselemente allgemein beantwortet wird und ob insbesondere das rechtmäßige Inverkehrbringen von Original-Marken- oder -Patentware im Ausland einem rechtmäßigen Inverkehrbringen im Inland gleichgestellt werden kann.

Eine andere Gruppe von Autoren bezieht den Begriff des Territorialitätsprinzips in restriktiver Auslegung nur auf die erste Frage, also auf die Frage des anwendbaren Rechts. Ein logischer Zusammenhang zwischen beiden Fragen, mit der Maßgabe, daß die Beantwortung der ersten, die Antwort auf die zweite impliziert, wird von diesen Autoren abgelehnt. Für sie enthält das Territorialitätsprinzip einzig und allein die Antwort auf die Frage nach dem im Falle einer Verletzung des gewerblichen Schutzrechts anwendbaren Recht[2]. Es stellt eine Beziehung her zwischen einem rechtlich relevanten Tatbestand, hier der Verletzung eines Schutzrechts, und einem in einem bestimmten Staatsgebiet geltenden Recht, hier also dem jeweiligen nationalen Warenzeichen-, Patentrecht usw. Es „vermittelt", um einen Ausdruck von *Steindorff*[3] zu gebrauchen, die Anknüpfung. Diese Anknüpfung ist in der Weise territorial bestimmt, daß — um die knappe Formulierung des BGH im Urteil „Maja", erweitert auf das Patentrecht[4], zu benutzen — ausländische Patentrechte nicht durch Inlandshandlungen, inländische Patentrechte nicht durch Auslandshandlungen verletzt werden können[5]. Aus der begrifflichen Begrenzung des Territorialitätsprinzips auf die Frage der Anknüpfung ziehen die Vertreter dieser Meinungsgruppe folgerichtig den Schluß, daß das Territorialitätsprinzip für das

---

[2] *Steindorff*, Sachnormen, 134 ff.; *Hefermehl*, GRUR 1964, 375; *Beier*, GRUR Int. 1964, 207; *ders.*, Mitt. Max-Pl.-Ges., Heft 6 (1967), 390; *H. Schumacher*, GRUR Int. 1966, 305 ff.; *Kunz*, 96; *Möschel*, 115; *Riehle*, 102 ff.; *Schatz*, GRUR Int. 1970, 212 f.; *Johannes*, Gewerblicher Rechtsschutz, 26 f.

[3] *Steindorff*, Sachnormen, 134.

[4] Daß diese Formel entsprechend auch für das Patentrecht gilt, ergibt sich eindeutig aus den Ausführungen des BGH im „Voran"-Urteil (BGHZ 49, 334 f.).

[5] BGH „Maja" BGHZ 41, 91.

Problem der Parallelimporte keine Rolle spiele[6]. Denn dabei gehe es nicht um die Frage der rechtlichen Anknüpfung eines ausländischen Sachverhalts, sondern um die Frage der Berücksichtigung ausländischer Sachverhaltselemente bei der rechtlichen Beurteilung eines in der Hauptsache im Inland belegenen Sachverhalts.

Die Lösung des Parallelimportproblems suchen diese Autoren auf einer anderen Ebene. Lösungsansätze sind die Funktion z. B. des Warenzeichens oder Patents und der darauf abgestellte Schutzzweck des Warenzeichen- oder Patentrechts. Die Unterschiedlichkeit der Funktionen von Warenzeichen und Patent und dementsprechend des Schutzzwecks von Warenzeichen- und Patentrecht führt dabei zu unterschiedlichen Ergebnissen, was die Möglichkeit der Verhinderung von Parallelimporten angeht. Für das Warenzeichenrecht wird diese Möglichkeit verneint, für das Patentrecht bejaht[7].

An dieser Stelle muß klargestellt werden, welcher Begriff des Territorialitätsprinzips der weiteren Untersuchung zugrundegelegt werden soll, der extensive oder der restriktive. Sollen unter der Überschrift des Territorialitätsprinzips sowohl die Frage des anwendbaren Rechts als auch die Frage der Berücksichtigung ausländischer Sachverhaltselemente behandelt werden? Oder kann der Begriff des Territorialitätsprinzips von vornherein nur für die erste Frage stehen? Sicherlich hat die restriktive Begriffsauslegung den Vorzug der größeren juristischen Prägnanz. Der Begriff des Territorialitätsprinzips deckt sich in der Beschränkung auf die Frage der Anknüpfung eines Verletzungstatbestandes an ein in einem bestimmten Territorium geltendes Recht mit dem im IPR allgemein geläufigen Anknüpfungsmoment des Tatorts (lex loci delicti)[8], was sein Verständnis erleichtert. Andererseits wird der Begriff des Territorialitätsprinzips im Zusammenhang mit der Parallelimportproblematik vielfach in extensiver Weise verwendet. Man kommt deshalb nicht darum herum, beide mit diesem Begriff in Verbindung gebrachten Fragen irgendwie in die Begriffsbestimmung

---

[6] *Beier*, Mitt. Max-Pl.-Ges., Heft 6 (1967), 390; *Möschel*, 115; *Riehle*, 102 ff.

[7] Diese „funktionsbedingte" Divergenz der Ergebnisse läßt sich besonders instruktiv an den BGH-Urteilen „Maja" (Warenzeichenrecht) und „Voran" (zwar nach Entscheidungsgegenstand Sortenschutzrecht, aber mit obiter dictum für Patentrecht) demonstrieren (BGHZ 41, 84 „Maja"; 49, 331 „Voran"). Die „Funktionentheorie" kann im Bereich des Warenzeichenrechts als herrschend angesehen werden. Ihre Vertreter (*Möschel, Riehle, Loewenheim* u. a.) glauben, daß sich die Lösung des Problems der Parallelimporte bereits bei „richtiger" Anwendung des nationalen Rechts ergibt, indem man nämlich den Warenzeichenschutz auf die rechtliche anerkannten Funktionen der Marke beschränkt (in diesem Sinne auch *Kraßer*, GRUR Int. 1971, 260 und — unter Einbeziehung auch des Patentrechts — *Koppensteiner*, AWD 1971, 357 ff., 358, 365, 366.

[8] *Steindorff*, Sachnormen, 134 f.

mit einzubeziehen. Dementsprechend soll im Folgenden von einem extensiven Begriffsverständnis ausgegangen werden, wobei die Frage des logischen Zusammenhangs zwischen dem Aspekt des anwendbaren Rechts und dem Aspekt der Berücksichtigung ausländischer Sachverhaltselemente zunächst noch offen bleiben soll. Der Begriff des Territorialitätsprinzips wird also zunächst mehr als Axiom[9] für beide Aspekte und weniger als Rechtsbegriff im strengen Sinne[10] verwendet. Um den Begriff damit aber nicht zur „stumpfen Waffe“ werden zu lassen, gilt es, die beiden Aspekte möglichst klar herauszuarbeiten und gegeneinander abzugrenzen. Dazu wird zunächst der erste Aspekt des anwendbaren Rechts dargestellt (Aspekt der Rechtsbezogenheit oder rechtlichen Anknüpfung). Im Anschluß daran ist auf den Aspekt der Berücksichtigung ausländischer Sachverhaltselemente einzugehen (Aspekt der Sachbezogenheit oder sachlichen Anknüpfung). Diese Untersuchung führt zu der Ausgangsfrage nach dem logischen Zusammenhang der beiden Aspekte zurück.

II. Der Aspekt der Rechtsbezogenheit oder der rechtlichen Anknüpfung

1. Gegenstand

a) Unabhängigkeit und Selbständigkeit der nationalen Schutzrechte

Um zu verdeutlichen, was genau unter dem Aspekt der Rechtsbezogenheit verstanden werden soll, und um zu klären, was dieser Aspekt für die Beurteilung des Parallelimportproblems bedeutet, sollen im Folgenden Gegenstand und Geltungsgrund dieses Aspekts näher untersucht werden. Es geht darum, die territoriale Ausrichtung der Rechtsbezogenheit im gewerblichen Rechtsschutz ihrem Wesen und ihrer Rechtsgrundlage nach zu erfassen.

Der wesentliche Inhalt des Territorialitätsprinzips wird in Rechtsprechung und Literatur vielfach mit den termini der „Unabhängigkeit“ und „Selbständigkeit“ der nationalen gewerblichen Schutzrechte umschrieben. Damit wird der Wesensgehalt dieses Prinzips, was zunächst den Aspekt der Rechtsbezogenheit anlangt, nur unvollkommen und oberflächlich erfaßt. Vergegenwärtigt man sich die Ausgangsfragestellung, um die es bei dem Aspekt der Rechtsbezogenheit geht, so erweist sich, daß mit dem Hinweis auf die Unabhängigkeit und Selbständigkeit hierzu nichts entscheidendes ausgesagt wird. In der Frage, welches Recht bei der Verletzung eines inländischen Schutzrechts im Ausland oder umgekehrt eines ausländischen Schutzrechts im

---

[9] Vgl. *Birk*, NJW 1964, 1597 (Fußnote 14).

[10] Als solcher ist er im Hinblick auf seine oben beschriebene Bedeutungsvielfalt in der Tat fragwürdig.

Inland anwendbar ist[11], hilft die Feststellung, daß sich „Entstehen, Inhalt und Umfang"[12] der Schutzrechte für jedes Schutzland selbständig bestimmen, nicht weiter. Denn die Unabhängigkeit und Selbständigkeit schließt grundsätzlich keine der beiden möglichen Lösungen aus, also weder die Anknüpfung an das Recht des Verletzungsorts (Begehungs- oder Tatortprinzip, lex loci delicti) noch die Anknüpfung an das Heimatrecht (Recht des Verleihungs- oder Registrierungsorts). M. a. W., es wäre gleichermaßen möglich, daß sich der Warenzeichen- oder Patentrechtsschutz auf im Inland begangene Verletzungen inländischer Warenzeichen oder Patente beschränkte (territoriale Lösung) oder daß der Schutz inländischer Zeichen oder Patente auf Verletzungen im Ausland erstreckt würde und umgekehrt (universale oder internationale Lösung)[13]. Sieht man das Wesen des Territorialitätsprinzips in der Unabhängigkeit und Selbständigkeit der nationalen Schutzrechte, so folgt daraus, daß die einzelnen Rechtsordnungen frei sind in der Entscheidung darüber, ob der Rechtsschutz bei gewerblichen Schutzrechten extensiv, also grenzüberschreitend, oder restriktiv, also streng inlandsbezogen, ausgestaltet werden soll.

Die von Land zu Land unabhängige und selbständige Bestimmung des Schutzrechtsbestandes, -inhalts und -umfangs hat also die territoriale Beschränkung, genauer die Inlandsbeschränkung des Rechtsschutzes nicht zur zwingenden Konsequenz. Das erweist sich insbesondere an der RG-Rechtsprechung auf dem Gebiet des Warenzeichenrechts unter der Herrschaft des sog. Universalitätsprinzips. Das RG beurteilte Inhalt, Umfang und Bestand des Warenzeichenrechts ausschließlich nach deutschem Recht, ging also insoweit von der Unabhängigkeit und Selbständigkeit aus. Dadurch sah es sich jedoch grundsätzlich nicht gehindert, der auf eine im Ausland begangene Warenzeichenrechtsverletzung gestützten Schadenersatz- und Unterlassungsklage stattzugeben[14]. Zusammenfassend läßt sich damit sagen, daß zwischen

---

[11] In beiden Fällen stellt sich die Alternative der Anwendung des Rechts des Ursprungsorts oder der Anwendung des Rechts des Verletzungsorts.

[12] *Troller*, Immaterialgüterrecht I, 152.

[13] Eine andere Frage ist, ob und inwieweit ein Auslandsschutz inländischer Schutzrechte realisierbar ist. Selbst wenn man die Möglichkeit der Realisierung im Falle des ausländischen Schutzrechtsverletzers gering einschätzt, bleibt aber die Gruppe der Fälle, in denen inländische Parteien über die im Ausland erfolgte Verletzung inländischer Rechte streiten, so wenn z. B. zwei deutsche Unternehmen vor einem deutschen Gericht einen Rechtsstreit über die angeblich in den USA erfolgte Verletzung eines deutschen Warenzeichens führen (so die Konstellation des berühmten „Hoff"-Urteils des RG; Urt. vom 2. 10. 1886, RGZ 18, 28).

[14] So erstmals im Urt. vom 2. 10. 1886 („Hoff") RGZ 18, 28, 29 ff.; vgl. auch RG, Urt. vom 7. 11. 1899 („Schlüsselmarken") RGZ 45, 143, 145; RG, Urt. vom 12. 5. 1903 („Acier Diamant") RGZ 54, 414, 416; RG, Urt. v. 19. 6. 1923 („Saccharin") RGZ 108, 8, 9; RG, Urt. v. 2. 12. 1924 („Aspirin") JW 1926, 46, 47; zum Ganzen mit weiteren ausführlichen Nachweisen *Riehle*, 18 ff.

der Unabhängigkeit und Selbständigkeit der nationalen Schutzrechte in Entstehung, Bestand, Inhalt und Umfang und der territorialen Beschränkung oder universalen Reichweite des Rechtsschutzes kein im strengen Sinne logischer Zusammenhang besteht: Die Unabhängigkeit und Selbständigkeit der Schutzrechte ist eine Sache. Sie folgt aus dem Nebeneinander nationaler Schutzrechte und läßt sich am besten mit dem Begriff des „Bündels"[15] nebeneinanderstehender Rechte charakterisieren. Auf dieser Bündelnatur bauen die internationalen Übereinkommen auf dem Gebiet des gewerblichen Rechtsschutzes (an erster Stelle PVÜ und MMA) auf. Eine andere Sache ist dagegen die Wirkung des Warenzeichen-, Patentschutzes usw. Sie kann trotz Bündelnatur territorial oder exterritorial (universal) ausgestaltet sein.

Allerdings weist die Unabhängigkeit und Selbständigkeit der nebeneinanderstehenden nationalen gewerblichen Schutzrechte eher in die Richtung einer territorialen als in die einer universalen Anknüpfung. Zwar besteht hier, um es noch einmal hervorzuheben, kein im strengen Sinne logischer Zusammenhang; Unabhängigkeit und Selbständigkeit machen auch nicht das Wesen des Territorialitätsprinzips aus. Die durch die Maxime der gegenseitigen Respektierung der verschiedenen nationalen Rechte bestimmte Ausgestaltung des Systems des internationalen gewerblichen Rechtsschutzes wirkt aber in gewisser Weise determinierend in Richtung auf die Anwendung des eigenen Rechts des Landes, in dem die Schutzrechtsverletzung stattgefunden hat.

b) Das Territorialitätsprinzip als Kollisionsnorm

Die Berufung auf die Unabhängigkeit und Selbständigkeit der einzelnen nationalen gewerblichen Schutzrechte führt, wie gezeigt, nicht an den Kern des Begriffs des Territorialitätsprinzips, soweit er für den Aspekt der Rechtsbezogenheit steht, heran. Dies gilt jedenfalls dann, wenn man diesen Begriff als Instrument zur Beantwortung der Frage nach dem anwendbaren Recht versteht. Geht man, wie hier, zunächst von diesem Begriffsverständnis aus, so ist die Unabhängigkeit und Selbständigkeit, d. h., die Bündelnatur, nicht Bestandteil des Begriffs des Territorialitätsprinzips, sondern ein vorgegebenes Phänomen. Die Bündelnatur kann die Frage nach dem bei einer „grenzüberschreitenden"[16] Schutzrechtsverletzung anwendbaren Recht nicht beantworten. Sie tritt erst auf den Plan, wenn dieses Recht ermittelt ist, also im

---

[15] Vgl. dazu *Kegel*, der in einem Gutachten für das OLG Köln im „Voran"-Fall den Begriff des Territorialitätsprinzips mit Bündeltheorie „übersetzt" (siehe den Hinweis in den Entscheidungsgründen des BGH in BGHZ 49, 334).

[16] Gemeint ist die Verletzung eines inländischen Schutzrechts im Ausland bzw. der umgekehrte Fall der Verletzung eines ausländischen Schutzrechts im Inland.

Stadium der Subsumtion unter das als anwendbar erkannte Recht. In diesem Stadium beurteilen sich dann Bestand, Inhalt und Umfang des jeweiligen Schutzrechts ausschließlich nach diesem Recht, ohne daß es auf die Rechtslage in Ansehung eines parallelen ausländischen Schutzrechts ankommt. Wird also beispielsweise deutsches Recht als anwendbar erkannt und wird dann im Verfahren der patentrechtlichen Unterlassungs- oder Schadensersatzklage das Erlöschen des Patentschutzes wegen Ablaufs der Schutzdauer geltend gemacht, so beurteilt sich die Frage, ob der Patentschutz abgelaufen ist, ausschließlich nach den Vorschriften des deutschen Patentgesetzes[17]. Ohne Bedeutung ist es, ob etwa die Schutzdauer eines französischen Patents für die Erfindung abgelaufen ist oder nicht. Der klagende Patentinhaber könnte also mit dem Einwand, die Erfindung genieße in Frankreich nach wie vor Patentschutz, nicht gehört werden.

Klammert man den Aspekt der Bündelnatur der gewerblichen Schutzrechte aus und beschränkt man den Begriff des Territorialitätsprinzips, soweit es um die Rechtsbezogenheit geht, ganz auf die Frage des anwendbaren Rechts, so wird deutlich, daß sich „hinter dem Territorialitätsprinzip eine Kollisionsnorm verbirgt“[18].

Bei der Frage nach dem anwendbaren Recht handelt es sich um die zentrale Fragestellung des IPR. Die Antwort darauf versteht sich bei „reinen Inlandstatbeständen“[19] von selbst. Anders bei den „Tatbeständen mit Auslandsberührung“[20], bei denen es zur Kollision mehrerer Rechtsordnungen kommt. Hier stellt sich das Problem der Anknüpfung des Tatbestandes an die eine oder andere Rechtsordnung. Dieses Problem wird von jeder Rechtsordnung durch eigene Kollisionsnormen gelöst. Es geht dabei im Kern um die Frage, inwieweit die jeweilige Rechtsordnung auf der Anwendung des eigenen Rechts besteht oder bereit ist, fremdes, ausländisches Recht anzuwenden. In diesem Sinne teilt man die Kollisionsnormen ein in einseitige und allseitige Kollisionsnormen[21]. Als einseitig bezeichnet man solche Kollisionsnormen, die lediglich angeben, wann eigenes Recht anzuwenden ist, als allseitig

---

[17] § 10 PatG.

[18] *Riehle*, 78; vgl. hierzu auch *Koppensteiner*, AWD 1971, 358, der zwischen völkerrechtlichen, kollisionsrechtlichen und materiellrechtlichen Bedeutungen des Territorialitätsprinzips unterschieden wissen will.

[19] *Kegel*, 4.

[20] *Kegel*, 4.

[21] Daneben gibt es Einteilungen in anderer Richtung, z. B. in selbständige und unselbständige Kollisionsnormen, sowie Unterteilungen der hier behandelten Einteilung, z. B. in vollkommen und unvollkommen allseitige Kollisionsnormen. Im einzelnen sei dazu auf die Darstellungen in den IPR-Lehrbüchern verwiesen (z. B. *Nussbaum*, Deutsches IPR, 44 ff.; *Wolff*, 33 ff.; *Schnitzer*, I/46 ff.; *Raape*, 34 ff.; *Neuhaus*, 48 ff.; *Kegel*, 85 ff.).

solche, die außerdem sagen, wann fremdes Recht zur Anwendung gelangt[22].

Das Territorialitätsprinzip vermittelt die rechtliche Anknüpfung eines Verletzungstatbestandes in der Weise, daß es das Recht „am Ort" der Schutzrechtsverletzung für anwendbar erklärt. Das hat zur Folge, daß eine im Inland begangene Verletzung ausschließlich nach inländischem, eine im Ausland begangene Verletzung nur nach ausländischem Recht zu beurteilen ist[23]. Oder, anders gewendet, dem Recht des Heimat- oder Ursprungsstaates eines Patents, Warenzeichens usw. ist jeder Einfluß auf ihren Schutz in anderen Ländern genommen[24]. Das Territorialitätsprinzip beruft also nicht nur das eigene Recht, sondern sagt auch, wann fremdes Recht anwendbar ist. Es stellt sich somit als allseitige Kollisionsnorm dar[25].

Das gleiche läßt sich übrigens auch von seinem Gegenstück, dem Universalitätsprinzip, sagen, das sich auf dem Gebiet des Warenzeichenrechts lange Zeit behaupten konnte. Dieses Prinzip vermittelt die Anknüpfung nicht territorial sondern gemischt personal-territorial. Anwendbar ist nicht das Recht am Verletzungsort sondern das Recht am Niederlassungsort des zeichenführenden Unternehmens. So gesehen ist das Universalitätsprinzip ebenfalls allseitig, wenngleich es vom RG nur für Zeichen deutscher Unternehmen, mithin einseitig, formuliert wurde[26].

2. Geltungsgrund

a) Territoriale Begrenzung der Staatsgewalt

Mit der Feststellung des Kollisionsnormcharakters des Territorialitätsprinzips in Bezug auf den Aspekt der rechtlichen Anknüpfung ist der Begriff zumindest funktionell geklärt. Das Territorialitätsprinzip

---

[22] Als Beispiele aus dem deutschen IPR seien angeführt, für eine einseitige Kollisionsnorm, Art. 14 I EG BGB („Die persönlichen Rechtsbeziehungen deutscher Ehegatten werden nach den deutschen Gesetzen beurteilt, auch wenn die Ehegatten ihren Wohnsitz im Auslande haben,"), für eine allseitige Kollisionsnorm, Art. 7 EG BGB („Die Geschäftsfähigkeit einer Person wird nach den Gesetzen des Staates beurteilt, dem die Person angehört.").

[23] So beurteilt sich beispielsweise die in Deutschland begangene Verletzung eines Warenzeichens nur nach deutschem Warenzeichenrecht, die Verletzung des mit diesem identischen Zeichens in Frankreich ausschließlich nach französischem Recht. Das kann zur Folge haben, daß ein- und dieselbe Handlung in dem einen Land als Zeichenverletzung angesehen wird, in dem anderen nicht, weil etwa die Verwechslungsfähigkeit eines kollidierenden Kennzeichens in beiden Rechtsordnungen unterschiedlich beurteilt wird.

[24] *Riehle*, 78.

[25] *Deutsch*, Wettbewerbstatbestände, 21; *Riehle*, 89.

[26] Vgl. *Riehle*, 19 f.

gibt das im Fall einer Schutzrechtsverletzung anwendbare Recht an. Es besagt, daß sich eine Schutzrechtsverletzung ausschließlich nach dem Recht des Verletzungsortes, besser: des Verletzungslandes beurteilt. Das gilt für alle Fragen, die im Zusammenhang mit dieser Verletzung stehen, beginnend mit der Frage der wirksamen Entstehung des Schutzrechts (z. B. Entstehung eines Warenzeichenrechts durch bloße Benutzung oder durch — sog. konstitutive — Eintragung) bis hin zur Frage des Umfangs des Schutzes (z. B. Schutz gegenüber verwechslungsfähigen Kennzeichen und Auslegung des Begriffs der Verwechslungsfähigkeit im Warenzeichenrecht).

Für eine weitergehende substantielle Begriffsklärung bedarf es der Untersuchung des Geltungsgrundes[27] des Territorialitätsprinzips[28].

An den Anfang dieser Untersuchung ist die Feststellung zu setzen, daß eine gesetzliche Grundlage allgemein fehlt. Das Territorialitätsprinzip ist weder in den nationalen Patent- oder Warenzeichengesetzen noch in den internationalen Übereinkommen auf dem Gebiet des gewerblichen Rechtsschutzes expressis verbis niedergelegt[29]. Es stellt eine Schöpfung der Rechtslehre und Rechtsprechung dar[30]. Diese haben sich auch darum bemüht, dem Territorialitätsprinzip anstelle der fehlenden gesetzlichen Grundlage eine anderweitige Rechtsgrundlage zu liefern.

Dabei wurde einerseits auf allgemeine Grundsätze des Kollisionsrechts[31] bzw. Völkerrechts, andererseits auf das Wesen der gewerblichen Schutzrechte selbst zurückgegriffen[32].

---

[27] Der Begriff des Geltungsgrundes hat sich in der einschlägigen Literatur in diesem Zusammenhang eingebürgert. Er soll deshalb hier beibehalten werden, obwohl er besser durch den Begriff der Rechtsgrundlage zu ersetzen wäre.

[28] So auch *Möschel*, 108, während *Riehle*, 12, die „wahre Bedeutung des Territorialitätsprinzips“ aus einer entstehungsgeschichtlichen Sicht heraus ermitteln will, an anderer Stelle dann aber ebenfalls auf die „Gründe für das Territorialitätsprinzips“ zu sprechen kommt (81 ff.).

[29] Es lassen sich lediglich Bestimmungen anführen, die für die Unabhängigkeit und Selbständigkeit der nationalen Schutzrechtsordnungen sprechen, die Frage des anwendbaren Rechts im Falle der Schutzrechtsverletzung aber offen lassen; vgl. etwa Art. 4 bis PVÜ. Dazu und für weitere derartige Bestimmungen *Schikora*, 55.

[30] Als solches wird es heute ausnahmslos und weltweit anerkannt. In Deutschland wurde es für das Patentrecht und die übrigen „Monopolrechte“ (Gebrauchs- und Geschmacksmusterrecht, Urheberrecht) seit jeher vertreten (*Schikora*, 52 mit ausführlichen Literatur- und Rechtsprechungsnachweisen). Für das Warenzeichenrecht setzte es sich erst Ende der 30er Jahre dieses Jahrhunderts durch, nachdem in diesem Bereich vorher das Universalitätsprinzip gegolten hatte (*Schikora*, 64 ff.).

[31] Der Begriff „Kollisionsrecht“ steht hier als Oberbegriff für die Begriffe des IPR, des Internationalen Verwaltungsrechts, des Internationalen Strafrechts, des Internationalen Prozeßrechts usw.

In die erste Kategorie gehört der Gesichtspunkt der territorialen Begrenzung der Staatsgewalt. Ausgangspunkt der Argumentation ist hier der staatliche Mitwirkungsakt bei der Schutzrechtsentstehung (in Deutschland z. B. die Eintragung in die Zeichenrolle für die Entstehung des Warenzeichenrechts, § 15 WZG, oder der Beschluß des Patentamts über die Erteilung des Patents für die Entstehung des Patentrechts, § 33 Abs. 2 S. 1 PatG). Die staatliche Mitwirkung bildet den Ansatzpunkt für eine Begründung, die einerseits „nach innen" gerichtet ist, indem sie an die territoriale Souveränitätsbegrenzung des einzelnen schutzrechtsverleihenden Staates anknüpft (kollisionsrechtliche Betrachtungsweise), und die sich im anderen Fall „nach außen" wendet, indem sie auf die Souveränität der anderen Staaten verweist (völkerrechtliche Betrachtungsweise).

aa) Kollisionsrechtliche Betrachtungsweise

Im ersten Fall wird aus der öffentlichrechtlichen Natur der Schutzrechtsentstehung[33] auf die Anwendung eines kollisionsverwaltungsrechtlichen Grundsatzes geschlossen, wonach die Wirkung von Hoheitsakten auf das Gebiet des sie erlassenden Staates beschränkt ist[34]. Diese Argumentation, die oftmals in sich widersprüchlich erscheint[35], stößt in dreifacher Hinsicht auf Bedenken:

---

[32] Es sollen hier nur die wichtigsten Begründungsversuche behandelt werden; sonstige, mehr beiläufig gemachte Bemerkungen zum Geltungsgrund des Territorialitätsprinzips bleiben außer Betracht. Das gilt z. B. für die Ansicht von *Riezler*, Festschrift Rosenberg, 210, der den Geltungsgrund lediglich in einer gefestigten Gerichtspraxis sieht.

[33] Die Eintragung in die Zeichenrolle und der Beschluß über die Patenterteilung sind nach h. M. als Verwaltungsakte zu qualifizieren; so ausdrücklich für das Patentrecht RG, Urt. vom 30. 6. 1937, RGZ 155, 321, 325; BGH, Urt. vom 8. 7. 1955, BGHZ 18, 81, 92; BVerwG, Urt. vom 13. 6. 1959, GRUR 1959, 435, 436 f.; vgl. auch *Bernhardt*, 122 f.; *Krausse / Kathlun / Lindenmaier*, Anm. 2 zu § 1 PatG.

[34] Vgl. dazu *Deutsch*, Warenzeichenlizenz, 471; *Riehle*, 86; *Möschel*, 110 jeweils mit ausführlichen weiteren Nachweisen.

[35] Vgl. etwa *Deutsch*, Wettbewerbstatbestände, 21 f., der im Anschluß an *E. Ulmer* (JW 1931, 1907) zwischen „künstlich geschaffenem Rechtsschutz" und „natürlich gewordenem wettbewerblichen Besitzstand" unterscheidet und — nicht ganz überzeugend — die Markenentstehung nach Benutzungsprinzip dem zuerst genannten Bereich zurechnet, für den der staatliche Erlangungsakt bzw. „die attributive Förmlichkeit der Hinterlegung" entscheidendes Kriterium der territorialen Anknüpfung sein sollen; *Schikora*, 55, spricht von der „Marktabgrenzung der Staaten" als dem tieferen Grund für die Geltung des Territorialitätsprinzips und meint — ohne die Möglichkeit einer kollisionsrechtlichen Zulassung einer „nach innen" übergreifenden Wirkung zu sehen — der Staat könne Berechtigungen nur mit Wirkung für sein Gebiet verleihen; *Samwer*, GRUR Int. 1969, 2, definiert das Territorialitätsprinzip unscharf als tatsächlichen Wirkungsbereich einer Rechtsnorm oder eines Rechtsaktes des Staates „gemäß dem autonomen Willen seiner Organe".

— die öffentlichrechtliche Natur der Schutzrechtsentstehung erweist sich bei näherem Hinsehen als ein zu formales Kriterium, um eine so weitgehende Schlußfolgerung wie die territorial begrenzte Wirkung des Schutzrechts zu tragen; die gewerblichen Schutzrechte mögen zwar ihrer Entstehung nach, soweit sie dabei der staatlichen Mitwirkung bedürfen, öffentlichrechtlich orientiert sein, ihrem Wesen nach sind sie dagegen privatrechtlich ausgestaltet;

— die Unzulänglichkeit der Anknüpfung an einen staatlichen Entstehungsakt erweist sich auch daran, daß gewerbliche Schutzrechte auch ohne staatliche Mitwirkung entstehen können (z. B. das Warenzeichenrecht in Ländern mit Benutzungsprinzip[36]; die staatliche Mitwirkung bildet somit keine unerläßliche und wesensimmanente Voraussetzung für die Schutzrechtsentstehung;

— schließlich läßt sich weder im engeren Bereich des Kollisionsverwaltungsrechts noch im Kollisionsrecht überhaupt die Regel aufstellen, daß staatliche Normen und Akte in ihrer Wirkung auf das Gebiet des jeweiligen Erlaßstaates beschränkt sind; diese Regel scheitert schon daran, daß es Sachverhalte gibt, die sich über mehrere Territorien erstrecken, so daß die rechtliche Anknüpfung an eines dieser Territorien in jedem Fall als unzulässiger Übergriff auf fremdes Territorium zu werten wäre; die Frage der Wirkung bestimmter Rechtsnormen und -akte ist vielmehr von Fall zu Fall nach den Regeln des Kollisionsrechts zu beantworten; dabei kann sich auch bei staatlichen Hoheitsakten eine über die Grenzen des sie erlassenden Staates hinausreichende Wirkung ergeben; so gesehen läßt sich sogar der umgekehrte Satz aufstellen, daß nämlich alle Sachnormen in ihrer Wirkung extraterritorial sind, sofern sie von einer Kollisionsnorm für anwendbar erklärt werden[37].

Die Verknüpfung einer öffentlich-rechtlichen Entstehung des Schutzrechts mit der Frage seiner territorialen oder exterritorialen Wirkung ist im Ergebnis abzulehnen. Sie erweist sich als Schulbeispiel einer formal-juristischen Argumentation, die ihre tieferen Wurzeln in der historischen Entwicklung des gewerblichen Rechtsschutzes hat. Diese wird über einen langen Zeitraum hin durch das landesherrliche „Privileg"

---

[36] In diesen Ländern beschränkt sich die staatliche Mitwirkung auf eine Registrierung des Zeichens, die lediglich deklaratorische Bedeutung hat. Entscheidend für die Zeichenrechtsentstehung ist die Erstbenutzung, wobei im einzelnen unterschiedliche Ausgestaltungen festzustellen sind (vgl. dazu *von Gamm*, Warenzeichengesetz, Einf. 47 ff. vor § 1 WZG; *Busse*, Einf. 8 vor § 1 WZG). Zu den Ländern mit Benutzungsprinzip gehören u. a. USA (Benutzung konstitutiv), Großbritannien, Frankreich, Schweiz (jeweils mit Einschränkung; aufgeschobener Benutzungszwang), Belgien, Luxemburg (jeweils Registrierungssystem ohne Benutzungszwang).

[37] *Deutsch*, Wettbewerbstatbestände, 21; *ders.*, Warenzeichenlizenz, 471.

gekennzeichnet, das den Charakter eines Gnadenerweises trug und dementsprechend nur für das Gebiet des jeweiligen Partikularstaates Gültigkeit hatte[38]. Die neuere Entwicklung geht dagegen mehr und mehr von der Vorstellung des staatlich verliehenen Privilegs ab und zum Verständnis der gewerblichen Schutzrechte als „natürlicher universal anerkannter Rechte“[39] über.

bb) Völkerrechtliche Betrachtungsweise

Die völkerrechtliche Betrachtungsweise sieht sich im wesentlichen den gleichen Einwänden ausgesetzt wie die kollisionsrechtliche. Denn auch sie setzt bei dem staatlichen Erteilungsakt an. Nach der völkerrechtlichen Betrachtungsweise kann jeder Staat nur mit Wirkung für sein Staatsgebiet Hoheitsfunktionen ausüben, andernfalls liegt ein Übergriff in die Souveränität fremder Staaten und damit eine Völkerrechtsverletzung vor. Abgesehen von dem formalen Ansatzpunkt der staatlichen Mitwirkung bei der Schutzrechtsentstehung hält diese Argumentation[40] auch einer Überprüfung nach völkerrechtlichen Maßstäben nicht stand. Denn von einer Völkerrechtsverletzung kann keine Rede sein, solange die Anknüpfung an das eigene Recht nicht willkürlich erfolgt, d. h., solange also eine sinnvolle Beziehung des in Frage stehenden Sachverhalts zum Inland bzw. zur inländischen Rechtsordnung besteht[41]. Diese Beziehung kann sehr unterschiedlicher Art sein[42]; u. U. genügt die bloße Auswirkung eines im Ausland zu lokalisierenden Sachverhalts auf das Inland[43]. Die von einem Staat postulierte extraterritoriale Wirkung seiner Sachnormen ist andererseits nur realisierbar, wenn sie von dem betroffenen Staat bzw. den betroffenen Staaten auch anerkannt wird. Diese Überlegung zeigt, daß in der übergreifen-

---

[38] *Hubmann*, 12.

[39] *Neuhaus*, 122.

[40] Bemerkenswert ist, daß diese Argumentation auch bei der Aufgabe des Universalitätsprinzips im Warenzeichenrecht durch das Reichsgericht im Fall „Hengstenberg“ Pate gestanden hat (RGZ 118, 82).

[41] *Neuhaus*, 32, der darauf hinweist, daß überhaupt umstritten ist, ob sich aus dem allgemeinen Völkerrecht konkrete Vorschriften für das Gebiet des Kollisionsrechts gewinnen lassen; vgl. auch *Riehle*, 85 m. w. N.

[42] Auf jeden Fall genügen hier die „klassischen“ Anknüpfungspunkte des Kollisionsrechts, z. B. Staatsangehörigkeit oder Wohnsitz einer Person für personenrechtliche Fragen, Tatort im Fall der unerlaubten Handlung usw.

[43] So z. B. im Falle des § 98 Abs. 2 GWB, wonach auch außerhalb des Geltungsbereichs des GWB „veranlaßte“ Wettbewerbsbeschränkungen unter dessen Anwendung fallen, sofern sie sich im Geltungsbereich des GWB „auswirken“ (vgl. zum Wesen des § 98 Abs. 2 GWB im einzelnen *Schwartz*, 17 ff.; *Rehbinder*, 93 ff.; zur EWG-rechtlichen Bedeutung, vor allem im Verhältnis zu Art. 85, *D. Schumacher*, AWD 1968, 5). Die Regelung gemäß § 98 Abs. 2 GWB wird überwiegend als völkerrechtlich unbedenklich angesehen (vgl. *Schwartz*, 245 ff.; *Rehbinder*, 49 ff.).

den Wirkung einer Rechtsnorm oder eines Hoheitsaktes nicht unbedingt eine Verletzung fremder Souveränität liegen muß.

Zusammenfassend läßt sich sagen, daß die öffentlichrechtliche Betrachtungsweise, die sich ausschließlich an einem staatlichen Entstehungsakt orientiert, keinen tragfähigen Geltungsgrund für die territoriale Rechtsbezogenheit im gewerblichen Rechtsschutz liefert. Das gilt für die kollisionsrechtliche Spielart dieser Betrachtungsweise gleichermaßen wie für die völkerrechtliche. Der Grund für ihre Unzulänglichkeit liegt vor allem in dem rein formalen Charakter des Ansatzpunktes.

b) *Wesen der gewerblichen Schutzrechte*

Aus dieser Feststellung folgt, daß der Geltungsgrund des Territorialitätsprinzips mit Hilfe materieller Kriterien bestimmt werden muß. Als geeignetes Kriterium dieser Art wird von einigen Autoren die wesensmäßige Einordnung der gewerblichen Schutzrechte angesehen. Aus ihr lasse sich die territoriale Begrenzung der Wirkung dieser Rechte ableiten. Diese Auffassung findet sich in Darstellungen des Territorialitätsprinzips im Warenzeichenrecht. Die räumliche Begrenzung des Zeichenschutzes wird dort aus der Eigenheit des Warenzeichens als Immaterialgut hergeleitet[44]. Diese Betrachtungsweise geht zurück auf *Kohler,* der sich ursprünglich für eine universelle Geltung des subjektiven Zeichenrechts („principiell über die ganze Erde") aussprach und diese Auffassung damit begründete, daß dieses Recht der Gruppe der Persönlichkeitsrechte zuzurechnen sei[45]. Als sich später die Lehre von der territorialen Beschränkung des Zeichenschutzes durchsetzte, bot es sich an, den Grund für diesen Umschwung darin zu sehen, daß inzwischen die Auffassung vom Warenzeichenrecht als Immaterialgüterrecht zur herrschenden geworden war und die persönlichkeitsrechtliche Betrachtungsweise verdrängt hatte[46]. Es wurde also ein Syllogismus hergestellt zwischen den Gegensatzpaaren Universalitätsprinzip — Territorialitätsprinzip auf der einen Seite und Persönlichkeitsrecht — Immaterialgüterrecht auf der anderen Seite. Es fragt sich, ob diese Verknüpfung zwingend ist.

---

[44] *Deutsch,* Warenzeichenlizenz, 471 (anders noch, in: Wettbewerbstatbestände, 23); *Miosga,* MA 1963, 39; vgl. auch *Riehle,* 87 m. w. N.

[45] *Kohler,* Markenschutz, 446: „Das Markenrecht als Persönlichkeitsrecht ist räumlich unbeschränkt; es kann im Inlande wie im Auslande verletzt werden." Die Verknüpfung von Markenrecht und Persönlichkeitsrecht wird dann weiter unten (447) durch eine Art „Wortehe" besiegelt, indem *Kohler* den Begriff des „Markenpersönlichkeitsrechtes" prägt. Vgl. dagegen *Kohler,* Warenzeichenrecht, 249, wo zwar an dieser Verbindung festgehalten, die Universalität des Markenrechts jedoch aufgegeben wird.

[46] Vgl. *Möschel,* 109; *Riehle,* 87 jeweils mit weiteren Nachweisen.

aa) Universalitätsprinzip und Persönlichkeitsrecht

Um die Beziehung (oder Nicht-Beziehung) der beiden Gegensatzpaare zueinander zu klären, muß zunächst ihr historischer Ausgangspunkt überprüft werden, also die *Kohler*'sche Verknüpfung von Universalitätsprinzip und Persönlichkeitsrecht. *Kohler* vertrat die Ansicht, das Warenzeichenrecht sei seinem Wesen nach den Persönlichkeitsrechten zuzurechnen[47]. Als solches hafte es an der Person des Inhabers und begleite diesen überall hin. Es sei somit „räumlich unbeschränkt“, besitze also universelle Geltung[48]. Diesem Schluß vom Wesen als Persönlichkeitsrecht auf die universelle Geltung stimmte die Mehrheit des Schrifttums zu [49], und das RG legte ihn seinem Urteil im Fall „Hoff“[50] zugrunde, mit dem der Grundstein für eine nahezu 40jährige ständige Rechtsprechung zum Universalitätsprinzip gelegt wurde.

Bei der Schlußfolgerung *Kohlers* handelt es sich um einen Fehlschluß. Der von ihm konstruierte logische Zusammenhang zwischen Persönlichkeitscharakter des Zeichenrechts und universeller Ausdehnung des Zeichenschutzes besteht in Wirklichkeit nicht. Den Beweis dafür erbringt *Kohler* im Grunde selbst, wenn er in seinem 1910 erschienenen „Warenzeichenrecht“ (das zugleich die zweite Auflage des „Markenschutzes“ von 1884 darstellt) versucht, seine Auffassung vom Warenzeichenrecht als Persönlichkeitsrecht mit der im Vordringen begriffenen Lehre von der territorialen Beschränkung des Zeichenschutzes in Einklang zu bringen[51]. Das gelingt naturgemäß nur dadurch, daß *Kohler* den Gedanken der Universalität des Persönlichkeitsrechts jedenfalls in der bislang vertretenen Absolutheit aufgibt[52]. Damit ist aber das logische Gebäude der Verknüpfung von Persönlichkeitsrecht und Universalitätsprinzip überhaupt zerstört[53].

---

[47] *Kohler*, Markenschutz, 73 ff.; *ders.*, Warenzeichenrecht, 62 ff.

[48] *Kohler*, Markenschutz, 446 f.

[49] Vgl. die ausführlichen Literaturangaben bei *Schikora*, 66 (Fußnote 1) und *Möschel*, 108 (Fußnote 389).

[50] RG, Urt. vom 2. 10. 1886, RGZ 18, 28.

[51] *Kohler*, Warenzeichenrecht, 249.

[52] Die Formulierung, mit der *Kohler* versucht, Unvereinbares miteinander zu vereinbaren, spricht für sich: „Das inländische Zeichen kann nur im Inlande verletzt werden. Denn wenn auch das Persönlichkeitsrecht über die Staatsgrenze hinausgeht, so ist die Steigerung des Persönlichkeitsrechts zum Zeichenrecht lediglich eine solche für das Land und seine Verkehrsverhältnisse. Die Verkehrsverhältnisse außerhalb des Landes sind der inländischen Zeichenschöpfung entzogen.“

[53] Die These von der Unbegrenztheit des persönlichkeitsrechtlichen Schutzes ist auch ganz allgemein auf Bedenken gestoßen. Sie kann für den Bereich der wirtschaftlichen Betätigung der Persönlichkeit als überwunden gelten. Vgl. *Deutsch*, Wettbewerbstatbestände, 23 m. w. N. (Fußnote 104); *Möschel*, 109 f.

Die Zuordnung des Zeichenrechts zu den Persönlichkeitsrechten erscheint schon im Hinblick darauf wenig schlüssig, daß *Kohler* das Patentrecht, wie übrigens auch das Urheberrecht[54], durchgehend zur Gruppe der Immaterialgüterrechte zählt[55]. Diese Rechte weisen vom Gegenstand her weitaus engere Beziehungen zur Persönlichkeit des Erfinders, Autors, Komponisten usw. auf, als das Warenzeichen zur Persönlichkeit seines Inhabers. Für dieses ist weniger die Beziehung zur Persönlichkeit des Inhabers kennzeichnend als seine Verbindung mit einer bestimmten Ware, die aus einer bestimmten Fabrikation stammt. Die Marke ist, jedenfalls ihrer ursprünglichen Bestimmung nach, nicht mehr und nicht weniger als eine Herkunftsbezeichnung. Alle sonstigen „Funktionen", die ihr beigelegt werden, sind Ausflüsse[56] (und mitunter Auswüchse[57]) dieser ursprünglichen „Herkunftsfunktion".

Den Überlegungen in Richtung auf eine Umorientierung des Warenzeichenrechts zur Immaterialgüterrechtsseite hin trat *Kohler* in seinem „Warenzeichenrecht" mit aller Schärfe entgegen: „Das Zeichen ist nicht etwa ein selbständiges, der Persönlichkeit dienendes Hilfsmittel, sondern es ist der Rahmen, dem sich die Persönlichkeit anpaßt; es ist ein etwas, in dem sich die Persönlichkeit ausdrückt, gleichsam ein Umriß, in dem die Persönlichkeit erscheint. Nicht das Zeichen soll der Persönlichkeit helfen, sondern die Person soll durch das Zeichen hindurch zur Geltung kommen. Nur weil es die Persönlichkeit widerspiegelt, nur darum wirkt es und ist es von Wert[58]."

bb) Territorialitätsprinzip und Immaterialgüterrecht

Die Entwicklung von der persönlichkeitsrechtlichen Betrachtungsweise zur immaterialgüterrechtlichen Auffassung war nicht aufzuhalten. Die Einordnung auch des Warenzeichenrechts in die Gruppe der Immaterialgüterrechte folgte der Erkenntnis, daß die Wesensmerkmale des Persönlichkeitsrechts, nämlich Unveräußerbarkeit, Unverzichtbarkeit und Unverjährbarkeit beim Warenzeichenrecht nicht gegeben waren[59]. Zwischen dem Wechsel vom Persönlichkeitsrecht zum Immate-

---

[54] *Kohler*, Urheberrecht, 1 ff.; *ders.*, Kunstwerkrecht, 25 ff.

[55] So schon im „Deutschen Patentrecht", 7 ff. und dann ebenso im „Handbuch", 55 ff. und im „Lehrbuch", 13 ff.

[56] Über die Genealogie der Funktionen des Warenzeichens besteht weitgehend Einigkeit; streitig ist nur, inwieweit die aus der Herkunftsfunktion erwachsenen weiteren Funktionen des Warenzeichens rechtlich geschützt oder mitgeschützt sind.

[57] Diese Feststellung bezieht sich vor allem auf die sog. Werbe- oder Reklamefunktion des Warenzeichens. Vgl. zur Problematik der Warenzeichenfunktionen die ausführliche Untersuchung von *Vanzetti*, GRUR Int. 1965, 128, 185.

[58] *Kohler*, Warenzeichenrecht, 64.

[59] *Vanzetti*, GRUR Int. 1965, 189.

rialgüterrecht und dem Übergang vom Universalitäts- zum Territorialitätsprinzip besteht aber allenfalls eine äußerliche und zufällige Verbindung. Beide Entwicklungen verlaufen zeitlich parallel[60]. Ein logischer Zusammenhang besteht dagegen nicht. Das gilt ebenso für die Verknüpfung von Territorialitätsprinzip und Immaterialgüterrecht.

Zur Begründung kann einmal an das im vorangehenden Abschnitt zur Verbindung von Universalitätsprinzip und Persönlichkeitsrecht Gesagte angeknüpft werden. Zum anderen beruhen beide Entwicklungen auf ganz und gar unterschiedlichen Gründen, so daß die eine nicht als Konsequenz der anderen gesehen werden kann.

Wie oben gezeigt, läßt sich die These vom naturnotwendigen Zusammenhang von persönlichkeitsrechtlicher Auffassung des Zeichenrechts und universeller Wirkung des Zeichenschutzes nicht halten. *Kohler*, der sie in seinem „Markenschutz" mit allem Nachdruck vertreten hatte, rückte dann im „Warenzeichenrecht" selbst von ihr ab[61]. Besteht aber kein Syllogismus zwischen Persönlichkeitsrecht und Universalitätsprinzip, ist also der Schluß vom Persönlichkeitsrecht auf das Universalitätsprinzip nicht zwingend, so erledigt sich auch die These, daß der Wechsel zum Territorialitätsprinzip eine Folge des Übergangs zum Immaterialgüterrecht sei, daß also eine logische Beziehung zwischen Immaterialgüterrecht und Territorialitätsprinzip bestehe.

Der Übergang von der persönlichkeitsrechtlichen zur immaterialgüterrechtlichen Betrachtungsweise war durch die Einsicht bestimmt, daß das Warenzeichen in erster Linie einen Herkunftshinweis für die unter ihm vertriebene Ware darstellt und damit der gewerblichen Verwertung dieser Ware dient. Dabei wird nicht verkannt, daß dem einzelnen Zeichen mehr oder weniger starke Bezüge zur Persönlichkeit des Zeicheninhabers innewohnen können. Dies ist besonders beim Namenszeichen der Fall. Das Hauptgewicht liegt aber auf der Beziehung des Zeichens zur gekennzeichneten Ware und zur Fabrikation, aus der diese stammt. Hier zeigt sich, wie beim Patentrecht und beim Urheberrecht, die in jedem Fall stark perönlichkeitsgeprägt sind, daß jede geistige Leistung, sobald sie aus der Sphäre ihres Schöpfers entlassen wird und wirtschaftlich verwertet werden soll, sich eine mehr vermögensrechtliche Betrachtungsweise gefallen und sich damit mehr oder weniger auf eine Stufe mit anderen „körperlichen" Wirtschaftsgütern stellen lassen muß.

Die Gründe für die Aufgabe des Universalitätsprinzips zugunsten des Territorialitätsprinzips lagen dagegen auf einer anderen Ebene. Zwar

---

[60] Vgl. dazu etwa RG „Hengstenberg", RGZ 118, 81.

[61] *Kohler*, Warenzeichenrecht, 249.

begründete das RG[62] das Universalitätsprinzip zunächst getreu der Lehre *Kohlers* mit der persönlichkeitsrechtlichen Natur des Warenzeichenrechts. Hinter dieser dogmatisch orientierten Begründung stand eine mehr rechtspolitisch ausgerichtete Argumentation, die in Wirklichkeit den Ausschlag zugunsten des Universalitätsprinzips gab. Diese ging dahin, daß in Deutschland geschützte Warenzeichen auch im Ausland Schutz genießen müßten. Da ausgangs des 19. Jahrhunderts in vielen Ländern ein Warenzeichenrecht entweder überhaupt nicht oder nur unvollkommen ausgebildet war, schien dieser Schutz nur durch eine Erweiterung des räumlichen Anwendungsbereichs des eigenen Rechts erreichbar zu sein. Das RG wandte daher auch auf die im Auslang begangene Verletzung eines deutschen Warenzeichens deutsches Warenzeichenrecht an. Allerdings erfuhr diese extraterritoriale Anwendung zwei wesentliche Einschränkungen:

— Das RG erkannte etwa bestehende ausländische Gegenrechte an. War also der angebliche Verletzer nach dem Recht des Landes, in dem die Verletzung stattfand, zur Führung des Zeichens berechtigt, so wurde diese Berechtigung als „negatives Tatbestandsmerkmal"[63] gewertet. Ein Eingriff in das deutsche Zeichenrecht lag dann nicht vor[64].

— Die zweite Einschränkung ging dahin, daß das RG zeichenrechtliche Ansprüche bei Zeichenrechtsverletzungen im Ausland immer nur in Fällen zuerkannte, in denen diese Verletzungen von deutschen Unternehmen[65] begangen worden waren.

Das RG hat es immer vermieden, zu der Frage einer Erstreckung des deutschen Warenzeichenrechts auf ausländische Unternehmen[66] eindeutig Stellung zu nehmen[67]. Es konnte sich in Zurückhaltung üben, weil diese Frage in den zur Entscheidung stehenden Fällen niemals ent-

---

[62] RG „Hoff", RGZ 18, 31 f.

[63] Ausdruck von *Steindorff*, Sachnormen, 135, der im Zusammenhang mit der Frage der Berücksichtigung ausländischer Sachverhaltsteile von „negativen oder positiven Tatbestandsmerkmalen" spricht.

[64] So bereits *Kohler*, Markenschutz, 446; vgl. aus der Rechtsprechung des RG vor allem RGZ 45, 143, 145 f. („Schlüsselmarken"); RGZ 54, 414, 417 („Acier Diamant").

[65] Gemeint sind in Deutschland *ansässige* Unternehmen entsprechend der auf den Niederlassungsort bezogenen Anknüpfung des Universalitätsprinzips. Die Staatsangehörigkeit des Unternehmers bzw. der Unternehmensleitung spielt keine Rolle.

[66] Auch hier sind im Ausland *ansässige* Unternehmen gemeint.

[67] Im „Hoff"-Urteil (RGZ 18, 36) war diese Frage ausdrücklich offen gelassen worden. Vgl. auch die Feststellung im Urteil „Hengstenberg" (RGZ 118, 81), daß die Frage nicht entschieden sei.

scheidungserheblich wurde. In allen Fällen handelte es sich um Verletzungsansprüche gegen deutsche Unternehmen[68].

Ungeachtet dieser Einschränkungen, die das Universalitätsprinzip wesentlich entschärften und zum Teil wieder auf inländische Kriterien zurückbezogen, sah sich die Rechtsprechung des RG schärfster Kritik ausgesetzt. Vor allem *Hagens*[69] wandte gegen das Universalitätsprinzip ein, es stelle einen Übergriff in die Rechtssphäre anderer souveräner Staaten dar, der bei ernstlicher Anwendung auch auf fremde Staatsangehörige zu internationalen Konflikten führen müsse. Dieser Einwand konnte im Zuge der Entwicklung von Zeichenschutzsystemen durch immer mehr Länder und mit Rücksicht auf die Ausbildung des Markenschutzes auf internationaler Ebene an Boden gewinnen. Der rechtspolitischen Argumentation des RG wurde durch diese Entwicklung nach und nach ihre tatsächliche Grundlage entzogen. Im „Hengstenberg"-Urteil[70] zog das Gericht die unausweichlich gewordene Konsequenz und bekannte sich zum Territorialitätsprinzip.

Als Ergebnis läßt sich festhalten, daß auch die rechtssystematische Einordnung der gewerblichen Schutzrechte in die Gruppe der Persönlichkeits- oder Immaterialgüterrechte für die Frage nach dem Geltungsgrund des Territorialitätsprinzips nichts hergibt. Dies muß um so mehr gelten, als das Gegensatzpaar Persönlichkeitsrecht — Immaterialgüterrecht im Bereich des gewerblichen Rechtsschutzes viel von seiner antithetischen Schärfe verloren hat, seit sich die Erkenntnis durchzusetzen beginnt, daß die gewerblichen Schutzrechte Elemente des Persönlichkeits- wie des Immaterialgüterrechts in sich vereinigen[71].

c) Gesichtspunkt der Sachnähe oder des Normzwecks bzw. Interessenschwerpunkts

aa) Geltungsgrund der Anknüpfungen des IPR im allgemeinen

Die vorangegangenen Erörterungen zeigen, daß der Geltungsgrund des Territorialitätsprinzips durch eine rechtsdogmatische, am staatlichen Entstehungsakt gewerblicher Schutzrechte oder ihrer wesensmäßigen Einordnung orientierte Betrachtungsweise nicht zutage gefördert wird. Die Frage des Geltungsgrundes läßt sich in Wirklichkeit nicht isoliert für den Bereich des gewerblichen Rechtsschutzes untersuchen. Denn es geht hierbei nicht um eine Besonderheit oder Eigen-

---

[68] Vgl. zum Ganzen *Riehle*, 20 ff.

[69] *Hagens*, Anm. 6 zu § 12 WZG (188 ff.).

[70] RGZ 118, 76.

[71] Vgl. *Hubmann*, Rechtsschutz, 45 (für das Patentrecht), 49 (für das Warenzeichenrecht).

tümlichkeit gerade dieses Bereichs, sondern um die Kardinalfrage des IPR und des Kollisionsrechts überhaupt, nämlich um die Frage, welche Anknüpfung für einen Sachverhalt mit Auslandsberührung jeweils zu wählen ist. M. a. W., es geht darum, für jeden dieser Sachverhalte „die angemessene oder geeignetste Rechtsordnung“[72] zu suchen, die dann für seine rechtliche Beurteilung maßgebend ist.

Diese angemessene oder geeignetste Rechtsordnung wird aber kaum durch rechtsdogmatische Konstruktionen zu bestimmen sein. Vielmehr deuten die Attribute „angemessen“ bzw. „geeignet“ darauf hin, daß die Anknüpfung auf rechtspragmatische Kriterien gestützt werden muß. Dabei lassen sich formale und materiale Kriterien unterscheiden[73]. Die ersteren können beiseite gelassen werden, weil sie die Anknüpfung in der Regel nicht bestimmen, sondern lediglich als Begleitfaktoren in Betracht zu ziehen sind[74]. Zur Ermittlung der materialen Kriterien der Anknüpfung kommen zwei Ausgangsgesichtspunkte in Betracht: auf der einen Seite der Gesichtspunkt der „Natur der Sache“, auf der anderen der Gesichtspunkt des „Normzwecks“ bzw. des „Interesses“[75]. Im ersten Fall stützt sich die Anknüpfung auf eine ontologisch-abstrakte Argumentation, die als „richtige“ Rechtsordnung die von der Natur der Sache her nächstliegende ansieht (Gesichtspunkt der Sachnähe). Im zweiten Fall wird teleologisch-konkret argumentiert. Die Anknüpfung richtet sich nach dem Zweck einer bestimmten Sachnorm oder nach den mit einem bestimmten Sachverhalt verknüpften Interessen (Gesichtspunkt des Normzwecks bzw. Interessenschwerpunkts).

Was den Gesichtspunkt der Sachnähe im einzelnen anlangt, so fragt es sich, ob dieser nur oder in erster Linie räumlich zu verstehen ist, oder ob darüber hinaus oder überhaupt der gesamte „charakteristische Inhalt“ eines Rechtsverhältnisses berücksichtigt werden muß[76]. Die nur räumliche Betrachtungsweise (z. B. Anknüpfung an den mitunter vollkommen zufälligen Abschluß- oder Erfüllungsort eines Vertrages) schöpft den Gesichtspunkt der Sachnähe nicht aus, sondern führt nur zu mehr oder weniger oberflächlichen und formalen Kriterien. Durch die Formel vom „charakteristischen Inhalt“ des Rechtsverhältnisses wird dagegen die Gefahr der Oberflächlichkeit und des Formalismus vermieden und die Möglichkeit eröffnet, den wirklichen Sachzusammenhang mit einer bestimmten Rechtsordnung zu ermitteln. Deshalb ist dieser Betrachtungsweise der Vorzug zu geben.

---

[72] *Neuhaus*, 103.

[73] *Neuhaus* spricht in diesem Zusammenhang von den „Maximen der Anknüpfung“.

[74] *Neuhaus*, 103.

[75] *Neuhaus*, 103.

[76] *Schnitzer*, II/642.

Über den Normzweck bzw. Interessenschwerpunkt lassen sich kaum allgemeingültige Aussagen machen. Denn hier ergeben sich „so viele Gesichtspunkte für die Anknüpfung, wie es materielle Zwecke und Interessen gibt“[77]. Es wird also von Fall zu Fall darauf ankommen, die an einen bestimmten Sachverhalt geknüpften Interessen bzw. die mit einer bestimmten Norm verfolgten Zwecke zu ermitteln und daraus das maßgebliche oder „charakteristische“ Interesse bzw. den maßgeblichen oder „charakteristischen“ Zweck herauszuschälen. So kann auch zur Ermittlung des Normzwecks bzw. Interessenschwerpunkts auf die Formel vom „charakteristischen Inhalt“ zurückgegriffen werden.

Diese letzte Erwägung zeigt, daß die beiden Gesichtspunkte der Sachnähe einerseits und des Normenzwecks bzw. Interessenschwerpunkts andererseits im Grunde nicht sehr weit auseinander liegen, geschweige denn als Gegensatzpaar zu begreifen sind. Es handelt sich in Wirklichkeit um zwei Argumentationsweisen, die auf ein- und dasselbe Ziel hin zusammenlaufen, sich also nicht gegeneinander ausschließen, sondern miteinander ergänzen. Das gemeinsame Ziel aber ist die sachgerechte Anknüpfung im einzelnen Fall.

bb) Geltungsgrund der territorialen Anknüpfung bei gewerblichen Schutzrechten im besonderen

Die Nutzanwendung aus diesen allgemeinen Erwägungen für den Bereich des gewerblichen Rechtsschutzes geht dahin, daß sich die Frage des Geltungsgrundes des Territorialitätsprinzips zu der Fragestellung verdichtet, welche Kriterien im einzelnen die territoriale Anknüpfung im Falle der Schutzrechtsverletzung als sachgerecht erscheinen lassen. Auf dem Gebiet des Warenzeichenrechts hat sich vor allem *Troller*[78] um die Entwicklung derartiger Rechtfertigungsgründe für die territoriale Anknüpfung bemüht. In die gleiche Richtung gehen die von *Riehle* angestellten „Haupterwägungen“ zur Begründung des Territorialitätsprinzips[79]. Darin wird in gleicher Weise der Gesichtspunkt der Sachnähe wie der des Interessenschwerpunktes angesprochen. So arbeitet *Riehle* als die mit einer Markenverletzung verknüpften Interessen heraus: auf der einen Seite die Interessen der Mitbewerber, also der ein kollidierendes Zeichen führenden Unternehmen, auf der anderen Seite die Interessen der Allgemeinheit, hier in Gestalt der Abnehmer, die gegen

---

[77] *Neuhaus*, 108.

[78] *Troller*, IPR, 48 ff.; *ders.*, Zwangsverwertung, 94 ff.; *ders.*, GRUR Int. 1960, 246; *ders.*, Festschrift Möhring, 295 ff., 313; *ders.*, Immaterialgüterrecht I, 152 f. und — nicht ganz eindeutig — GRUR Int. 1967, 262 f., 267.

[79] *Riehle*, 81 ff.

Herkunfts- bzw. Qualitätstäuschungen[80] geschützt werden sollen. Geht man mit *Riehle*[81] weiter davon aus, daß der inländische Markt überwiegend von inländischen Unternehmen bedient wird und dementsprechend Abnehmer eines Markenprodukts überwiegend Inländer sind, so folgt daraus tatsächlich eine starke Tendenz der beteiligten Interessen in Richtung auf die Anwendung des inländischen Rechts, d. h., des Rechts am Verletzungsort. Allerdings könnte gerade diese Argumentation zum Bumerang für die territoriale Anknüpfung werden. Vergegenwärtigt man sich nämlich die zunehmende internationale Verflechtung der Wirtschaft, die nach dem 2. Weltkrieg durch die Schaffung weltweiter wie regionaler Zusammenschlüsse[82] stark beschleunigt worden ist, so verliert die Prämisse einer inländischen Homogenität der Anbieter und Abnehmer viel von ihrer Überzeugungskraft. Man ist eher geneigt, ein Widerspruchsverhältnis zwischen der Internationalität der Wirtschaft und der Nationalität des Rechts zu sehen[83] und auch hier, wie für viele andere Bereiche, einen gewissen Nachholbedarf der Juristen zu konstatieren.

Im weiteren Verlauf seiner Ausführungen wechselt *Riehle* von der teleologischen zur ontologischen Betrachtungsweise über. Er stellt den Gesichtspunkt des Absatzgebiets neben das Kriterium der Inländereigenschaft der Anbieter und Abnehmer; dieser Wechsel läßt sich nicht als eindeutige Zäsur markieren. Er vollzieht sich eher als eine Art Schwerpunktverlagerung. Die beteiligten Interessen und Interessenten bleiben in die Betrachtung miteinbezogen. Das mehr dynamische Element dieser Interessen bzw. Interessenten verbindet sich mit dem eher statischen Element des Absatzgebiets zu einem territorialen Schwerpunkt in diesem Absatzgebiet und damit auch am Verletzungsort, der das dort vorherrschende Recht als dem Sachverhalt am nächsten stehend und dessen Anwendung als sachgerechtesten Ausgleich der beteiligten Interessen erscheinen läßt[84].

[80] Der z. B. noch immer mit aller Heftigkeit geführte Meinungsstreit darüber, ob streng genommen nur die sog. Herkunftsfunktion des Warenzeichens rechtlich geschützt ist oder ob dieser Schutz auch die sog. Garantie- oder Vertrauensfunktion umfaßt, soll hier nicht entschieden werden. Diese Streitfrage verliert an Brisanz, wenn man sich klarmacht, daß die zuletzt erwähnte Funktion ein legitimes Kind oder fast noch ein Bestandteil der ersteren ist und daß der Schutz dieser ersteren Funktion den der letzteren mehr oder weniger impliziert.

[81] *Riehle*, 82.

[82] Beispiele für derartige Zusammenschlüsse sind im weltweiten Rahmen vor allem GATT und OECD, auf regionaler Ebene in Europa neben den EG die EFTA.

[83] So z. B. *Troller*, GRUR Int. 1967, 266, der von einem „umfassenden Widerspruch zwischen internationalem Wirtschaftsraum und nationaler Rechtsordnung“ spricht.

[84] Vgl. das instruktive Beispiel bei *Riehle*, 83, wonach im Fall eines Streites

Diese von den tatsächlichen Verhältnissen, insbesondere dem wirtschaftlichen Hintergrund von Markengebrauch und Markenverletzung, bestimmte Schwerpunktbildung wird durch den rechtlichen Gesichtspunkt des besonders engen Zusammenhangs des Warenzeichenrechts mit dem übrigen Wirtschaftsrecht, vor allem dem Wettbewerbsrecht, noch erhärtet[85]. Dieser Zusammenhang in Gestalt eines „engen, wechselseitigen Bezugs“[86] wird besonders in den Bestimmungen deutlich, die Warenzeichenmonopol- und Wettbewerbsfreiheit gegeneinander abgrenzen[87]. Aus dieser Sicht vermittelt das Recht des Verletzungsorts die angemessenste und geeignetste Lösung im Sinne eines sachgerechten Interessenausgleichs.

Für den Bereich des Patentrechts sind vergleichbare Erwägungen bisher nicht angestellt worden, wenn man davon absieht, daß beispielsweise *Troller* seine Ausführungen allgemein auf sämtliche Immaterialgüterrechte bezieht[88]. In diesem Bereich dominiert die rechtsdogmatische, am staatlichen Verleihungsakt bzw. am Wesen des Patentrechts orientierte Betrachtungsweise. Sie begegnet ebenfalls den oben anhand des Warenzeichenrechts ausführlich dargestellten Bedenken. Auch hier erscheint der formale Ausgangspunkt der staatlichen Verleihung oder der rechtssystematischen Einordnung als wenig tragfähige Grundlage für die territoriale Anknüpfung. Diese rechtfertigt sich vielmehr hier wie beim Warenzeichenrecht dadurch, daß sie den materialen Maximen der Sachnähe und des Normzwecks bzw. Interessenschwerpunkts am ehesten genügt und hier wie dort den sachgerechtesten Ausgleich der beteiligten Interessen ermöglicht.

III. Der Aspekt der Sachbezogenheit oder der sachlichen Anknüpfung

1. Gegenstand

Um sich über den Gegenstand des Aspekts der Sachbezogenheit klar zu werden, gilt es auf die Ausgangsfragen zurückzugehen, auf die das Territorialitätsprinzip Antwort geben soll. Dies sind auf der einen Seite die Frage des in Fällen mit Auslandsberührung anwendbaren Rechts, auf der anderen Seite die Frage der Berücksichtigung im Ausland verwirklichter Tatbestandsmerkmale.

---

zwischen einem holländischen und einem französischen Unternehmen um die Benutzung eines Zeichens auf dem deutschen Markt die Anwendung deutschen Rechts den sachgerechtesten Ausgleich sowohl zwischen den betroffenen Betrieben als auch zwischen ihnen und der inländischen Allgemeinheit verbürgt.

[85] Vgl. dazu *Riehle*, 83 ff.

[86] *Riehle*, 84.

[87] Vgl. etwa die §§ 20, 21 des deutschen GWB.

[88] *Troller*, Immaterialgüterrecht I, 148 ff.

Die erste Frage stellt sich als solche der Rechtsbezogenheit oder rechtlichen Anknüpfung dar. Sie wird durch das Territorialitätsprinzip in seiner Eigenschaft als Kollisionsnorm beantwortet, und zwar dahingehend, daß für Verletzungen gewerblicher Schutzrechte das Recht des Verletzungsorts „zuständig ist"; oder, anders gewendet, daß Verletzungsansprüche nur entstehen und geltend gemacht werden können, wenn in dem Land, in dem die Verletzung stattgefunden hat, ein Schutzrecht besteht. Diese Kollisionsnormeigenschaft macht den Kerngehalt des Territorialitätsprinzips aus (Territorialitätsprinzip im engeren und eigentlichen Sinn).

Die Frage der Berücksichtigung ausländischer Sachverhaltselemente (Frage der Sachbezogenheit oder sachlichen Anknüpfung) ist der Frage des anwendbaren Rechts nachgeordnet. Erst wenn die im konkreten Verletzungsfall „zuständige" Rechtsordnung bestimmt ist, kann die Subsumtion des Verletzungstatbestandes unter die einschlägigen Vorschriften dieser Rechtsordnung beginnen. Und erst im Rahmen dieser Subsumtion kann sich die Frage ergeben, ob bestimmte Vorgänge, die sich im Ausland zugetragen haben, oder bestimmte Tatsachen, die im Ausland gegeben sind oder nicht, berücksichtigt werden oder außer Betracht bleiben müssen.

Bereits an diesem Nachordnungsverhältnis der beiden Fragen des anwendbaren Rechts und der Berücksichtigung ausländischer Sachverhalte wird deutlich, daß diese Fragen und dementsprechend die beiden Aspekte der Rechts- und Sachbezogenheit keinen streng logischen Bezug zueinander haben. Beide Fragen bzw. Aspekte liegen auf verschiedenen Ebenen. Im ersten Fall geht es um die Rechtswahl, im zweiten um die Subsumtion. Ob in den Subsumtionsvorgang ausländische Sachverhalte oder Sachverhaltselemente einbezogen werden, ist jeweils Sache der im konkreten Fall berufenen Rechtsordnung. Die Rechtswahl als solche besagt für die Frage der Berücksichtigung ausländischer Sachverhalte nichts. Dieses Ergebnis deckt sich mit der Auffassung derjenigen Autoren, die das Territorialitätsprinzip in erster Linie als Kollisionsnorm verstehen[89].

Eine andere Frage ist, ob die Unabhängigkeit und Selbständigkeit der nebeneinander bestehenden nationalen Warenzeichen- und Patentrechte, die als solche unstreitig ist[90] und von der auch die internationa-

---

[89] *Steindorff*, Sachnormen, 134 ff.; *Deutsch*, Wettbewerbstatbestände, 23; *ders.*, Warenzeichenlizenz 472 f.; *H. Schumacher*, GRUR Int. 1966, 305 ff.; *ders.*, WuW 1967, 6 ff.; *ders.*, WuW 1968, 495 ff. *Beier*, Mitt. Max-Pl.-Ges., Heft 6 (1967), 386 ff.; *Riehle*, 78 ff.; *Möschel*, 114 f.; *Koppensteiner*, AWD 1971, 358 ff.

[90] Streitig ist, welche Bedeutung diesen Kriterien bei der Definition des Begriffs des Territorialitätsprinzips zukommt, insbesondere, ob mit ihnen der wesentliche Inhalt dieses Begriffs zutreffend beschrieben wird.

len Übereinkommen[91] auf dem Gebiet des gewerblichen Rechtsschutzes ausgehen, die Nichtbeachtung ausländischer Sachverhalte impliziert. Ein logischer Zusammenhang zwischen der Frage der Berücksichtigung ausländischer Sachverhalte und der Tatsache, daß die nationalen gewerblichen Schutzrechte in ihrem rechtlichen Schicksal voneinander unabhängig und in jeder Weise selbständig sind, besteht nicht. Auch die Unabhängigkeit und Selbständigkeit besagt im Grunde — wie das als Kollisionsnorm aufgefaßte Territorialitätsprinzip — nichts darüber, ob und inwieweit ausländische Sachverhalte zu berücksichtigen sind.

Andererseits ergibt sich aus der Verbindung von territorialer Anknüpfung (Territorialitätsprinzip im engeren Sinn) und Unabhängigkeit und Selbständigkeit der nationalen Rechte eine Art Zentripetalwirkung[92] auf den Verletzungsort bzw. das Verletzungsland hin, die es nahelegt, dort nicht nur den Rechtsschwerpunkt sondern auch den Tatsachenschwerpunkt zu sehen. Das bedeutet, daß nicht nur Bestand, Inhalt und Umfang des Schutzrechts ausschließlich und selbständig nach der nationalen Rechtsordnung des Verletzungsorts, unabhängig von etwaigen ausländischen Parallelrechten, bestimmt werden, sondern daß auch die für Bestand, Inhalt und Umfang relevanten Tatsachen ausschließlich im Geltungsbereich der durch den Verletzungsort bestimmten Rechtsordnung liegen müssen; oder, anders ausgedrückt, daß für inländische Rechte nur inländische Tatsachen, ausländische Tatsachen dagegen nur für ausländische Rechte relevant sind.

2. Fälle der Berücksichtigung von Auslandssachverhalten

Gegen einen Zusammenhang zwischen den Kriterien der Unabhängigkeit und Selbständigkeit einerseits und der Frage der Berücksichtigung ausländischer Sachverhalte mit der Folge der Beschränkung der Subsumtion auf inländische Tatsachen andererseits werden von der „parallelimportfreundlichen“ Literatur immer wieder Beispielsfälle einer anderweitigen Berücksichtigung ausländischer Sachverhalte angeführt. Es fragt sich, ob diese Fälle verallgemeinert werden können, ob sich aus ihnen Grundsätze für die Berücksichtigung oder Nichtberücksichtigung ausländischer Sachverhalte ableiten lassen, oder ob es sich nur um Einzelfälle oder sogar Ausnahmefälle handelt, in denen aus ganz spezifischen Gründen ausländische Tatsachen berücksichtigt werden. Um diese Frage beantworten zu können, sollen die am häufigsten

---

[91] Vgl. etwa Art. 4 bis PVÜ.

[92] *Riehle*, 79, spricht in diesem Zusammenhang von einer „Nationalisierung der Fakten“.

genannten Beispiele dargestellt und auf ihre Bedeutung hin untersucht werden.

a) Beispiele aus dem Warenzeichenrecht

Im Warenzeichenrecht werden als Beispielsfälle eine Reihe von Regelungen angeführt, in denen ausländische Tatsachen inländischen gleichgestellt werden, m. a. W., in denen die Belegenheit einer rechtlich relevanten Tatsache keine Rolle spielt oder in denen der inländische Zeichenschutz unter dem Vorbehalt des Bestehens oder Nichtbestehens bzw. Eintretens oder Nichteintretens ausländischer Sachverhalte steht.

Zur ersten Gruppe der Gleichwertigkeit in- und ausländischer Tatsachen gehört die in einigen Ländern bestehende Bindung des Warenzeichens an einen Geschäftsbetrieb. So bildet beispielsweise nach deutschem WZG die Einstellung des Geschäftsbetriebs, „zu dem das Warenzeichen gehört", einen Löschungsgrund (§ 11 Abs. 1 Nr. 2 WZG). Eine Zeichenübertragung ist nur möglich „mit dem Geschäftsbetrieb oder dem Teil des Geschäftsbetriebs, zu dem das Warenzeichen gehört" (§ 8 Abs. 1 WZG). In beiden Fällen ist unstreitig, daß es sich dabei sowohl um einen inländischen wie um einen ausländischen Geschäftsbetrieb handeln kann. Stellt also z. B. der Inhaber eines deutschen Warenzeichens seinen in Frankreich gelegenen Geschäftsbetrieb ein, so unterliegt sein deutsches Warenzeichen genau so der Löschung, als wenn sein Betrieb in Deutschland selbst gelegen hätte. Weiterhin kann die Benutzung eines Zeichens im Ausland für seinen Schutz im Inland gleichermaßen bedeutsam sein wie die Benutzung im Inland selbst, so etwa für die Frage ob ein schutzwürdiges Interesse an der Aufrechterhaltung eines Vorratszeichens besteht[93].

In die zweite Gruppe des unter dem Vorbehalt des Schutzes im Ursprungsland stehenden Zeichenschutzes im Ausland gehört die Akzessorietätsregelung des Art. 6 MMA (Abhängigkeit des Schutzes des international registrierten Warenzeichens vom Schutz im Ursprungsland innerhalb einer Fünfjahresfrist vom Zeitpunkt der internationalen Registrierung an). Schließlich machen einige Länder den Schutz ausländischer Zeichen im Inland vom Bestehen bzw. Fortbestehen des Schutzes im Ursprungsland abhängig. So setzt in Deutschland und Luxemburg die Eintragung eines ausländischen Warenzeichens den Nachweis der Eintragung im Ursprungsland voraus[94]. In Luxemburg und den Niederlanden erlischt der Warenzeichenschutz bei Erlöschen des Schutzes im Ursprungsland[95].

---

[93] OLG Frankfurt a. M., Urt. vom 27. 1. 1966 („Alcacyl") GRUR Int. 1966, 331, 332 f.; zum Ganzen *Beier*, Mitt. Max-Pl.-Ges., Heft 6 (1967), 388 f.

[94] *Deutschland:* § 35 Abs. 3 S. 1 WZG; *Luxemburg:* Art. 9 Abs. 4 MG.

[95] *Luxemburg:* Art. 9 Abs. 4 MG; *Niederlande:* Art. 18 Abs. 1 Nr. 3 MG.

Fragt man sich nun, welche Schlußfolgerungen aus diesen und anderen[96] Beispielen gezogen werden, so sind zwei Feststellungen zu treffen: Die erste betrifft die systematische Einordnung der für die Lösung des Parallelimportproblems entscheidenden Frage der Berücksichtigung eines ausländischen Inverkehrbringens von Marken- oder Patentware[97]. Vergegenwärtigt man sich noch einmal die beiden Gruppenmerkmale, unter die die Beispiele für eine Berücksichtigung von Auslandssachverhalten gestellt wurden, so leuchtet ein, daß die Frage des Inverkehrbringens in die erste Gruppe der Gleichwertigkeit in- und ausländischer Tatsachen gehört.

Die weitere Frage ist dann — und das führt zu der zweiten Feststellung —, ob bei der rechtlichen Beurteilung eines Verletzungstatbestandes und im Rahmen der dazu notwendigen Subsumtionsvorgänge Tatbestandshandlungen im Ausland grundsätzlich und regelmäßig solchen im Inland gleichzustellen sind. Sieht man sich die oben angeführten Beispielsfälle auf diese Frage hin an, so ergibt sich, daß diese Beispiele nur punktuell, in bestimmten und begrenzten Fällen eine Gleichstellung in- und ausländischer Tatsachen bringen, aber nicht den Schluß zulassen, daß es allgemein keine Rolle spielt, ob ein Tatbestandsmerkmal im In- oder Ausland verwirklicht wird. Die Beispiele berechtigen allenfalls zu der negativen Feststellung, daß es „auch für dieses Rechtsgebiet (sc. das Gebiet des gewerblichen Rechtsschutzes) ... keinen Rechtssatz (gibt), wonach Sachverhaltsteile im Ausland bei der Anwendung inländischen Rechts nicht berücksichtigt werden dürften"[98]. Damit steht die Frage der Gleichstellung eines ausländischen mit dem inländischen Inverkehrbringen nach wie vor offen. Es gibt keinen allgemeinen Gleichstellungsgrundsatz. Bei der Frage der Gleichwertigkeit in- und ausländischen Inverkehrbringens handelt es sich vielmehr — wie in den oben erwähnten Beispielen des in- und ausländischen Geschäftsbetriebs und der in- und ausländischen Benutzung — um „eine Einzelfrage, die im Wege der Auslegung geklärt werden muß"[99]. Diese Feststellung läßt sich durch Gegenbeispiele der Nichtgleichstellung ausländischer Sachverhalte erhärten. So ist, gerade als Folge der territorialen Rechtsanknüpfung (Territorialitätsprinzip im engeren Sinn), eine Verletzungshandlung im Ausland (z. B. die Benutzung eines verwechslungsfähigen Kennzeichens) für das inländische Warenzeichen-

---

[96] Zu weiteren Beispielen vgl. *Beier*, Mitt. Max-Pl.-Ges., Heft 6 (1967) 388 ff.; *Möschel*, 114 f.; *Riehle*, 79 f.

[97] Zugespitzt formuliert lautet diese Frage: Tritt durch rechtmäßiges Inverkehrbringen im Ausland nicht nur Konsumtion des ausländischen Schutzrechts sondern auch des inländischen Parallelrechts ein und umgekehrt?

[98] *Steindorff*, Sachnormen, 135 f. und ihm folgend *Beier*, Mitt. Max-Pl.-Ges., Heft 6 (1967), 388; *Riehle*, 79, *Möschel*, 114 u. a. m.

[99] *Möschel*, 114.

recht irrelevant. Der Zeicheninhaber hat — jedenfalls, soweit er sich auf sein inländisches Warenzeichenrecht stützt — keine Handhabe gegen die ausländische Verletzungshandlung[100].

b) Beispiele aus dem Patentrecht

Das Bild, wie es sich nach der Überprüfung der Beispiele aus dem Warenzeichenrecht darstellt, wird durch die Einbeziehung der Beispiele aus dem Patentrecht nicht verändert.

Das am häufigsten angeführte patentrechtliche Beispiel ist das der neuheitsschädlichen ausländischen Vorveröffentlichung eines Erfindungsgedankens, die einer inländischen Vorveröffentlichung gleichsteht[101]. Nach deutschem Patentrecht werden Patente erteilt für neue Erfindungen, die eine gewerbliche Verwertung gestatten (§ 1 Abs. 1 PatG). Eine Erfindung kann keinen Neuheitswert beanspruchen, „wenn sie zur Zeit der Anmeldung (§ 26) in öffentlichen Druckschriften aus den letzten hundert Jahren bereits derart beschrieben oder im Inland bereits so offenkundig benutzt ist, daß danach die Benutzung durch andere Sachverständige möglich erscheint“ (§ 2 S. 1 PatG). Aus der ausdrücklichen Erwähnung der Worte „im Inland“ in der zweiten Alternative wird übereinstimmend geschlossen, daß sich die Neuheitsschädlichkeit in der ersten Alternative auch auf Veröffentlichungen im Ausland, somit auf ausländische Tatsachen, bezieht[102].

Aber auch dieses patentrechtliche Beispiel hat nur Einzelfallcharakter. Es läßt keinesfalls den Schluß zu, daß ausländische und inländische Tatsachen von den Patentrechtsordnungen grundsätzlich gleich bewertet werden. Das erweist sich hier wie beim Warenzeichenrecht am Gegenbeispiel der ausländischen Verletzungshandlungen. Das inländische Patentrecht schützt ebensowenig gegen ausländische Patentverletzungen wie das inländische Warenzeichenrecht gegen ausländische Warenzeichenverletzungen, m. a. W., die ausländische Tatsache einer Schutzrechtsverletzung im Ausland ist für das inländische Schutzrecht irrelevant.

Für die Lösung der Parallelimportproblematik bleibt mithin kein anderer Weg als der einer einzelfallmäßigen Untersuchung, um festzustellen, ob das ausländische dem inländischen Inverkehrbringen gleichgestellt werden kann. Eine solche Gleichstellung würde im Ergebnis bedeuten, daß ausländisches wie inländisches Inverkehrbringen in glei-

---

[100] *Riehle*, 79.

[101] Vgl. *Beier*, Mitt. Max-Pl.-Ges., Heft 6 (1967), 388; *Riehle*, 80.

[102] Vgl. *Bernhardt*, 45 ff.; *Krausse / Kathlun / Lindenmaier*, Anm. 8 ff. zu 2 PatG; *Klauer / Möhring*, Anm. 9 ff. zu § 2 PatG (III., 115 ff.); *E. Reimer*, Patentgesetz, Anm. 4 ff. zu § 2 PatG.

cher Weise die Konsumtion des Schutzrechts zur Folge haben, so daß ein warenzeichen- oder patentrechtliches Verbietungsrecht gegenüber dem Import von Originalware, d. h., also von rechtmäßig in Verkehr gebrachter Ware, verneint werden muß.

Die Rechtslage in den Mitgliedstaaten der EG ist in diesem Punkt noch immer uneinheitlich. Im Bereich des Warenzeichenrechts setzt sich zunehmend die Auffassung durch, daß Parallelimporte von Original-Markenware zuzulassen sind[103]. Dagegen wird, von wenigen Ausnahmen abgesehen[104], für das Gebiet des Patentrechts einhellig die Ansicht vertreten, daß Parallelimporte von Original-Patentware sich als Verletzung des inländischen Patentrechts darstellen und dementsprechend mit der Verletzungsklage abgewehrt werden können[105]. Angesichts dieser unterschiedlichen Beurteilung der Zulässigkeit von Parallelimporten stellt sich die Frage, ob die oben angedeutete Lösung einer „allseitigen oder internationalen Konsumtion" aus dem Gemeinschaftsrecht abgeleitet werden kann.

---

[103] Diese Tendenz wird durch folgende besonders markante Entscheidungen bestätigt:

Belgien: Cour de Cassation, Urt. vom 23. 5. 1945, Pas. 1945, I, 168 („Email Diamant")

Deutschland: BGH, Urt. vom 22. 1. 1964, BGHZ 41, 84 = GRUR Int. 1964, 202 m. Anm. *Beier*, GRUR 1964, 372 m. Anm. *Hefermehl* = NJW 1964, 972 („Maja")

Frankreich: Cour de Cassation, Urt. vom 17. 4. 1969 RIPIA 1970, 5 (deutsche Übersetzung, in: GRUR Int. 1971, 275 m. Anm. *Kraßer*, 256)

Niederlande: Hoge Raad, Urt. vom 14. 12. 1956, N. J. 1962 Nr. 242 = GRUR Int. 1957, 259 („Grundig").

Allerdings stehen diese Entscheidungen nur begrenzt für eine „ständige Rechtsprechung". So hat beispielsweise in Belgien das Tribunal de commerce de Namur in seiner „Nescafé"-Entscheidung vom 2. 6. 1955 (GRUR Int. 1957, 172) den gegenteiligen Standpunkt eingenommen und Parallelimporte von englischem Nescafé untersagt. Vgl. zu diesen Widersprüchlichkeiten in der Rechtsprechung der verschiedenen Länder vor allem *H. Schumacher*, GRUR Int. 1966, 306 f.; siehe zum Ganzen auch die ausführlichen Länderübersichten bei *Möschel*, 25 ff. und *Riehle*, 228 ff.

[104] In einigen Entscheidungen niederländischer Gerichte schien sich die Tendenz anzubahnen, ein Inverkehrbringen auf Grund paralleler Patente dem Inverkehrbringen im Inland gleichzustellen. Hier ist vor allem die Entscheidung des Präsidenten der Arrondissements — Rechtbank Rotterdam vom 14. 5. 1963 (N. J. 1964, 33 = GRUR Int. 1964, 265) zu nennen. Diese und einige weitere Entscheide in ähnlichem Sinne sind aber — soweit ersichtlich — Episode geblieben. Vgl. dazu *Deringer*, GRUR Int. 1968, 105, sowie die Rechtsprechungsübersicht bei *Brinkhorst*, EuR 1970, 174 ff.

[105] Für Deutschland ist diese vom RG in ständiger Rechtsprechung vertretene Auffassung zuletzt vom BGH in seinem „Voran"-Urteil unmißverständlich bestätigt worden (GRUR Int. 1968, 130).

Viertes Kapitel

Extraterritorialität der Konsumtion des Patentrechts nach Europäischem Gemeinschaftsrecht

§ 12 Ausgangslage und mögliche Lösungen im Rahmen des Gemeinschaftsrechts

Der Meinungsstand auf nationaler Ebene in den EG-Mitgliedstaaten zur Frage der Berücksichtigung oder Nichtberücksichtigung ausländischen Inverkehrbringens läßt sich dahin zusammenfassen, daß dieses nach überwiegender Auffassung dem Inverkehrbringen im Inland *nicht* gleichgestellt werden kann. Für den Bereich des Patentrechts gilt dies uneingeschränkt. Wo im Bereich des Warenzeichenrechts ein Verletzungsanspruch gegen die Einfuhr von Original-Markenware versagt wird, geschieht dies genaugenommen nicht aus Gründen der Gleichstellung des in- und ausländischen Inverkehrbringens. Der Grund für die Versagung des Verletzungsanspruchs liegt vielmehr in einer funktionsbezogenen Interpretation der aus dem Warenzeichenrecht fließenden Ausschließlichkeitsrechte (Funktionstheorie): Geht man davon aus, daß sich der von der Rechtsordnung gewährte Warenzeichenschutz auf die sog. Herkunftsfunktion des Zeichens beschränkt, so liegt in der Regel — mangels Täuschung über die Herkunft der Ware — keine Zeichenverletzung vor, wenn das eingeführte Erzeugnis durch den Zeicheninhaber selbst oder mit seiner Zustimmung durch ein wirtschaftlich mit ihm verbundenes Unternehmen (Tochtergesellschaft, Lizenznehmer) im Verbreitungsstaat mit dem Zeichen versehen und in Verkehr gebracht worden war[1]. Es fragt sich, ob für den EG-Raum eine Überwindung der — ungeachtet der erwiesenen Unzulänglichkeit des sog. Territorialitätsprinzips — nach wie vor überwiegend angenommenen Territorialität der Konsumtion des Patentrechts in Betracht kommt, ob also die Gleichstellung des Inverkehrbringens in einem anderen Mitgliedstaat mit dem inländischen Inverkehrbringen und damit die Extraterritorialität der Konsumtion aus dem Gemeinschaftsrecht abgeleitet werden kann. In diesem Fall wäre der Verletzungsanspruch aus dem Patentrecht als Instrument zur Aufteilung des Gemeinsamen

[1] So etwa der BGH im „Maja"-Urteil (BGHZ 41, 84, 89 ff.); vgl. i. ü. zum gegenwärtigen Stand der Entwicklung auf nationaler Ebene *Alexander*, Cah. dr. eur. 1971, 596; *ders.*, GRUR Int. 1972, 273 f.

Marktes ungeeignet. Denn das rechtmäßige Inverkehrbringen des geschützten Erzeugnisses in einem Schutzland hätte zur Folge, daß dieses auch in den übrigen Schutzländern frei gehandelt werden und somit im gesamten Gebiet des Gemeinsamen Marktes frei zirkulieren könnte.

Zur Ableitung der Extraterritorialität aus dem Gemeinschaftsrecht kommen grundsätzlich zwei Lösungswege in Betracht. Der erste Lösungsweg besteht in einer „gemeinschaftskonformen" Auslegung und Anwendung des Mitgliedstaatenrechts, der zweite in der Anwendung bestimmter Vorschriften des Gemeinschaftsrechts. Hierbei geht es vor allem um die Anwendung der Wettbewerbsbestimmungen (Art. 85, 86) einerseits und der Vorschriften über den freien Warenverkehr (Art. 30 ff., insbesondere Art. 36) andererseits.

§ 13 Überwindung der Territorialität durch gemeinschaftskonforme Auslegung des Mitgliedstaatenrechts

Der Lösungsweg einer gemeinschaftskonformen Auslegung des Mitgliedstaatenrechts ist erstmals von *Koch / Froschmaier* angedeutet worden. Diese hatten zu Beginn ihrer Ausführungen „die Frage einer vertragskonformen Auslegung oder Anwendung des nationalen Rechts" aufgeworfen[1], ohne sie allerdings weiter zu vertiefen. *Koch* und *Froschmaier* begnügen sich mit der Darstellung der Diskrepanz zwischen der territorialen Ausgestaltung des gewerblichen Rechtsschutzes und den „Wettbewerbsgrundsätzen des EWG-Vertrages". Weder wird das Instrument der „vertragskonformen Auslegung oder Anwendung" allgemein näher erläutert, noch wird seine Anwendung im besonderen Fall des Territorialitätsprinzips im gewerblichen Rechtsschutz genauer dargetan.

I. Die Lehre von der gemeinschaftskonformen Auslegung im allgemeinen

Die Auffassung, divergierendes Mitgliedstaatenrecht könne durch eine gemeinschaftskonforme Auslegung mit den Bestimmungen des Gemeinschaftsrechts in Einklang gebracht werden, wird in der Literatur vielfach als gesicherte Lehre angesehen[2]. Diese Lehre von der gemeinschaftskonformen Auslegung wurde im Zusammenhang mit der allgemeinen Erörterung des Verhältnisses von Gemeinschaftsrecht und Mitgliedstaatenrecht bereits frühzeitig von namhaften Autoren vertreten[3]. *Ipsen* brachte sie auf die einprägsame Formel „in dubio pro

---

[1] GRUR Int. 1965, 121.

[2] Vgl. beispielsweise *Möschel,* 125 („mittlerweile wohl herrschende Meinung"); *Mestmäcker,* Vermittlung, 119 („als ein allgemeiner Rechtsgrundsatz nahezu unstreitig").

[3] *Jaenicke,* ZaöRV 1963, 527 f.; *Steindorff,* Rechtsschutz, 53; *Frowein,* AWD 1964, 234, 237; *Ipsen,* Aktuelle Fragen, 11.

communitate“[4]. Zur Begründung wurde u. a. angeführt, aus der Tatsache des Abschlusses der Gemeinschaftsverträge ergebe sich eine Verpflichtung der Mitgliedstaaten zu vertragstreuem Verhalten. Grundsätzlich sei auch davon auszugehen, daß die Mitgliedstaaten dieser Verpflichtung nachkommen. Dies gelte gleichermaßen für den jeweiligen nationalen Gesetzgeber. Im Zweifelsfall sei deshalb diejenige Auslegung einer nationalen Vorschrift zu bevorzugen, die mit den Bestimmungen des Gemeinschaftsrechts in Einklang stehe[5].

Es fragt sich aber, ob der Grundsatz der gemeinschaftskonformen Auslegung und Anwendung nationalen Rechts bereits im gegenwärtigen Stadium des Entwicklungsprozesses der Europäischen Gemeinschaften und der Gemeinschaftsrechtsordnung uneingeschränkte Gültigkeit beanspruchen kann.

Die Lehre von der gemeinschaftskonformen Auslegung geht zurück auf die durch das deutsche Bundesverfassungsgericht im Rahmen des Verfahrens der abstrakten und konkreten Normenkontrolle nach dem Grundgesetz[6] entwickelte Lehre von der verfassungskonformen Gesetzesauslegung[7]. Diese Lehre besagt, daß ein Gesetz dann nicht verfassungswidrig ist, wenn eine Auslegung möglich erscheint, die im Einklang mit dem Grundgesetz steht, und das Gesetz bei dieser Auslegung sinnvoll bleibt[8].

Die zuerst für das Verhältnis von deutschem nationalem Verfassungs- zu Gesetzesrecht entwickelte Lehre von der „konformen Auslegung“ läßt sich nur begrenzt auf die Ebene des Verhältnisses von Gemeinschaftsrecht und Mitgliedstaatenrecht übertragen.

Genaugenommen soll durch diese konforme Auslegung eine Heilung des Nichtigkeitsgrundes bewirkt werden, der sich aus der Divergenz zwischen höherrangigem Recht (Verfassungsrecht, Bundesrecht usw.) und Recht niedrigeren Ranges (Gesetzesrecht, Landesrecht usw.) ergibt. Die konforme Auslegung steht also unter der Prämisse, daß die Unvereinbarkeit des niedrigerrangigen mit dem höherrangigen Recht zur Nichtigkeit des ersteren führt. Diese Nichtigkeitsfolge soll mit Hilfe der konformen Auslegung vermieden werden. Es geht darum, eine

---

[4] *Ipsen*, Aktuelle Fragen, 11.

[5] *Jaenicke*, ZaöRV 1963, 527 f.; *Frowein*, AWD 1964, 234, 237.

[6] Art. 93 Abs. 1 Ziff. 2 GG (abstrakte Normenkontrolle); Art. 100 GG (konkrete Normenkontrolle).

[7] Bemerkenswert ist in diesem Zusammenhang, daß die Lehre von der gemeinschaftskonformen Auslegung, soweit ersichtlich, nur von deutschen Autoren vertreten wird.

[8] BVerfGE 2, 226 (Leitsatz 4), 282; im gleichen Sinne BVerfGE 2, 336, 340 f.; 4, 7, 22; 6, 32, 43; 6, 222, 242; 7, 120, 126 f.; 7, 267, 273; 8, 71, 77 f.; 8, 274, 324; 9, 194, 220.

Auslegung der niedrigerrangigen Norm zu ermitteln, bei der einerseits diese mit der höherrangigen Norm „konform“ geht und bei der andererseits der Normzweck der niedrigerrangigen Norm im wesentlichen gewahrt bleibt. Die konforme Auslegung erweist sich somit als spezifisches Instrument zur Entschärfung von Normenkonflikten innerhalb eines hierarchisch gegliederten Normensystems.

Es wäre aber wohl ein Vorgriff auf mögliche künftige Entwicklungen, wollte man dem Gemeinschaftsrecht im Verhältnis zum Mitgliedstaatenrecht den Rang übergeordneten Verfassungs- oder Bundesrechts einräumen. Zwar enthält das Vertragsrecht durchaus Bausteine einer künftigen europäischen Grundordnung[9]. Ebenso lassen sich im institutionellen Aufbau der Europäischen Gemeinschaften Elemente einer bundesstaatlichen Ordnung nachweisen. Es würde aber zu weit gehen, daraus einen generellen und absoluten Vorrang des Gemeinschaftsrechts gegenüber dem Mitgliedstaatenrecht herzuleiten. Wenn die, besonders in Deutschland, nach wie vor lebhaft und mit kaum noch überschaubarem Literaturaufwand[10] geführte Diskussion über den „Vorrang des Gemeinschaftsrechts“ eines mit Sicherheit zutage gefördert hat, so die Erkenntnis, daß sich die Vorstellungen aus dem inneren Bereich des Mitgliedstaatenrechts nicht unbesehen auf dessen Verhältnis zum Gemeinschaftsrecht übertragen lassen. Insbesondere kann das Gemeinschaftsrecht nur schwerlich in eine irgendwie vorgegebene Hierarchie der Rechtsquellen eingeordnet werden[11]. Die Beziehungen des Gemeinschaftsrechts zum Mitgliedstaatenrecht sind ungleich differenzierter als sich dies durch die vergröbernde Formel „Gemeinschaftsrecht bricht Staatenrecht“[12] ausdrücken läßt. Diese Formel versucht eine Extrapolation des im deutschen Staatsrecht geltenden Grundsatzes „Bundesrecht bricht Landesrecht“ (Art. 31 GG) auf die Ebene des Verhältnisses von Gemeinschaftsrecht und Mitgliedstaatenrecht. Die beiden Rechtspaare, Bundesrecht und Landesrecht einerseits und Gemeinschaftsrecht und Mitgliedstaatenrecht andererseits, stehen jedoch zueinander eher in einem Verhältnis der Inkongruenz als der Kongruenz. Das Bundesrecht bildet eine inhaltlich umfassende Rechtsordnung, während das Landesrecht im wesentlichen auf begrenzte Materien verwiesen ist. Demgegenüber ist umgekehrt das Gemeinschaftsrecht in seinem Inhalt

---

[9] Vgl. dazu besonders den Beitrag von *Pescatore*, Integration 1969, 103, 126; s. auch *Ipsen*, Gemeinschaftsrecht, 715 ff.

[10] Siehe die ausführlichen Literaturzusammenstellungen bei *Grabitz*, 53 ff., *Arnold*, 40 ff. und *Emrich*, 46 ff. sowie neuerdings bei *Ipsen*, Gemeinschaftsrecht, 255 f.

[11] Das verbietet sich schon mit Rücksicht auf die unklare Natur des Gemeinschaftsrechts (Ambivalenz zwischen Völkerrecht und Staatenrecht).

[12] So der Titel der Arbeit von *Grabitz*.

begrenzt. Es regelt lediglich Teilmaterien auf Grund begrenzter Zuständigkeiten[13]. Das Bundesrecht tritt grundsätzlich mit umfassendem Geltungsanspruch auf („Bundesrecht bricht Landesrecht"), während das Gemeinschaftsrecht in weiten Bereichen nur begrenzte Geltungskraft besitzt und nur in einem vergleichsweise engen Bereich mit dem Anspruch auf unmittelbare Wirkung auftritt[14].

Diese Überlegungen zeigen, daß die Anwendung des Instruments der gemeinschaftskonformen Auslegung im gegenwärtigen Entwicklungsstadium der Gemeinschaftsrechtsordnung mit einiger Zurückhaltung beurteilt werden muß, da es bislang noch an einer eindeutigen hierarchischen Zuordnung von Gemeinschaftsrecht und Mitgliedstaatenrecht fehlt. Der „Vorrang des Gemeinschaftsrechts" stellt sich zwar als ein immer dringenderes Postulat dar, je weiter der Integrationsprozeß voranschreitet. Seine Verwirklichung wird dieses Postulat aber erst in einem fortgeschritteneren Stadium des Aufbaus der Gemeinschaft finden können. Im „Jetztstadium" der Entwicklung wird man dem *Ipsen*'schen Satz „in dubio pro communitate" für weite Bereiche noch die Formel „in dubio pro natione" als ebenbürtige Maxime entgegenhalten müssen[15].

II. Die Problematik einer gemeinschaftskonformen Auslegung des nationalen Patentrechts im besonderen

Vor dem Hintergrund der im vorangehenden Abschnitt angestellten allgemeinen Überlegungen zu Bedeutung und Tragweite der Lehre von der gemeinschaftskonformen Auslegung muß der Versuch von *Koch* und *Froschmaier*, die extraterritoriale Konsumtion nationaler gewerblicher Schutzrechte aus der Notwendigkeit einer „vertragskonformen Auslegung oder Anwendung des nationalen Rechts"[16] abzuleiten, in mehrfacher Hinsicht als problematisch erscheinen.

1. Fehlen des konkreten Normenkonflikts

Es fehlt an einem konkreten Normenkonflikt[17] zwischen Gemeinschaftsrecht und nationalem Patentrecht. Das Gemeinschaftsrecht enthält weder eine Bestimmung *gegen* die Zulässigkeit der Verletzungsklage gegenüber Parallelimporten von Marken- oder Patentware (Ver-

---

[13] *Everling*, NJW 1967, 471.

[14] *Catalano*, 24 f.; *Constantinesco*, JuS 1965, 290 f.; *Everling*, NJW 1967, 471; *Plaisant*, D. 1967, Chron. XXXI (262 ff.).

[15] In diesem Sinne etwa *Catalano*, 24 f.

[16] *Koch / Froschmaier*, GRUR Int. 1965, 121.

[17] Damit ist die Diskrepanz zwischen einer bestimmten (konkreten!) Gemeinschaftsnorm und einer Norm des Mitgliedstaatenrechts gemeint.

botsnorm) noch eine Bestimmung *für* die extraterritoriale Konsumtion im Falle von Parallelschutzrechten (Gebotsnorm).

Der Bereich des gewerblichen Rechtsschutzes fällt insgesamt nach wie vor in die ausschließliche Zuständigkeit des Mitgliedstaatenrechts. Weder enthält der EWGV selbst unmittelbar anwendbare Vorschriften auf diesem Gebiet, noch ist den Gemeinschaftsorganen eine Kompetenz zum Erlaß solcher Vorschriften eingeräumt. So gesehen ist, bezogen auf den engeren Bereich des gewerblichen Rechtsschutzes, die Prämisse für eine gemeinschaftskonforme Auslegung, nämlich das Bestehen einer vorrangigen Gemeinschaftsnorm, nicht erfüllt[18].

2. Kein Vorrang des Gemeinschaftsrechts im Falle eines abstrakten Normenkonflikts

Eine Divergenz zwischen Vorschriften oder Rechtsanschauungen des Mitgliedstaatenrechts und den allgemeinen, in der Präambel und den Eingangsartikeln festgelegten Zielsetzungen des EWGV führt nicht „per se" zur Ungültigkeit der ersteren, die dann möglicherweise wiederum im Wege der gemeinschaftskonformen Auslegung reparabel wäre[19]. Dies gilt auch für die von *Koch* und *Froschmaier* wiederholt angeführten „Wettbewerbsgrundsätze" oder „Wettbewerbsregeln" des EWGV[20]. Mit den Vertragszielen wird nicht der Ist- sondern der Sollzustand der Gemeinschaft beschrieben. Für die schrittweise Verwirklichung dieses Sollzustandes steht den Gemeinschaftsorganen ein bestimmtes Regelungsinstrumentarium zur Verfügung[21]. Für die Anpassung des nationalen Rechts an die Gemeinschaftsziele von besonderer Bedeutung ist dabei das Instrument der Rechtsangleichung durch Richtlinien, durch die einerseits Vorschriften einer bestimmten Rechtsmaterie in den verschiedenen Mitgliedstaaten miteinander in Einklang gebracht (horizontale Komponente), andererseits aber gerade dadurch diese Vorschriften ihrerseits mit den Gemeinschaftszielen abgestimmt werden sollen (vertikale Komponente)[22]. Abgesehen von dieser allge-

---

[18] In ähnlichem Sinne *Heiseke*, GRUR Int. 1967, 61.

[19] *Deringer*, GRUR Int. 1968, 108.

[20] GRUR Int. 1965, 123 ff.

[21] Vgl. die in Art. 189 aufgeführten Formen des sekundären, d. h. des von den Gemeinschaftsorganen gesetzten Rechts.

[22] Vgl. Art. 100, 101; die vertikale Komponente der Rechtsangleichung folgt aus der Bezugnahme auf „die Errichtung oder das Funktionieren des Gemeinsamen Marktes" (Art. 100 Abs. 1) bzw. auf „die Wettbewerbsbedingungen auf dem Gemeinsamen Markt" (Art. 101 Abs. 1); diese Bezugnahme macht zugleich deutlich, daß die Gemeinschaftskompetenz zur Rechtsangleichung keine absolute sondern lediglich eine relative ist: nicht sämtliche zwischen den Mitgliedstaaten unterschiedlichen Rechts- und Verwaltungsvorschriften können angeglichen werden, sondern nur diejenigen, die sich

meinen Richtlinienkompetenz zur Rechtsangleichung sieht der Vertrag an verschiedenen anderen Stellen den Erlaß von Richtlinien vor, um Unabgestimmtheiten auf der Ebene des nationalen Rechts im Hinblick auf die Gemeinschaftsziele zu beseitigen[23]. Diese Regelungen zeigen, daß von einer „Generalderogation" nationalen Rechts, das zu den Vertragszielen in Widerspruch steht, keine Rede sein kann[24]. Widersprüche zwischen dem nationalen Recht der Mitgliedstaaten und den Gemeinschaftszielen sind als Gegebenheiten anzusehen, die gegebenenfalls nach den im Vertrag dafür vorgesehenen Regeln und Verfahren abgebaut werden müssen.

Gleiches muß grundsätzlich auch für die Problematik des gewerblichen Rechtsschutzes im Gemeinsamen Markt gelten. Die Existenz von nationalen Schutzrechtsgrenzen, die den freien Verkehr mit geschützten Erzeugnissen in gewissem Umfang erschweren oder überhaupt verhindern können, ist eine Folge der nach wie vor unabhängig nebeneinander bestehenden Schutzrechtsordnungen; oder, um es stark vereinfacht aber um so deutlicher zu sagen, auch nach Inkrafttreten des EWGV ist ein Patent nicht ein Patent sondern ein französisches, italienisches oder deutsches Patent.

Eine andere Frage ist, ob die Ausübung nationalen Rechts, hier die Einfuhrverhinderung mit Hilfe der Patentverletzungsklage, gegen bestimmte Vorschriften des Gemeinschaftsrechts verstößt und damit unzulässig ist. Dies ist jedoch keine Frage der gemeinschaftskonformen Auslegung nationalen Rechts sondern der Anwendung des Gemeinschaftsrechts, für die es im Einzelfall auf die Verwirklichung der Tatbestandsvoraussetzungen der angezogenen Vorschriften ankommt[25]. Darauf soll im Folgenden eingegangen werden.

---

unmittelbar auf den Gemeinsamen Markt auswirken oder die eine Wettbewerbsverzerrung hervorrufen, „die zu beseitigen ist"; auch in diesem Fall kommt somit der den gesamten EWGV durchziehende Grundsatz der begrenzten Kompetenzzuweisung (Attributionsprinzip) zum Tragen.

[23] z. B. Art. 33 Abs. 7 (Richtlinien zur Festlegung von Verfahren und Zeitfolge der Beseitigung der Maßnahmen mit gleicher Wirkung wie mengenmäßige Beschränkungen) Art. 49 (Richtlinien zur Herstellung der Arbeitnehmerfreizügigkeit) Art. 54 Abs. 2 (Richtlinien zur Herstellung der Niederlassungsfreiheit) Art. 57 (Richtlinien zur gegenseitigen Anerkennung der Diplome) Art. 63 Abs. 2 (Richtlinien zur Herstellung des freien Dienstleistungsverkehrs) Art. 69 (Richtlinien zur Herstellung des freien Kapitalverkehrs).

[24] Vgl. zur Frage einer „Generalderogation" vor allem *Plaisant*, D. 1967, Chron. XXXI (262 ff.).

[25] a. A. *Mestmäcker*, Wettbewerbsrecht, 458, nach dessen Auffassung es sich jeweils um „die Betrachtung desselben Rechtsproblems (handelt), einmal unter dem Gesichtspunkt der Auslegung des Gemeinschaftsrechts nach Art. 177, das andere Mal unter dem Gesichtspunkt des staatlichen Rechts".

§ 14 Überwindung der Territorialität durch Anwendung bestimmter Vorschriften des Gemeinschaftsrechts

Die Frage der extraterritorialen Wirkung des Inverkehrbringens von geschützten Erzeugnissen im Gemeinsamen Markt ist an keiner Stelle des EWGV ausdrücklich geregelt. Überhaupt sind die gewerblichen Schutzrechte im Gemeinschaftsrecht nur beiläufig erwähnt. Die einzige Erwähnung im Vertrag selbst ist die in Art. 36, der Art. XX Abs. 1 Bst. d des GATT nachgebildet ist[1]. Wie dieser erfaßt auch Art. 36 mit der Formulierung „gewerbliches und kommerzielles Eigentum" nicht nur die gewerblichen Schutzrechte im engeren Sinne, sondern den Schutz des gewerblichen und geistigen Eigentums im weitesten Sinne, also neben Warenzeichen, Patenten, Gebrauchs- und Geschmacksmustern usw. beispielsweise auch die Lauterkeit des Wettbewerbs und den eingerichteten und ausgeübten Gewerbebetrieb[2]. Das „gewerbliche und kommerzielle Eigentum" stellt seinerseits wiederum nur einen Posten der in Art. 36 enthaltenen Liste von Fällen dar, in denen aus ordre-public-Gründen Beschränkungen des freien Warenverkehrs im Gemeinsamen Markt zugelassen werden. Überdies bildet Art. 36 nach Wortlaut und Stellung im Vertrag eine Ausnahmevorschrift[3], hat also nicht den Charakter einer eigenständigen Regelung sondern Ergänzungscharakter.

Eine zweite Erwähnung der gewerblichen Schutzrechte im Vertragsrecht findet sich an noch untergeordneterer Stelle im Anhang III des EWGV, in einer Liste der sog. unsichtbaren Transaktionen, die nach Art. 106 Abs. 3 keinen neuen Beschränkungen im Rahmen des Zahlungsverkehrs unterworfen werden dürfen. In dieser Liste sind u. a. auch Verträge über gewerbliche Schutzrechte aufgeführt.

Die einzige hier interessierende Erwähnung der gewerblichen Schutzrechte im sekundären Gemeinschaftsrecht findet sich in der Verordnung Nr. 67/67[4] über die Freistellung bestimmter Gruppen von Alleinvertriebsverträgen vom Verbot des Art. 85 Abs. 1. Art. 3 dieser Verordnung bestimmt, daß eine Freistellung dann ausscheidet, wenn

„(b) die Vertragspartner es Zwischenhändlern oder Verbrauchern erschweren, sich die Vertragswaren bei anderen Händlern innerhalb des Gemeinsamen Marktes zu beschaffen, insbesondere wenn die Vertragspartner

1. gewerbliche Schutzrechte ausüben, um Händler oder Verbraucher daran zu hindern, in anderen Teilen des Gemeinsamen Marktes

---

[1] Vgl. dazu die Hinweise bei *Mestmäcker*, Wettbewerbsrecht, 449 f.

[2] *Finnis*, Rev. MC 1959, 15 ff.; *Wohlfahrth / Everling*, Anm. 6 zu Art. 36 und Vorbem. 7 vor Art. 85; *Magen*, Lizenzverträge, 73 f.

[3] *Wohlfahrth / Everling*, Anm. 6 zu Art. 36 und Vorbem. 7 vor Art. 85.

[4] ABLEG 849/67.

rechtmäßig gekennzeichnete oder rechtmäßig in Verkehr gebrachte Vertragswaren zu beziehen oder im Vertragsgebiet zu veräußern; . . .".

Die Gültigkeit dieser Verordnung war jedoch befristet bis zum 31. 12. 1972. Weiterhin ist in diesem Zusammenhang die „Bekanntmachung der EWG-Kommission über Patentlizenzverträge" vom 24. 12. 1962[5] zu nennen, in der die Kommission sich darüber ausließ, welche Vereinbarungen in Patentlizenzverträgen ihrer Auffassung nach vom Kartellverbot nach Art. 85 Abs 1 nicht erfaßt werden. Sie enthielt sich dabei allerdings ausdrücklich einer allgemeinen Beurteilung der „mehrfachen, parallelen Lizenzierung".

I. Die Lösungsansätze im allgemeinen

Da es somit an einer ausdrücklichen Regelung des Problems der Parallelimporte im Gemeinschaftsrecht fehlt, stellt sich die Frage, ob sich die Lösung der extraterritorialen Konsumtion im Auslegungswege aus bestimmten Vorschriften des EWGV ableiten läßt. Hierfür werden im Schrifttum und in der Rechtsprechung des EuGH vor allem die Wettbewerbsbestimmungen (Art. 85, 86) einerseits und die Vorschriften über den freien Warenverkehr (Art. 30 ff.) andererseits angeführt. Der Lösungsansatz aus den Art. 85, 86 knüpft an das von der innerstaatlichen Ebene her bekannte Abgrenzungsproblem zwischen den Vorschriften gegen Wettbewerbsbeschränkungen und den Bestimmungen des gewerblichen Rechtsschutzes an[6]. Hinzu kommt, daß vor allem die Art. 85 und 86 „den Wettbewerb *innerhalb des Gemeinsamen Marktes*[7] vor Verfälschungen" schützen sollen (Art. 3 Bst. f). *Eine* Möglichkeit der Wettbewerbsfälschung im Gemeinsamen Markt besteht in dessen Aufteilung in nationale Teilmärkte oder, wie vielfach schlagwortartig gesagt wird, in der Errichtung privater Handelsschranken an Stelle der zu beseitigenden staatlichen[8]. Das Problem der „Marktaufteilung" hat in der Anwendung der Wettbewerbsbestimmungen durch Kommission und Gerichtshof von Anfang an eine besondere Rolle gespielt. Es lag daher nahe, zu versuchen, auch die durch eine bestimmte Ausübung gewerblicher Schutzrechte bewirkte Marktaufteilung unter Art. 85, 86 zu subsumieren.

Demgegenüber hat sich im Laufe der Zeit zunehmend die Erkenntnis durchgesetzt, daß die Lösung des Problems der Importverhinderung mit

---

[5] ABLEG 2922/62.

[6] Vgl. z. B. § 20 GWB, der einen positiv-rechtlichen, möglicherweise wenig gelungenen Abgrenzungsversuch darstellt (besonders kritisch *Johannes*, Gewerblicher Rechtsschutz, 61).

[7] Hervorhebung durch den Verfasser.

[8] *Wohlfahrth / Everling*, Vorbem. 1 vor Art. 85.

Hilfe der gewerblichen Schutzrechte weniger bei den Wetbewerbsbestimmungen als vielmehr im Bereich der Vorschriften über die Gewährleistung des freien Warenverkehrs im Gemeinsamen Markt zu suchen ist. Im Schriftum hat sich vor allem *Alexander* in zahlreichen Beiträgen[9] bemüht, dieser Verlagerung des Subsumtionsschwerpunktes von den Art. 85, 86 zu den Art. 30 ff. zum Durchbruch zu verhelfen. Das Urteil Deutsche Grammophon zeigt, daß der EuGH auf dem Wege ist, diese Umorientierung ebenfalls zu vollziehen[10].

Bevor auf diese beiden hauptsächlichen Lösungsansätze, also die Art. 85, 86 einerseits und die Art. 30 ff., vor allem Art. 36, andererseits, eingegangen wird, sollen eine Reihe weiterer Lösungsansätze behandelt werden, die in der Literatur diskutiert worden sind, bisher jedoch keinen Niederschlag in der Rechtsprechung des EuGH gefunden haben. Es handelt sich um die Lösungsansätze aus den Art. 90, 100/101 und 235.

II. Die Lösungsansätze im einzelnen

1. Lösungsansatz Art. 90 (Gotzen)

Einer der ersten Autoren, die sich mit dem Thema „Gewerblicher Rechtsschutz und Gemeinsamer Markt"[11] befaßt haben, war *Gotzen*. Er entwickelte aus Art. 36 die sog. Lehre von der absoluten Bereichsausnahme, wonach „für alles, was die Existenz und den Umfang der gewerblichen Schutzrechte betrifft", die „ausschließliche Kompetenz des internen Rechts" bestehen bleibe[12].

Das Gegenstück zu der Regelung des Art. 36 sieht *Gotzen* in Art. 90, der die „Kompetenz" des Vertragsrechts im Bereich des gewerblichen Rechtsschutzes bestimme. Nach seiner Auffassung sind die Art. 36 und 90 Bestandteile eines „Systems", das nach Art. 90 Abs. 1 den Inhaber eines Schutzrechts dann mit „dem Gegenschlag des neuen europäischen Wirtschaftsrechts" bedroht, „wenn er auf Grund allgemeinen Rechts Vorteile verfolgt, die nicht Inhalt des durch Sondergesetze gewährten Ausschlußrechts sind", während nach Art. 36 „die durch die nationale Gesetzgebung anerkannten Vorteile unberührt und, was mehr ist, unberührbar (bleiben)"[13].

Zur Anwendbarkeit von Art. 90 Abs. 1 auf die gewerblichen Schutzrechte gelangt *Gotzen* im Wege eines Vergleichs mit Abs. 2 desselben

[9] Rev. trim. dr. eur. 1968, 525 ff.; Cah. dr. eur. 1968, 311 f.; Brevets et marques, 93 ff.; Brevets d'invention, 196 ff.; Cah. dr. eur. 1971, 601 f.; GRUR Int. 1972, 274, 279 ff.

[10] s. dazu oben § 9 II.

[11] So der Titel des Aufsatzes von *Gotzen* in GRUR Int. 1958, 224.

[12] *Gotzen*, 228.

[13] *Gotzen*, 228.

Artikels. Art. 90 Abs. 1 verpflichtet die Mitgliedstaaten, in Bezug auf öffentliche Unternehmen und auf Unternehmen, denen sie „besondere oder ausschließliche Rechte“ gewähren, keine dem EWGV und insbesondere dessen Art. 7 und 85 bis 94 widersprechenden Maßnahmen zu treffen oder beizubehalten. Nach Art. 90 Abs. 2 Satz 1 gelten für Unternehmen, die mit Dienstleistungen von allgemeinem wirtschaftlichen Interesse betraut sind oder den Charakter eines Finanzmonopols haben, die Vorschriften des EWGV, insbesondere die Wettbewerbsregeln, soweit die Anwendung dieser Vorschriften nicht die Erfüllung der ihnen übertragenen besonderen Aufgabe rechtlich oder tatsächlich verhindert.

Aus dem Wortlaut dieser Bestimmungen folgert *Gotzen,* daß die Absätze 1 und 2 des Art. 90 zwei verschiedene Arten von Unternehmen betreffen müßten und daß insbesondere die zweite Gruppe der in Abs. 1 genannten Unternehmen nicht mit denjenigen Unternehmen identisch sein könne, auf die sich Abs. 2 beziehe. Andernfalls sei die unterschiedliche Regelung in diesen beiden Absätzen nicht zu erklären. Daraus wiederum müsse geschlossen werden, daß der Ausdruck „ausschließliche Rechte“ auch die gewerblichen Schutzrechte einschließe. Denn es lasse sich kein praktisches Beispiel finden für ein Unternehmen, das nicht öffentlich sei und dem ohne Zusammenhang mit einer Dienstleistung im allgemeinen wirtschaftlichen Interesse oder mit einem Finanzmonopol ein ausschließliches Recht gewährt werde. Folglich könne nur die Auslegung, wonach die Inhaber der Ausschlußrechte des gewerblichen Rechtsschutzes unter die Vorschrift des Art. 90 Abs. 1 fallen, den in diesem Absatz benutzten Begriffen einen brauchbaren und nicht in Widerspruch zu Abs. 2 stehenden Sinn geben[14].

Dieser Ansicht kann nicht gefolgt werden. Art. 90 Abs. 1 bezieht sich neben den öffentlichen Unternehmen auf solche, denen „à titre individuel“ ähnliche Befugnisse zur Erfüllung besonderer, im allgemeinen Interesse liegender Aufgaben verliehen worden sind, dagegen nicht gerade auf Unternehmen, die auf Grund der einschlägigen allgemeinen gesetzlichen Regelungen gewerbliche Schutzrechte erworben haben[15]. Der Erwerb dieser Rechte ist für jeden möglich, der die gesetzlichen Voraussetzungen dafür erfüllt und nicht etwa an eine Unternehmenseigenschaft gebunden. So sind Erfinder regelmäßig Einzelpersonen und auch Warenzeichen werden nicht nur von Unternehmen erworben[16]. Auch der von *Gotzen* angestellte Vergleich der beiden ersten Absätze des Art. 90 ergibt keine tragfähige Grundlage für seine Thesen. Viel-

---

[14] *Gotzen,* 227.

[15] *Wohlfahrth / Everling,* Anm. 2 zu Art. 90; *Deringer,* WuW/EWG-Wettbewerbsrecht, Anm. 55 zu Art. 90.

[16] *Möschel,* 143.

mehr verkennt *Gotzen,* daß Abs. 1 und 2 jeweils an ganz verschiedene Adressaten gerichtet sind. Während Abs. 1 eine zusätzliche Verpflichtung der Mitgliedstaaten in Bezug auf die vertragskonforme Behandlung der öffentlichen und quasi-öffentlichen Unternehmen enthält, richtet sich Abs. 2 unmittelbar an bestimmte Unternehmen, zu deren Gunsten die Geltung des EWGV, insbesondere der Wettbewerbsregeln, in gewissem Umfang eingeschränkt wird. Aus der „unterschiedlichen Regelung" von Art. 90 Abs. 1 und 2 lassen sich somit keine Schlüsse für die Anwendbarkeit auf die gewerblichen Schutzrechte ziehen[17].

Davon abgesehen ergibt Art. 90, auch bei einer Anwendbarkeit auf die gewerblichen Schutzrechte, nichts für eine Lösung im Sinne der extraterritorialen Konsumtion von Patentrechten. Eine Ableitung der extraterritorialen Konsumtion aus Art. 90 Abs. 1 begegnet vielmehr dem Bedenken, daß es sich bei Art. 90 Abs. 1 um eine Mitgliedstaatenverpflichtung handelt, aus der die Einzelpersonen in Patentverletzungsverfahren vor innerstaatlichen Gerichten nicht ohne weiteres Rechte herleiten können. Es ist vielmehr nach Art. 90 Abs. 3 Sache der Kommission, gegebenenfalls durch Erlaß von Richtlinien oder Entscheidungen an die Adresse der Mitgliedstaaten „die Anwendung dieses Artikels" zu gewährleisten oder letzten Endes den Weg der Klage wegen Verletzung des Vertrages nach Art. 169 ff. zu beschreiten[18].

2. Lösungsansatz Art. 100/101 (*Wertheimer, Plaisant* und andere)

Verschiedentlich wurde im Schrifttum als Mittel zur Überwindung der Territorialität der Konsumtion auch der Weg der Rechtsangleichung im Rahmen der Art. 100 f. empfohlen[19]. Diese Bestimmungen

---

[17] *Möschel,* 142 f. m. w. N.

[18] *Gotzen* selbst rechnete die Frage der extraterritorialen Konsumtion des Patentrechts i. ü. zu den Elementen, die gemäß Art. 36 dem Zugriff des Gemeinschaftsrechts entzogen seien; Art. 90 sollte nur zum Zuge kommen, wenn es sich „um Verwertungsarten (handelt), welche von den Spezialgesetzgebungen des gewerblichen Eigentums nicht gedeckt werden". Dazu rechnete er beispielsweise Klauseln in Patentlizenz- oder -übertragungsverträgen, die den Zessionar oder Lizenznehmer verpflichten, seinen Bedarf auch an nichtpatentierten Gegenständen nur bei dem Zedenten oder Lizenzgeber zu decken (228 f.). Vgl. zum Ganzen auch *Alexander,* Rev. trim. dr. eur. 1968, 530 f., der die Anwendbarkeit des Art. 90 nicht ausschließen will, um bestimmte Probleme zu lösen, die das innerstaaliche Patentrecht im Hinblick auf die Errichtung und das Funktionieren des Gemeinsamen Marktes aufwirft („... pour résoudre certains problèmes que le droit national des brevets d'invention soulève pour l'établissement et le fonctionnement du Marché Commun".).

[19] *Wertheimer,* GRUR Int. 1966, 324; *Plaisant,* D. 1967, Chron. XXXI (264); *Deringer,* GRUR Int. 1968, 109; *Windisch,* 194 ff. und neuerdings wieder *Kraft,* MA 1972, 41.

sehen vor, daß der Rat auf Vorschlag der Kommission Richtlinien für die Angleichung der Rechts- und Verwaltungsvorschriften der Mitgliedstaaten erläßt, die sich unmittelbar auf die Errichtung oder das Funktionieren des Gemeinsamen Marktes auswirken (Art. 100) oder bei denen von Mitgliedstaat zu Mitgliedstaat bestehende Unterschiede „die Wettbewerbsbedingungen auf dem Gemeinsamen Markt verfälschen und dadurch eine Verzerrung hervorrufen, die zu beseitigen ist" (Art. 101).

Diejenigen Autoren, die sich für eine Anwendung der Art. 100, 101 aussprechen, gehen davon aus, daß eine Überwindung der in allen Mitgliedstaaten vorherrschenden Auffassung, wonach die Konsumtion nur mit Wirkung für den nationalen Geltungsbereich des jeweiligen Patentrechts eintrete, einzig und allein im Wege der Änderung des nationalen Patentrechts möglich sei. Dazu bedürfe es einer Richtlinie des Rates, durch die die Mitgliedstaaten verpflichtet würden, ihre Patentgesetzgebungen so anzupassen, daß ein Erzeugnis, das in einem Mitgliedstaat rechtmäßig in Verkehr gebracht worden ist, auch in den anderen Mitgliedstaaten frei gehandelt werden kann[20].

Die Erweiterung der Patentrechtserschöpfung auf den Fall des Inverkehrbringens in einem anderen Mitgliedstaat ist jedoch keine Frage der Rechtsangleichung. Die Territorialität der Konsumtion ist die Folge einer gegenwärtig noch in allen Mitgliedstaaten übereinstimmenden Rechtslage, die zu einer Unterbindung des freien Warenverkehrs im Gemeinsamen Markt führen kann. Es ist jedoch nicht zu sehen, was es da anzugleichen gibt[21]. Vielmehr könnte hier nur der Erlaß einer neuen Bestimmung helfen, die im Wege der Einführung der extraterritorialen Konsumtion für den EG-Bereich das bislang auf dem Gebiet des Patentrechts noch bestehende Hindernis für den freien Warenverkehr beseitigt. Eine solche Bestimmung, die aber über die Kompetenz der Gemeinschaftsorgane im Rahmen der Art. 100, 101 hinausgeht, wird aller Voraussicht nach in das europäische Patentübereinkommen für den Gemeinsamen Markt aufgenommen werden. Der Lösungsansatz aus Art. 100, 101 scheidet somit ebenfalls aus[22].

---

[20] *Wertheimer*, GRUR Int. 1966, 324, der i. ü. überzeugend nachweist, weshalb nur Art. 100 für eine derartige Richtlinie in Frage käme, nicht dagegen Art. 101, der auf „Unterschiede in den Rechts- und Verwaltungsvorschriften der Mitgliedstaaten" abstellt, während es hier gerade darum gehe, die „Einförmigkeit der nationalen Patentgesetze" in Bezug auf die territoriale Konsumtion zu beseitigen.

[21] *Alexander*, Rev. trim. dr. eur. 1968, 533 f.

[22] So, mit ähnlicher Begründung auch schon *Jansse / Oudemans / Wolterbeek*, GRUR Int. 1961, 277.

3. Lösungsansatz Art 235 (*Alexander*)

Eine Lösung des Parallelimportproblems auf der Grundlage des Art. 235 ist — soweit ersichtlich — nur von *Alexander*[23] erwogen worden. Nach diesem Artikel erläßt der Rat einstimmig auf Vorschlag der Kommission und nach Anhörung des Europäischen Parlaments „die geeigneten Vorschriften", falls ein Tätigwerden der Gemeinschaft erforderlich erscheint, um im Rahmen des Gemeinsamen Marktes eines ihrer Ziele zu verwirklichen, vorausgesetzt, daß im EWGV die hierfür erforderlichen Befugnisse nicht vorgesehen sind.

Alexander unterscheidet zwei Voraussetzungen für die Anwendbarkeit des Art. 235. Zum einen müsse ein Tätigwerden der Gemeinschaft notwendig erscheinen, um im Rahmen des Gemeinsamen Marktes eines der Gemeinschaftsziele zu erreichen. Diese Voraussetzung sei im Falle der Verhinderung von Parallelimporten patentgeschützter Erzeugnisse erfüllt. Denn es gehöre zu den Zielen der Gemeinschaft, daß jede in einem Mitgliedstaat rechtmäßig in Verkehr gebrachte Ware im gesamten Gebiet des Gemeinsamen Marktes frei zirkulieren könne. Es sei auch nicht anzunehmen, daß dieses Ziel hinsichtlich der Patenterzeugnisse ohne ein Eingreifen der Gemeinschaft erreicht werde.

Die zweite Voraussetzung, daß nämlich im Vertrag die hierfür erforderlichen Befugnisse nicht vorgesehen sind, sieht *Alexander* als gegeben an, falls die sonst in Betracht zu ziehenden Vertragsartikel (Art. 85, 86, 33 Abs. 7, 90 und 100) nicht zu einer Lösung im Sinne der Herstellung des freien Warenverkehrs hinsichtlich der patentgeschützten Erzeugnisse führen.

Diese Argumentation verkennt die Bedeutung und Tragweite des Art. 235. Wie die bei der Beschreibung der ersten, materiellen Voraussetzung verwendete Formel „im Rahmen des Gemeinsamen Marktes" deutlich macht, hat Art. 235 lediglich Ergänzungscharakter, eröffnet jedoch nicht die Möglichkeit für eine beliebige Ausweitung der Gemeinschaftskompetenzen. Mit Hilfe des Art. 235 können der Gemeinschaft lediglich dort zusätzliche Befugnisse eingeräumt werden, wo sich die bestehenden als lückenhaft oder ergänzungsbedürftig erweisen. Eine Erweiterung der Gemeinschaftszuständigkeiten auf neue Bereiche kommt dagegen grundsätzlich nicht in Betracht[24]. Dies aber wäre der Fall, wenn im Wege der Anwendung des Art. 235 eine Zuständigkeit der Gemeinschaft zur Regelung bestimmter Fragen des gewerblichen

---

[23] Rev. trim. dr. eur. 1968, 534 f.

[24] Hierfür sieht der EWGV vielmehr den Weg der Vertragsänderung nach Art. 236 vor, die natürlich auch in einer Erweiterung des Vertragsgegenstandes bestehen kann.

Rechtsschutzes und insbesondere zum Erlaß einer Vorschrift über die Einführung der extraterritorialen Konsumtion begründet würde, die über eine bloße Rechtsangleichung im Rahmen der Art. 100, 101 hinausginge.

Dem Lösungsvorschlag aus Art. 235 kann somit nicht gefolgt werden.

4. Lösungsansatz Art. 85, 86

a) Auslegung der Art. 85, 86 in den Ausgangsverfahren Grundig / Consten und Parke-Davis)

Der Lösungsansatz Art. 85, 86 stand in der einschlägigen Entscheidungspraxis der Kommission wie der Rechtsprechung des Gerichtshofes zunächst ganz und gar im Vordergrund. Eine Verlagerung des Subsumtionsschwerpunktes auf die Vorschriften über den freien Warenverkehr bahnt sich, wie gezeigt, erst mit dem EuGH-Urteil im Fall Deutsche Grammophon an. Um zu verdeutlichen, welche Erwägungen dem Lösungsansatz Art. 85, 86, mithin der kartellrechtlichen Betrachtungsweise, zugrunde lagen, soll die Auslegung der erwähnten Artikel in den Ausgangsverfahren Grundig / Consten und Parke-Davis, vor allem von seiten der Kommission, hier noch einmal eingehender betrachtet werden.

aa) Kommission und Gerichtshof im Fall Grundig / Consten

Die Kommission stützte sich bei ihrer Verbotsentscheidung gegen Grundig und Consten auf Art. 85. Sie meinte, die Vereinbarung über das Warenzeichen GINT stelle, ebenso wie die Alleinvertriebsvereinbarung, eine „Zuwiderhandlung gegen das Verbot des Artikels 85 Absatz (1)“[25] dar. Der Gerichtshof hat das von der Kommission ausgesprochene Verbot in vollem Umfang bestätigt.

Die Begründung der Verbotsentscheidung der Kommission aus Art. 85 Abs. 1 ist in der Literatur allerdings überwiegend auf Ablehnung gestoßen. Dafür lassen sich vor allem die Anmerkungen von *Heiseke*[26] und *Ritter*,[27] anführen, die sich ausführlich mit dem warenzeichenrechtlichen Teil der Grundig / Consten-Entscheidung der Kommission befassen[28].

---

[25] Art. 1 der Kommissionsentscheidung (ABLEG 2553/64).

[26] NJW 1965, 1410; GRUR Int. 1967, 59 f.

[27] MA 1965, 183 ff.

[28] Bei der großen Mehrzahl der Stellungnahmen zur Grundig / Consten-Entscheidung liegt das Schwergewicht auf der wettbewerbsrechtlichen Problematik des Alleinvertriebsvertrages zwischen Grundig und Consten; der warenzeichenrechtliche Komplex wird nur am Rande behandelt; vgl. *Möschel*,

Den Ausgangspunkt der Kritik bildet die Bejahung des Tatbestandsmerkmals der „Vereinbarung“ i. S. von Art. 85 Abs. 1. Die Kommission spricht in ihrer Entscheidung von einer „Vereinbarung über die Eintragung und Benutzung des Warenzeichens GINT“[29], ohne deren Inhalt im einzelnen darzulegen. Es bleibt insbesondere unklar, wie Consten das Zeichen GINT erworben hat: derivativ, dann wäre die „Vereinbarung“ als Warenzeichenübertragung zu qualifizieren, oder originär, dann läge möglicherweise eine Duldungsvereinbarung[30] vor. Diese Unklarheit läßt die Entscheidung der Kommission in sich widersprüchlich erscheinen: In ihrem Art. 1 wird festgestellt, daß die „Vereinbarung über die Eintragung und Benutzung des Warenzeichens GINT“ gegen Art. 85 Abs. 1 verstößt und in Art. 2 wird eine Nichtanwendbarkeitserklärung nach Art. 85 Abs. 3 versagt. Im Falle eines Zeichenerwerbs durch Übertragung stünde damit fest, daß diese nichtig wäre (Art. 85 Abs. 2). Die Kommission geht aber offensichtlich von der Wirksamkeit des Zeichenerwerbs aus. Denn sie bemerkt in den Gründen ihrer Entscheidung, Consten sei nicht gehindert, seine Rechte aus dem Warenzeichen gegen jeden Dritten auszuüben, soweit es sich nicht um die Verhinderung oder Erschwerung von Parallelimporten handle[31].

Es fragt sich, ob die von Kommission und Gerichtshof unterstellte Vereinbarung über das Warenzeichen GINT unter das Verbot des Art. 85 Abs. 1 fällt. Diese Frage hätte sich nur durch eine Subsumtion unter die einzelnen Tatbestandsvoraussetzungen von Art. 85 Abs. 1 beantworten lassen. Daran fehlt es aber im Grundig / Consten-Urteil. Vielmehr begnügt sich der EuGH mit dem Hinweis auf die angebliche Motivation der Vereinbarung, wonach mit Hilfe des Zeichens GINT „die Überwachung und die Verhinderung von Paralleleinfuhren“ ermöglicht werden sollte[32]. Offenbar ging er von einer so engen Verzahnung zwischen der Alleinvertriebsvereinbarung und der Vereinbarung über GINT aus, daß er sich einer zusätzlichen Subsumtion dieser zuletzt genannten Vereinbarung unter die einzelnen Tatbestandsmerkmale des Art. 85 Abs. 1 enthoben sah.

---

135 (mit einer Zusammenstellung der Anmerkungen zur Grundig / Consten-Entscheidung der Kommission in Fußnote 524).

[29] Art. 1 der Kommissionsentscheidung Grundig / Consten (ABLEG 2553/64).

[30] Gegenstand dieser Vereinbarung wäre, daß Consten das Zeichen GINT auf ihren Namen in Frankreich registrieren ließ und Grundig diese Eintragung „duldete“, d. h. dagegen nicht aus ihrem eigenen Warenzeichenrecht vorging; vgl. dazu und allgemein zu den nach damaligem französischem Markenrecht möglichen Erwerbsvorgängen *Möschel,* 148 f.

[31] ABLEG 2552/64 (rechte Spalte unten).

[32] EuGH Rspr. XII, 393; vgl. auch die Begründung der Kommissionsentscheidung, bei der ebenfalls die Zwecksetzung des Zeichens GINT im Vordergrund steht (ABLEG 2547 ff./64).

Dagegen hat der Gerichtshof die Frage des Ursachenzusammenhangs zwischen der Wettbewerbsbeschränkung (sprich: Verhinderung von Parallelimporten) und der Vereinbarung über GINT völlig beiseite gelassen. Immerhin hatte die Klägerin Grundig diese Frage aufgeworfen und die Auffassung vertreten, die von der Kommission beanstandete Wettbewerbsbeeinträchtigung sei nicht auf die Vereinbarung mit Consten zurückzuführen, sondern ergebe sich unmittelbar aus dem französischen Warenzeichenrecht[33]. Dem hielt der Gerichtshof entgegen, daß die Vereinbarung zwischen Grundig und Consten für die Begründung des Zeichenrechts unerläßlich gewesen sei[34]. Ebensogut ließe sich aber umgekehrt argumentieren, daß die Vereinbarung ohne die Existenz nationaler Warenzeichenrechte und der sich daraus möglicherweise ergebenden Möglichkeiten des Gebietsschutzes ins Leere gehen würde[35]. Diese Überlegung zeigt, daß es mit dem Hinweis auf die Unerläßlichkeit der Vereinbarung nicht getan ist. Die Tatbestandsverwirklichung nach Art. 85 Abs. 1 setzt voraus, daß ein ursächlicher Zusammenhang zwischen dem einverständlichen Zusammenwirken und der Wettbewerbsbeschränkung gegeben ist. Im Fall Grundig / Consten mag sich das Verbot aus dem spezifischen Mißbrauchsgehalt der Vereinbarung und des Zeichens GINT selbst begründen lassen, der aus der Vorgeschichte der Zeicheneintragung und aus dem Einbau des Zeichens GINT in das von Grundig aufgebaute Alleinvertriebssystem abgeleitet werden kann[36], wonach sich, um mit der im Sirena- und Deutsche Grammophon-Urteil verwendeten Formel zu sprechen, die zeichenrechtliche Verletzungsklage in diesem Fall als „Folge einer Kartellabsprache" darstellt. Insoweit muß der Fall Grundig / Consten aber als Sonderfall angesehen werden.

bb) Kommission im Fall Parke-Davis (Lehre von den parallelen Schutzrechten)

Im Fall Parke-Davis kommt der EuGH zu dem Ergebnis, daß ein Verstoß gegen die Art. 85, 86 nicht gegeben ist. Für Art. 85 fehle es an der Tatbestandsvoraussetzung des einverständlichen Zusammenwirkens, Art. 86 scheide aus, weil die Geltendmachung des patentrechtlichen Verletzungsanspruchs „für sich allein" keinen Mißbrauch einer marktbeherrschenden Stellung bedeute[37].

---

[33] EuGH Rspr. XII, 349.

[34] EuGH Rspr. XII, 394 bzw. 422.

[35] Von einigen Autoren wurde in diesem Zusammenhang die Frage der „Tauglichkeit" der Vereinbarung zu dem angestrebten Ziel aufgeworfen und i. E. verneint (vgl. *Mailänder*, BB 1966, 843; *Bohlig*, GRUR Int. 1966, 586).

[36] Vgl. zum Hintergrund der Registrierung der Marke GINT u. a. *Mestmäcker*, Vermittlung, 105; *Waelbroeck*, in: Brevets et marques, 47.

[37] EuGH Rspr. XIV, 111 ff.

An diesem Ergebnis kann im konkreten Fall der Arzneimitteleinfuhr aus dem „Nichtpatentland" Italien kein Zweifel bestehen. Die Verhinderung der Einfuhr aus Italien mit dem Mittel der Patentverletzungsklage stellt sich als legitime Abwehrmaßnahme gegen die Aushöhlung des Patentschutzes in den Niederlanden dar. Dieses Vorgehen kann auch aus der Sicht des freien Warenverkehrs und des unverfälschten Wettbewerbs im Gemeinsamen Markt nicht beanstandet werden. Es steht mit dem Beurteilungsmaßstab im Einklang, den die Kommission in ihrer Grundig / Consten-Entscheidung an die Vereinbarung über das Warenzeichen GINT angelegt hatte. Als entscheidendes Kriterium des Verstoßes gegen Art. 85 Abs. 1 sah sie „die Verhinderung oder Erschwerung von Parallelimporten" an. Nur darauf bezog sich auch das in Art. 3 der Entscheidung ausgesprochene Verbot der Benutzung von GINT. Jede sonstige Ausübung der Rechte aus diesem Zeichen wurde ausdrücklich freigestellt[38].

Die Verhinderung der Arzneimitteleinfuhr aus Italien im Falle Parke-Davis entspricht einer solchen „sonstigen Ausübung" der Rechte aus dem Patent. Denn diese Einfuhr läßt sich — wie bereits gezeigt[39] — unter keinem denkbaren Aspekt als Parallelimport qualifizieren, weil Italien bislang überhaupt keinen Patentschutz für Arzneimittel kennt. Folgerichtig geht die Kommission in ihrer Stellungnahme im Parke-Davis-Verfahren auch davon aus, daß „in einem Fall wie dem vorliegenden ... der Patentinhaber, ohne gegen Artikel 85 Absatz 1 zu verstoßen, sein Patentrecht dazu verwenden (könne), die Einfuhr aus diesem Mitgliedstaat (sc. Italien) zu verhindern"[40].

Die Kommission begnügt sich aber nicht mit dieser Stellungnahme, sondern nimmt den Parke-Davis-Fall zum Anlaß, das Problem der „Kollision zwischen innerstaatlichem Patentrecht und Wettbewerbsrecht der Gemeinschaft"[41] in allgemeiner Form zu erörtern. Zur Kollision von nationalem Patentrecht und EWG-Wettbewerbsrecht kommt es nach Auffassung der Kommission vor allem im Falle einer bestimmten Verwertung von Parallelpatenten, die zur Abschließung verschiedener geschützter Märkte führt. Diese Art der Patentverwertung könne gegen die Art. 85, 86 verstoßen. So könne sich ein Unternehmen, das aufgrund von Parallelpatenten in verchiedenen Mitgliedstaaten Lizenzen erteilt habe, und das seine Rechte aus diesen Patenten dazu verwende, den Handel der patentierten Erzeugnisse zwischen den beteiligten Mitgliedstaaten zu verhindern, eines Verstoßes gegen Art. 85 Abs. 1

[38] ABLEG 2552/64 (rechte Spalte unten).

[39] s. o. § 6 II. 2.

[40] EuGH Rspr. XIV, 101.

[41] EuGH Rspr. XIV, 99.

schuldig machen. Das gleiche gelte, wenn sich der Patentinhaber seinen Lizenznehmern gegenüber zu einem solchen Gebrauch seines Patentrechts verpflichtet habe, oder wenn diese selbst das patentrechtliche Einfuhrverbot durchsetzten. Ein Verstoß gegen Art. 86 könne vorliegen, wenn das Unternehmen seine Parallelpatente selbst ausübe und eine beherrschende Stellung auf dem Gemeinsamen Markt oder einem wesentlichen Teil desselben einnehme[42].

Wie sich der Verstoß gegen Art. 85 Abs. 1 oder Art. 86 im einzelnen darstellt, wird allerdings aus der zusammengefaßten Wiedergabe der Erklärung der Kommission im Tatbestand des Parke-Davis-Urteils nicht deutlich. Es bleibt insbesondere unklar, inwieweit die Geltendmachung des patentrechtlichen Verletzungsanspruchs die einzelnen Tatbestandsmerkmale von Art. 85 Abs. 1 oder Art. 86 erfüllt. Da sich die Kommission in diesem Teil ihrer Erklärung offensichtlich die Thesen von *Koch* und *Froschmaier*[43] zu eigen gemacht hat[44], liegt es nahe, hier auf diese Autoren zurückzugreifen, um näheren Aufschluß über die Vorstellungen der Kommission für eine Lösung aus Art. 85, 86 zu gewinnen.

Die Auswertung des Beitrages von *Koch* und *Froschmaier* wird jedoch in zweifacher Hinsicht erschwert: einmal dadurch, daß nicht völlig klar wird, ob es sich bei der vorgeschlagenen Lösung um eine rechtspolitische Forderung oder bereits um geltendes Recht handelt[45], zum anderen deshalb, weil nicht eindeutig zu erkennen ist, ob die Lösung aus gemeinschaftskonformer Anwendung des Mitgliedstaatenrechts oder aus unmittelbarer Anwendung der Bestimmungen des Gemeinschaftsrechts folgt[46].

Koch und *Froschmaier* greifen das Territorialitätsprinzip im Patentrecht, soweit daraus die territoriale Begrenzung der Konsumtion hergeleitet wird, aus zwei Richtungen an: einmal von Wesen und Funktion

---

[42] EuGH Rspr. XIV, 100.

[43] GRUR Int. 1965, 121.

[44] Das zeigt sich besonders deutlich in den Ausführungen der Kommission zum Gesichtspunkt der Erfinderbelohnung (EuGH Rspr. XIV, 99 f.); *Samwer*, GRUR Int. 1969, 1, meint sogar, die Thesen von *Koch* und *Froschmaier* seien von der Kommission zur amtlichen Doktrin erhoben worden; er beruft sich dafür auf die VO 67/67 (Art. 3 Bst. b Ziff. 1) und auf die Stellungnahme der Kommission im Fall Parke-Davis.

[45] Vgl. dazu *Heiseke*, GRUR Int. 1967, 61 f.

[46] Zu Beginn ihrer Ausführungen sprechen *Koch* und *Froschmaier* von der „Frage einer vertragskonformen Auslegung oder Anwendung des nationalen Rechts" (GRUR Int. 1965, 121). Im weiteren Verlauf ihrer Darlegungen geht es den Verfassern aber auch um die unmittelbare Anwendung der Art. 85, 86, besonders um die Anwendung von Art. 85 Abs. 1 auf Patentlizenzverträge (GRUR Int. 1969, 127).

des Patentrechts her, zum anderen von den Grundsätzen, in erster Linie den Wettbewerbsgrundsätzen, des EWGV aus.

Ausgangspunkt der ersten Angriffsrichtung ist die These, das Patentrecht habe die Aufgabe, dem Patentinhaber eine Gewinnchance zu sichern[47]. Diese Gewinnchance werde durch das rechtmäßige Inverkehrbringen des geschützten Erzeugnisses realisiert, und zwar in Gestalt eines Kaufpreises, einer Lizenzgebühr oder sonstiger Gegenleistungen[48]. Dies gelte entsprechend bei parallelen Patenten in verschiedenen Ländern. Hier werde die vom Patentrecht bezweckte Gewinnchance durch das erstmalige rechtmäßige Inverkehrbringen im Geltungsbereich eines der Parallelpatente realisiert. Damit — so meinen *Koch* und *Froschmaier* — vertrage es sich schlecht, die Erschöpfung des Patentrechtsschutzes jeweils streng auf den innerstaatlichen Bereich zu begrenzen. Das führe im Falle von Parallelpatenten dazu, „den durch Konsumtion untergegangenen Verletzungsanspruch in einem anderen nationalen Gewande wieder aufleben zu lassen“[49]. Dadurch werde dem Inhaber paralleler Patente die Möglichkeit gegeben, den Vertrieb des geschützten Erzeugnisses überhaupt zu blockieren und damit Einfluß auf den Vertriebsweg zu nehmen, obwohl die vom Patentrecht bezweckte Gewinnchance bereits realisiert sei.

Diese Argumentation hat in der Literatur — wie schon in anderem Zusammenhang erwähnt — überwiegend ablehnende Kritik erfahren[50]. Die Ablehnung der Auffassung von *Koch* und *Froschmaier* setzt bei der Ausgangsthese ein, daß es nämlich Aufgabe des Patentrechts sei, dem Patentinhaber eine Gewinnchance zu sichern. Die Kritiker nehmen Anstoß daran, daß *Koch* und *Froschmaier* die Belohnungsfunktion des Patentrechts ganz in den Vordergrund ihrer Betrachtung stellen. Dadurch seien sie im Falle paralleler Patente dazu verleitet worden, auf das außerordentlich fragwürdige Kriterium der „angemessenen Erfinderbelohnung“ abzustellen, mit der Maßgabe, daß diese bereits mit dem erstmaligen Inverkehrbringen erlangt werde[51].

---

[47] GRUR Int. 1965, 121.

[48] GRUR Int. 1965, 122.

[49] GRUR Int. 1965, 122.

[50] *Monnet*, GRUR Int. 1965, 302; *Was*, GRUR Int. 1965, 609; *Heiseke*, NJW 1965, 1412; *ders.*, GRUR Int. 1967, 60 ff.; *Wertheimer*, GRUR Int. 1966, 324; *P. Ulmer*, AWD 1966, 494 f.; *Kraßer*, GRUR Int. 1967, 60 ff.; *Hirsch*, in: Brevets et marques, 104 ff.; *Plaisant*, ebenda, 113 ff.; *Deringer*, GRUR Int. 1968, 108; *Magen*, NJW 1968, 1062; *Samwer*, GRUR Int. 1969, 3 ff.; vgl. zum Ganzen auch *Windisch*, 194 ff. Die Fürsprecher der Argumentation von *Koch* und *Froschmaier* sind weit weniger zahlreich: *Schumacher*, WuW 1968, 495; *Johannes*, AWD 1968, 183 f.; *Alexander*, Cah. dr. eur. 1967, 699; *ders.*, in: Brevets et marques, 98; vgl. zum Ganzen auch *Wertheimer*, Kartellrechtsforum, 175 ff.

[51] Vgl. dazu vor allem *Heiseke*, GRUR Int. 1967, 62 f.

Die Kritiker stellen der Belohnungsfunktion die Anreizfunktion des Patentrechts als mindestens ebenbürtig, wenn nicht sogar vorrangig, gegenüber[52]. Zweck des Patentschutzes sei es, die industrielle und wirtschaftliche Entwicklung dadurch zu fördern, daß durch Monopolisierung der Forschungsergebnisse für eine bestimmte Zeitspanne ein Anreiz für die Forschung und die Offenlegung ihrer Ergebnisse geschaffen wird. Ohne ein zumindest zeitweises Verwertungsmonopol werde kein Erfinder bereit sein, sein Wissen der Öffentlichkeit zur Verfügung zu stellen[53]. Mit dieser Anreizfunktion — so wollen die Kritiker offenbar verstanden werden — sei die Lösung einer Patentrechtskonsumtion durch das erstmalige Inverkehrbringen, auch mit Wirkung für Parallelpatente, nicht in Einklang zu bringen.

Vielfach gipfelt diese Kritik an *Koch / Froschmaier* in der Fragestellung, ob denn der von diesen gewählte Ausgangspunkt der angemessenen Erfinderbelohnung nicht konsequent dazu führen müsse, daß die Konsumtion des Patentschutzes einschließlich des Parallelpatentschutzes auch über den Bereich des Gemeinsamen Marktes hinaus in jedem beliebigen Drittstaat eintrete, in dem ein- und dieselbe Erfindung Patentschutz genieße[54].

Diese Fragestellung vermengt aber bereits die zweite der von *Koch* und *Froschmaier* eingeschlagenen Angriffsrichtungen mit der ersten. Die Bedenken dieser Autoren gegen die herkömmliche, ganz und gar nationalstaatlich orientierte Handhabung des Parallelpatentschutzes sind eine Sache. Eine ganz andere Frage ist es — und das wird von *Koch* und *Froschmaier* auch verschiedentlich deutlich gemacht[55] — ob das Inkrafttreten des EWGV für den Bereich des Gemeinsamen Marktes zu einer Änderung der Rechtslage in Ansehung der Parallelpatente geführt hat. Was die zuerst genannte Angriffsrichtung von Wesen und Funktion des Patentrechts her betrifft, so ging es ihnen insoweit offensichtlich nur darum, „den Finger in die Wunde zu legen“, ohne aus diesem Teil ihrer Ausführungen bereits konkrete Folgerungen für das geltende Recht zu ziehen. Letzten Endes lassen sich die wesens- bzw. funktionsbezogene Argumentation von *Koch* und *Froschmaier* ebenso wie die Gegenargumente ihrer Kritiker auf den immer wieder virulent werdenden Widerstreit von gewerblichem Rechtsschutz und Wettbe-

[52] So bereits *Monnet*, GRUR Int. 1965, 302; vgl. dazu neuerdings auch *Kroitzsch*, BB 1972, 425 ff., der die Bedeutung des Patents als Vermögenswert hervorhebt.

[53] Vgl. statt vieler *Heiseke*, GRUR Int. 1967, 62.

[54] Vgl. etwa *de Passemar*, in: Brevets et marques, 125; *Deringer*, GRUR Int. 1968, 108.

[55] GRUR Int. 1965, 121, 123.

werbsfreiheit zurückführen, für den aber eine „Patentlösung“ nach wie vor nicht in Sicht ist.

Anders liegt es im Falle der zweiten Angriffsrichtung von *Koch* und *Froschmaier*, deren Ausgangspunkt die Grundsätze des EWGV, vor allem die Wettbewerbsgrundsätze sind. Hier wird der Versuch gemacht, die Bedenken gegen den herkömmlichen Parallelpatentschutz für den EWG-Bereich in konkrete Rechtsfolgen umzusetzen. Das läuft darauf hinaus, die zunächst abstrakt ins Auge gefaßte Lösung einer extraterritorialen Konsumtion nun für den Bereich des Gemeinsamen Marktes konkret aus dem Gemeinschaftsrecht abzuleiten. Gerade hier liegt aber der schwache Punkt des Beitrags von *Koch* und *Froschmaier*. Ihre Ausführungen lassen nämlich nicht eindeutig erkennen, *wie* die Ableitung der universellen Konsumtion aus dem Gemeinschaftsrecht im einzelnen aussehen soll[56]. Zwar geben sie eine ausführliche Beschreibung der von ihnen vertretenen Konsumtionstheorie und verwenden in diesem Zusammenhang besondere Mühe darauf, den Begriff der Parallelität anhand verschiedener Fallsituationen zu verdeutlichen und abzugrenzen[57]. Es fehlt aber der gemeinschaftsrechtliche „Aufhänger“ für diese Theorie.

In stereotyper Wiederholung wird von einem „Konflikt mit den Wettbewerbsgrundsätzen des EWG-Vertrages“ gesprochen, der eine „Neubestimmung der Grenzen des Territorialitätsprinzips“ erforderlich mache. Immer wieder wird auf die schädlichen Auswirkungen des uneingeschränkten Parallelpatentschutzes auf den Warenaustausch und die Wettbewerbsbedingungen im Gemeinsamen Markt hingewiesen. Diese Ausführungen bewegen sich aber sämtlich im Bereich des „Sollens“, ohne daß erkennbar wird, wo der Übergang in den Bereich des „Seins“ liegt[58]. Die Argumentation, auf die *Koch* und *Froschmaier* ihre Theorie stützen, bleibt damit im Bereich des von den Vertragszielen her rechtspolitisch Wünschbaren stecken, ohne eine konkrete Rechtsgrundlage im geltenden Gemeinschaftsrecht aufzuzeigen.

b) Subsumtion der Grundfälle von Parallelimporten unter Art. 85, 86

Im Folgenden soll untersucht werden, ob die extraterritoriale Konsumtion bei rechtmäßigem Inverkehrbringen in einem anderen Mitgliedstaat unmittelbar aus Art. 85, 86 abgeleitet werden kann. Dazu ist

---

[56] Auf diesen Mangel weisen nahezu alle Kritiker besonders eindringlich hin; vgl. insbesondere *M. Hirsch*, in: Brevets et marques, 104 f.

[57] GRUR Int. 1965, 125 ff.

[58] Vgl. *Constantinesco*, JuS 1965, 290, 340, der auf das allgemeine Dilemma von „Sein“ und „Sollen“ aufmerksam macht, wie es bei der Beurteilung der Europäischen Gemeinschaften und des Gemeinschaftsrechts allenthalben zutage tritt.

klarzustellen, daß „unmittelbare Ableitung“ aus Art. 85, 86 nicht heißen kann, daß diese Bestimmungen die extraterritoriale Konsumtion unmittelbar anordnen. Das wäre Sache einer *Gebots*norm. Bei Art. 85, 86 handelt es sich dagegen um *Verbots*normen. Folglich wird sich die extraterritoriale Konsumtion in jedem Fall nur über ein „Verbot des Verbots“ begründen lassen. Sie würde in der Weise erzielt, daß Art. 85, 86 die Verhängung eines Importverbots durch Schutzrechtsausübung dann verbieten, wenn das geschützte Erzeugnis im Ausfuhrland rechtmäßig in Verkehr gebracht worden war. Aus Art. 85, 86 müßte somit im konkreten Fall ein Verbot der Verhinderung von Parallelimporten geschützter Erzeugnisse folgen. Dieses Verbot würde dann die Extraterritorialität der im Ausfuhrland erfolgten Konsumtion implizieren.

aa) „Schlichte“ Geltendmachung

Bei der Untersuchung der Parallelimportproblematik müssen zwei Grundfälle[59] unterschieden werden. Der erste läßt sich schlagwortartig als „schlichte“, der zweite als „vertragliche“ Geltendmachung des Verletzungsanspruchs beschreiben.

Im Fall der schlichten Geltendmachung wird davon ausgegangen, daß der Schutzrechtinhaber selbst das geschützte Erzeugnis im Verbreitungsland in Verkehr gebracht hat und sich im Falle der Einfuhr dieses Erzeugnisses auf sein inländisches Patentrecht beruft, um eben diese Einfuhr zu verhindern.

aaa) Subsumtion unter Art. 85

Nach Art. 85 Abs. 1 sind mit dem Gemeinsamen Markt unvereinbar und verboten alle Vereinbarungen zwischen Unternehmen, Beschlüsse von Unternehmensvereinigungen und aufeinander abgestimmte Verhaltensweisen, welche den Handel zwischen Mitgliedstaaten zu beeinträchtigen geeignet sind und eine Verhinderung, Einschränkung oder Verfälschung des Wettbewerbs innerhalb des Gemeinsamen Marktes bezwecken oder bewirken.

Gerade im Urteil Parke-Davis, einer der Ausgangsentscheidungen der vorliegenden Untersuchung, stellt der EuGH klar, daß Art. 85 Abs. 1 insofern restriktiv auszulegen sei, als darin die dem Kartellverbot unterworfenen Kartellformen abschließend aufgezählt würden[60]. Es handelt sich um die drei Kartellformen, die durch die Begriffe „Vereinbarung“, „Beschluß“ und „aufeinander abgestimmte Verhaltensweise“ beschrieben werden. Allen diesen Kartellformen ist gemeinsam,

---

[59] EuGH Rspr. XIV, 112.

[60] EuGH Rspr. XIV, 112.

daß sie als tatbestandsmäßige Handlung ein kollusives Zusammenwirken von mindestens zwei Partnern („Unternehmen") erfordern. Daran fehlt es regelmäßig im Fall der schlichten Geltendmachung des Verletzungsanspruchs durch den Schutzrechtshaber selbst, die sich eindeutig nicht als bi- oder multilaterale sondern als unilaterale Aktion darstellt[61]. Etwas anderes könnte lediglich dann gelten, wenn entsprechend der Rechtsprechung des EuGH in den Fällen Sirena und Deutsche Grammophon die Erhebung der Verletzungsklage im Einzelfall als „Gegenstand, Mittel oder Folge einer Kartellabsprache" anzusehen wäre.

bbb) Subsumtion unter Art. 86

Art. 86 bestimmt: Mit dem Gemeinsamen Markt unvereinbar und verboten ist die mißbräuchliche Ausnutzung einer beherrschenden Stellung auf dem Gemeinsamen Markt oder auf einem wesentlichen Teil desselben durch ein oder mehrere Unternehmen, soweit dies dazu führen kann, den Handel zwischen Mitgliedstaaten zu beeinträchtigen.

Im Gegensatz zu Art. 85 setzt Art. 86 also kein kollusives Zusammenwirken voraus. Die „mißbräuchliche Ausnutzung einer beherrschenden Stellung" kann „durch ein (!) oder mehrere Unternehmen" erfolgen. Damit ist Art. 86 auf den Fall des Importverbots durch schlichte Schutzrechtsausübung grundsätzlich anwendbar. Es bleibt die Frage, ob diese als mißbräuchliche Ausnutzung einer marktbeherrschenden Stellung anzusehen ist.

aaaa) Das Merkmal der marktbeherrschenden Stellung

Zur Definition des Begriffs der marktbeherrschenden Stellung werden in der Hauptsache zwei Auffassungen vertreten. Die überwiegende Meinung versteht diesen Begriff im Sinne des deutschen GWB (§ 22 Abs. 1) und des EGKSV (Art. 66 § 7). Marktbeherrschende Stellung bedeutet danach die „Abwesenheit von Wettbewerb" auf einem bestimmten räumlich, sachlich und zeitlich abgegrenzten Markt, dem sog. relevanten Markt. Marktbeherrschend ist ein Unternehmen, das in einem bestimmten Absatzgebiet und für bestimmte Erzeugnisse im wesentlichen konkurrenzfrei dasteht[62]. Eine Mindermeinung versteht

---

[61] *Johannes*, Gewerblicher Rechtsschutz, 27 f.

[62] *Gleiss / Hirsch*, Anm. 5 zu Art. 86; *Müller-Henneberg*, EWG-Kartellrecht, Erl. 43 ff.; *Deringer*, WuW/EWG-Wettbewerbsrecht, Anm. 20 ff. zu Art. 86; *Wohlfahrth / Everling*, Anm. 1 zu Art. 86; *Langen*, 45; vgl. auch *Scheufele*, AWD 1971, 463, der den Begriff der beherrschenden Stellung vom „Blickpunkt der Nachfrager" (457) her angeht und diese Stellung dementsprechend als eine Position von Anbietern beschreibt, die dadurch gekennzeichnet ist, daß die Abwesenheit des Wettbewerbs den Anbietern einen Spielraum bei der Gestaltung der Angebote verschafft, also Angebote ermöglicht, die nicht die bestmöglichen sind, und die ferner zur Ausübung von

dagegen unter marktbeherrschender Stellung im Sinne von Art. 86 einen „überwiegenden Einfluß“ auf dem Markt. Sie folgt damit der Formel des belgischen und niederländischen Kartellrechts[63].

Die Folgerungen, die sich aus dieser unterschiedlichen Definition des Begriffs der „beherrschenden Stellung“ für die Anwendung von Art. 86 erheben, brauchen hier nicht im einzelnen erörtert zu werden. Entscheidend ist, daß beide Auffassungen diese Prädominanz, dem Wortlaut des Art. 86 entsprechend, streng auf den „Markt“ beziehen. Sie erscheint damit als ein spezifisch wirtschaftliches Phänomen mit der Folge, daß sie durch ein Ausschließlichkeitsrecht, wie es das Patentrecht darstellt, nicht ohne weiteres begründet wird. Der EuGH hat dies bereits im Fall Parke-Davis und deutlicher noch in den Fällen Sirena und Deutsche Grammophon klargestellt. Das Gericht hebt außerdem zu Recht hervor, daß die Frage, ob bestimmte Schutzrechte ihrem Inhaber zu einer beherrschenden Stellung in einem bestimmten Markt verhelfen, sich vor allem danach beurteilt, ob „gleichartige oder substituierbare Waren“ im Markt sind, auf die das Publikum ausweichen kann[64].

bbbb) Das Merkmal der mißbräuchlichen Ausnutzung

Unterstellt, aus dem Besitz eines oder mehrerer Schutzrechte erwüchse im Einzelfall eine „beherrschende Stellung“ i. S. von Art. 86, so bedeuten Innehaben und Ausüben dieser Stellung für sich gesehen noch keinen Verstoß gegen das Kartellverbot. Dafür wird vielmehr eine „mißbräuchliche Ausnutzung“ der Monopolstellung verlangt. Art. 86 richtet sich also nicht gegen die wirtschaftliche Monopolmacht als solche sondern gegen den Mißbrauch dieser Macht.

Das Merkmal der „mißbräuchlichen Ausnutzung“ setzt sich — genau gesehen — aus zwei Bestandsteilen zusammen: der „Ausnutzung“ und dem „Mißbrauch“. Diese Feststellung mag banal erscheinen. Sie gewinnt ihre Berechtigung daraus, daß vielfach zwischen beiden Elementen nicht klar unterschieden oder das Merkmal der „Ausnutzung“ schlicht unterschlagen wird. In Wahrheit ist aber das Element des „Mißbrauchs“ dem der „Ausnutzung“ nachgeordnet. Erfolgt das in

---

Zwang durch die Anbieter führt, derart, daß diese die Nachfrager vor die Wahl stellen, die ihnen präsentierten Angebote unverändert anzunehmen, d. h. entsprechende Rechtsgeschäfte abzuschließen, oder aber auf die Befriedigung des einschlägigen Bedarfs zu verzichten.

[63] *Spengler*, WuW 1961, 509, 519; *Kleemann*, 54 f.

[64] Vgl. hierzu etwa *Schröter*, WRP 1971, 361, der sich im Zusammenhang mit dem Fall Deutsche Grammophon mit der Frage auseinandersetzt, wie der relevante Markt auf dem Schallplattensektor zu bestimmen ist (Gesamtmarkt für Schallplatten? Teilmärkte für Schallplatten mit ernster Musik und Unterhaltungsmusik? Markt für Aufnahmen bestimmter Künstler?).

Frage stehende Vorgehen eines Marktteilnehmers unabhängig von seiner beherrschenden Stellung in dem relevanten Markt, so erübrigt sich die Untersuchung, ob diese Verhaltensweise als mißbräuchlich angesehen werden muß. Ein Verstoß gegen Art. 86 scheidet aus.

Eine „Ausnutzung" der marktbeherrschenden Stellung liegt nämlich im Regelfall[65] nur vor, wenn diese Stellung nicht hinweggedacht werden kann, ohne daß damit das fragliche Verhalten entfiele. Anders gewendet, dieses Verhalten darf dem Unternehmen nur auf Grund seiner marktbeherrschenden Stellung möglich sein[66].

In aller Regel wird die Verletzungsklage aus einem gewerblichen Schutzrecht *als solche* nicht unter das Merkmal der „Ausnutzung" einer marktbeherrschenden Stellung zu subsumieren sein. Auch hier ist jedoch denkbar, daß sich die Verletzungsklage in einem bestimmten Fall als Bestandteil einer mißbräuchlichen Verhaltensweise darstellt, die ihrerseits auf der Ausnutzung einer marktbeherrschenden Stellung beruht. Dies traf beispielsweise — wie die Kommission in ihrer Stellungnahme im Verfahren Deutsche Grammophon zutreffend ausführt — für die von der Deutschen Grammophon erhobene Klage gegen die Paralleleinfuhr von Schallplatten nach Deutschland zu, wobei unterstellt wird, daß die Feststellungen der Kommission zur beherrschenden Stellung der Deutschen Grammophon den tatsächlichen Verhältnissen entsprachen.

bb) „Vertragliche" Geltendmachung

Die im vorangehenden Abschnitt dargestellte Fallgestaltung der schlichten Geltendmachung des Verletzungsanspruchs ist in der Praxis des Wirtschaftslebens von geringerer Bedeutung. Der Schutzrechtsinhaber wird in der Regel die Verwertung im Ausland über Lizenzen abwickeln oder sich zur Übertragung seines Rechts auf ein Unternehmen im Ausland (möglicherweise eine Tochtergesellschaft) entschließen.

Unter dem Gesichtspunkt der territorialen Begrenzung der nationalen Schutzrechte und ihrer Auswirkung auf den Gemeinsamen Markt

---

[65] Eine Ausnahme stellt der vom EuGH entschiedene Fall „Continental Can" dar (Urt. vom 21. 2. 1973, Rechtssache 6/72, EuR 1973, 155 = AWD 1973, 216; vgl. auch die erste eingehendere Stellungnahme von *Joliet*, EuR 1973, 97, 114 ff.). In diesem Urteil nahm das Gericht ein mißbräuchliches Verhalten für den Fall an, daß ein Unternehmen in beherrschender Stellung diese dergestalt verstärkt, daß der erreichte Beherrschungsgrad den Wettbewerb wesentlich behindert, daß also nur noch Unternehmen auf dem Markt bleiben, die in ihrem Marktverhalten von dem beherrschenden Unternehmen abhängen. Der Gerichtshof meinte weiter, in diesem Fall komme es auf die Frage des ursächlichen Zusammenhangs zwischen der beherrschenden Stellung und der mißbräuchlichen Ausnutzung nicht an.

[66] *Deringer*, WuW/EWG-Wettbewerbsrecht, Anm. 30.

sind zunächst zwei Arten von Lizenzverträgen zu unterscheiden: auf der einen Seite der einfache oder typische, auf der anderen Seite der qualifizierte oder atypische Lizenzvertrag[67]. Der einfache Vertrag stellt die Begrenzung lediglich als rechtliche Gegebenheit in Rechnung, ohne sie zu verabsolutieren[68]. Der qualifizierte Vertrag ist dagegen auf die Territorialität hin ausgerichtet. Dazu werden zusätzliche Absprachen in den Vertrag aufgenommen, um eine möglichst lückenlose Abschließung der nationalen Märkte sicherzustellen. Derartige Absprachen können von unterschiedlicher Tragweite sein. Auf einer ersten Stufe kann die rechtliche Möglichkeit der Abwehr von Parallelimporten mit Hilfe der Verletzungsklage zur Vertragspflicht gemacht werden. In diesem Fall enthält der Vertrag die Verpflichtung des Lizenzgebers oder des Lizenznehmers, die Verletzungsklage gegen Importe des geschützten Erzeugnisses zu erheben. Als weiterer Schritt kommt dann die Vereinbarung der Ausschließlichkeit der Lizenz für den betreffenden Mitgliedstaat in Betracht.

aaa) Einfache oder typische Lizenzverträge

aaaa) Subsumtion unter Art. 85

Im Fall der Lizenzvergabe bleibt der inländische Patentinhaber nach wie vor auch Inhaber des ausländischen Rechts. Er räumt lediglich dessen Verwertung einem Dritten, dem Lizenznehmer, ein. Diesem kann dabei zugleich die Befugnis zur Geltendmachung von Verletzungsansprüchen aus dem ausländischen Recht im Namen der Schutzrechtsinhabers übertragen werden.

Es fragt sich, ob ein Verstoß gegen Art. 85 vorliegt, wenn sich der Patentinhaber selbst oder sein Lizenznehmer mit der Verletzungsklage gegen Parallelimporte des geschützten Erzeugnisses zur Wehr setzen.

Die Subsumtion unter die Tatbestandsmerkmale des Art. 85 läßt sich durch den Rückgriff auf die vorstehend erörterte Fallgestaltung der schlichten Geltendmachung erleichtern. Es ist die Frage zu stellen, welche Elemente gegenüber dieser Fallgestaltung jetzt neu hinzugekommen sind, und ob sie die für die schlichte Geltendmachung gefundene Lösung verändern können.

Gegenüber der schlichten Geltendmachung kommen bei der vertraglichen im Falle des einfachen Lizenzvertrages zwei Elemente neu hinzu: neben dem ursprünglichen Patentinhaber kommt der Lizenznehmer

---

[67] Diese Unterscheidung erhebt keinen Anspruch auf dogmatische Gültigkeit, sondern soll lediglich der Vereinfachung der Darstellung dienen.

[68] Die Lizenz bezieht sich zwar auf ein bestimmtes Mitgliedsland, jedoch ohne daß zusätzliche Absprachen in territorialer Hinsicht getroffen werden (z. B. Ausschließlichkeitsbindung für den Lizenzgeber oder Exportverbot für den Lizenznehmer).

für die Geltendmachung von Verletzungsansprüchen und damit die Durchsetzung eines Importverbots in Betracht; diese Erweiterung des Kreises der Anspruchs- bzw. Klageberechtigten beruht ihrerseits auf einem Vertrag, eben dem Lizenzvertrag.

Das zuerst genannte Element der Erweiterung des Kreises der Berechtigten ist für die Subsumtion unter Art. 85 für sich genommen irrelevant. Dagegen könnte der Lizenzvertrag das im Falle der schlichten Geltendmachung fehlende Merkmal der „Vereinbarung" beisteuern. Zweifellos handelt es sich bei diesem Vertrag, sofern zwischen „Unternehmen" geschlossen, um eine „Vereinbarung" i. S. des Art. 85 Abs. 1. Die Frage ist nur, ob die durch die Geltendmachung patentrechtlicher Verletzungsansprüche möglicherweise „bezweckte" oder „bewirkte" Handelsbeeinträchtigung und Wettbewerbsverfälschung ihrerseits ursächlich auf diese Vereinbarung zurückgeht[69]. Das muß verneint werden. „Ursächlich" für den Verletzungsanspruch und dementsprechend die Verletzungsklage ist in jedem Fall das Patentrecht selbst. Die Kausalität des Lizenzvertrages beschränkt sich genaugenommen auf die Person des Verletzungsklägers. Kurz gesagt, der Lizenzvertrag ist lediglich kausal dafür, daß gegebenenfalls der Lizenznehmer die Verletzungsklage erheben kann, aber nicht dafür, daß überhaupt eine Klagemöglichkeit besteht und — von wem auch immer — wahrgenommen wird; oder anders gewendet, es kann grundsätzlich keinen Unterschied machen, ob ein- und dieselbe Rechtsausübung einmal durch den Patentinhaber selbst, einmal durch den von ihm dazu ermächtigten Lizenznehmer erfolgt[70].

Auch hier wird folglich die Tatbestandsmäßigkeit i. S. von Art. 85 Abs. 1 im Regelfall zu verneinen sein, es sei denn die Patentrechtsausübung stellt sich in einem bestimmten Gesamtzusammenhang wirtschaftlicher Beziehungen als Instrument zur Realisierung eines verbotenen Kartells dar.

bbbb) Subsumtion unter Art. 86

Für die Subsumtion unter Art. 86 ergeben sich aus dem bloßen Hinzukommen des vertraglichen Elements keine neuen Gesichtspunkte.

[69] Wie Art. 86 den Kausalzusammenhang zwischen marktbeherrschender Stellung und mißbräuchlicher Verhaltensweise, so erfordert Art. 85 die Kausalität des kollusiven Zusammenwirkens für die Wettbewerbsbeschränkung und die Handelsbeeinträchtigung (*Deringer*, WuW/EWG-Wettbewerbsrecht, Anm. 32, 50 zu Art. 85 Abs. 1).

[70] In gleichem Sinne, wenn auch in der Begründung nicht immer ganz klar, *Magen*, Lizenzverträge, 76 f.; *Mestmäcker*, Vermittlung, 119; *Deringer*, WuW/EWG-Wettbewerbsrecht, Anm. 23, 57, 77 - 79 zu Art. 85 Abs. 1; *Spengler*, GRUR Int. 1958, 330; *Jansse / Oudemans / Wolterbeek*, GRUR Int. 1961, 280 ff.; *Fischer*, GRUR Int. 1963, 71; *Ehlers*, GRUR Int. 1963, 427; *Heiseke*, NJW 1965, 1412; *ders.*, GRUR Int. 1967, 59; *Wertheimer*, GRUR Int. 1966, 322; *Samwer*, GRUR Int. 1969, 9; abweichend *Möschel*, 169.

Insoweit kann auf die oben gemachten Ausführungen zur schlichten Geltendmachung verwiesen werden.

bbb) Qualifizierte oder atypische Lizenzverträge

aaaa) Subsumtion unter Art. 85

Die beim qualifizierten Lizenzvertrag hinzutretenden Elemente können das für den einfachen Vertrag gefundene Ergebnis verändern. Es geht hier in einer gewissen Abstufung hinsichtlich der Intensität der angestrebten territorialen Abschließung um die Verpflichtung zur Erhebung der Verletzungsklage, die Ausschließlichkeitsbindung des Lizenzgebers und die Vereinbarung von Exportverboten, sei es aus dem, sei es in das Lizenzgebiet.

aaaaa) Verpflichtung zur Erhebung der Verletzungsklage

Einige Autoren sehen in der in den Lizenzvertrag aufgenommenen Verpflichtung des Patentinhabers, Importe des geschützten Erzeugnisses mit der Verletzungsklage abzuwehren — so geschehen im Ausgangsfall Parke-Davis —, einen Verstoß gegen Art. 85 Abs. 1.

Zwar sei diese Verpflichtung lediglich darauf gerichtet, das Schutzrecht so auszuüben, wie es nach nationalem Recht bestehe. Gleichwohl werde gegen Art. 85 Abs. 1 verstoßen, denn die Verpflichtung beschränke zugleich die Handlungsfreiheit des Verpflichtungsadressaten im Wettbewerb. Sie lasse den gemeinsamen Willen der Beteiligten erkennen, jeden grenzüberschreitenden Verkehr ohne Rücksicht auf die wirtschaftlichen Umstände im Einzelfall zu unterbinden[71].

Dem ist in Begründung und Ergebnis zuzustimmen.

Die vertragliche Verpflichtung zur Erhebung der Patentverletzungsklage und damit zur Importverhinderung ist grundsätzlich als Verstoß gegen das Kartellverbot nach Art. 85 Abs. 1 anzusehen.

bbbbb) Ausschließlichkeitsbindung

Die in der Praxis wohl häufigste territoriale Beschränkung in Lizenzverträgen ist die Ausschließlichkeitsbindung des Lizenzgebers, d. h. die Verpflichtung, in dem fraglichen Lizenzgebiet keinem anderen als dem jeweiligen Lizenznehmer die Benutzung der Erfindung zu gestatten. Diese Verpflichtung kann sich auf ein Teilgebiet des Staates (z. B. ein Land der Bundesrepublik Deutschland), in dem der Lizenzgeber das Patent hält, aber auch auf das Gesamtgebiet dieses Staates beziehen. Das dem Lizenznehmer damit für einen räumlich abgegrenzten Bereich eingeräumte ausschließliche Recht zur Auswertung der Erfindung bildet in diesem Fall, wirtschaftlich betrachtet, eine Art Kompensation der vom Lizenznehmer für die Einführung auf dem Markt auf-

---

[71] So z. B. *Mestmäcker*, Vermittlung, 118 f.

zubringenden Mittel und macht oftmals den Erwerb der Lizenz für diesen überhaupt erst attraktiv[72].

Bereits in ihrer „Weihnachtsbekanntmachung“[73] hatte die Kommission zutreffend festgestellt, daß der Lizenzgeber durch die Ausschließlichkeitsbindung „seine Freiheit (verliert), mit anderen Nachfragern nach Lizenzen in Vertragsbeziehungen zu treten“[74]. Sie meinte jedoch, daß „abgesehen von der umstrittenen Frage, ob solche Ausschließlichkeitsbindungen eine Beschränkung des Wettbewerbs bezwecken oder bewirken, sie bei der gegenwärtigen Lage in der Gemeinschaft nicht geeignet (sind), den Handel zwischen Mitgliedstaaten zu beeinträchtigen“[75].

Neuerdings hat sich die Kommission von dieser Auffassung, die wesentlich durch die im deutschen Recht vorherrschende Lehre vom Inhalt der gewerblichen Schutzrechte[76] beeinflußt war, zunehmend distanziert.

In den ersten beiden Entscheidungen zu Patentlizenzverträgen mit Ausschließlichkeitsbindung, „Burroughs-Delplanque“[77] und „Burroughs / Geha-Werke“[78] nimmt die Kommission zunächst ihre Ausgangsfeststellung aus der „Weihnachtsbekanntmachung“ wieder auf: „Wenn er (sc. der Lizenzgeber) sich aber verpflichtet, die Verwertung seines ausschließlichen Rechts in einem Gebiet auf ein einziges Unternehmen zu beschränken, und er damit diesem einzigen Unternehmen das Recht zur Benutzung der Erfindung und zur Hinderung anderer Unternehmen daran überträgt, so verliert er die Möglichkeit, mit anderen Nachfragern nach einer solchen Lizenz Verträge abzuschließen[79].“

Die Schlußfolgerung, die die Kommission aus dieser Tatsachenfeststellung zieht, unterscheidet sich dagegen grundlegend von derjenigen der Bekanntmachung über Patentlizenzverträge. Das Vorliegen einer Wettbewerbsbeschränkung ist jetzt für die Kommission keine „umstrittene Frage“ mehr. Vielmehr heißt es, in bestimmten Fällen könne eine ausschließliche Lizenz eine Wettbewerbsbeschränkung darstellen, die unter das Verbot des Art. 85 Abs. 1 falle. Im Einzelfall bestimmt sich die Anwendung von Art. 85 Abs. 1 dann nach der wirtschaftlichen und rechtlichen Gesamtsituation, von der die Erteilung der ausschließlichen

[72] Vgl. zum wirtschaftlichen Hintergrund der Lizenzvergabe vor allem *Johannes*, Gewerblicher Rechtsschutz, 64 f.

[73] Bekanntmachung über Patentlizenzverträge vom 24. 12. 1962 (ABLEG 2922/62).

[74] ABLEG 2923/62 rechte Spalte unten.

[75] ABLEG 2923/62 rechte Spalte unten.

[76] Vgl. oben § 7 I.

[77] ABLEG Nr. L 13/50 vom 17. 1. 1972.

[78] ABLEG Nr. L 13/53 vom 17. 1. 1972.

[79] ABLEG Nr. L 13/51/54 vom 17. 1. 1972 (jeweils rechte Spalte unter II).

Gebietslizenz umgeben ist. In den Burroughs-Fällen kommt die Kommission auf Grund einer Analyse der tatsächlichen Marktverhältnisse zu dem Ergebnis, daß die mögliche Wettbewerbsbeschränkung „nicht spürbar" und deshalb kein Anlaß für ein Einschreiten auf der Grundlage von Art. 85 Abs. 1 gegeben sei.

Die vollständige Abkehr von der Maxime ihrer „Weihnachtsbekanntmachung" vollzieht die Kommission schließlich in der „Davidson Rubber"-Entscheidung[80], in der sie in Ansehung der in Frage stehenden Ausschließlichkeitslizenz sämtliche Tatbestandsmerkmale des Art. 85 Abs. 1 als erfüllt ansieht, einschließlich desjenigen der Eignung zur Beeinträchtigung des Handels zwischen Mitgliedstaaten, dessen Verwirklichung ihr in der Bekanntmachung noch kaum vorstellbar erschienen war[81]. Der Kommission ist auf dem mit den genannten Entscheidungen eingeschlagenen Weg zu folgen. Die Frage der kartellrechtlichen Beurteilung von Ausschließlichkeitsvereinbarungen in Patentlizenzverträgen beurteilt sich, auf Gemeinschaftsebene, einzig und allein nach den Tatbestandsvoraussetzungen der Wettbewerbsvorschriften des EWGV. Dieser Subsumtionsvorgang ist unteilbar in dem Sinne, daß er nicht durch Abgrenzungskriterien aus dem Bereich des nationalen Rechts, wie etwa den „Inhalt des Schutzrechts" präjudiziert werden kann. Denn die Tragweite solcher Kriterien kann von einem Mitgliedstaat zum anderen unterschiedlich sein. Ihre Vorschaltung vor die Subsumtion unter Art. 85 Abs. 1 wäre mit dem vom EuGH anerkannten Prinzip der einheitlichen Anwendung des Gemeinschaftsrechts in den Mitgliedstaaten[82] nicht zu vereinbaren.

ccccc) Exportverbote

Was die Vereinbarung von Exportverboten in Patentlizenzverträgen anlangt, so sind verschiedene Konstellationen möglich. Das Verbot kann sich zunächst auf den Export *aus dem Lizenzgebiet* beziehen, wobei wiederum zwei Kategorien zu unterscheiden sind: einerseits Verbote die sich nur auf Parallelpatentländer beziehen, andererseits Verbote, die den Export des geschützten Erzeugnisses generell untersagen.

Im ersten Fall stellt das Exportverbot eine Art zusätzliches Instrument der Gebietssicherung „von innen" dar, denn die Abschließung

---

[80] ABLEG Nr. L 143/31/34 f. vom 23. 6. 1972.

[81] Vgl. zum Ganzen insbesondere *Johannes*, Gewerblicher Rechtsschutz, 64 f. und *Mestmäcker*, Wettbewerbsrecht, 469 f. sowie die dort angegebene Literatur; mit Recht ist angesichts der dargestellten Entscheidungspraxis der Kommission die Forderung erhoben worden, die Bekanntmachung über Patentlizenzverträge zumindest teilweise aufzuheben (so *Alexander*, Cah. dr. eur. 1973, 18).

[82] EuGH, Urt. vom 15. 7. 1964, Rechtssache 6/64 (Costa ⁰/₀ ENEL), Rspr. X, 1269 f.; Urt. vom 13. 2. 1969, Rechtssache 14/68 (Walt Wilhelm), Rspr. XV, 14 Rdnr. 6.

des jeweiligen Marktes ließe sich bereits „von außen“ durch die Verletzungsklage aus dem Parallelpatent verwirklichen. Dieser Fall der „Doppelsanktion“ ist auch dann gegeben, wenn das Exportverbot generell für jedwede Ausfuhr gleich in welches Land vereinbart wird, sofern im Einzelfall Parallelpatentschutz besteht. Solche generellen Exportverbote sind der Regelfall, da den einzelnen Lizenzverträgen zumeist ein einheitlicher Mustervertrag zugrunde gelegt wird. Es ist jedoch auch denkbar, daß der Patentinhaber im Falle von Parallelpatenten mit Hilfe des Exportverbots ganz bewußt eine Verbesserung seiner Position im Hinblick auf die gegenseitige Marktabschließung anstrebt, wenn diese ihm durch Unterschiede in der Ausgestaltung des Rechtsschutzes in den verschiedenen Parallelpatentländern nicht ausreichend gewährleistet erscheint.

In die zweite Kategorie der Exportverbote gehören aber auch die Fälle, in denen die Gebietssicherung allein durch dieses Verbot bewirkt wird, weil in dem Land, in das exportiert werden könnte, entweder überhaupt kein Patent gegeben ist oder dieses Recht einem Dritten zusteht, der von dem inländischen Patentinhaber völlig unabhängig ist[83].

In den beiden Fällen der Vereinbarung von Exportverboten *aus dem Lizenzgebiet* erweist sich das wirtschaftliche Interesse des Patentinhabers an der möglichst umfassenden Begrenzung des Manövrierfeldes des Lizenznehmers auf das ihm zugewiesene Gebiet als dominierend. Gleichzeitig sichert sich der Patentinhaber damit die volle Handlungsfreiheit hinsichtlich der Absatzmöglichkeiten außerhalb dieses Gebietes.

Im Regelfall wird ein derartiges Exportverbot *aus dem Lizenzgebiet* für den sehr häufig wirtschaftlich schwächeren Patentinhaber nur auf der Grundlage der Gegenseitigkeit zu haben sein, d. h. im Wege der eigenen Verpflichtung des Patentinhabers, nicht *in das Lizenzgebiet* zu exportieren, sowie der Verpflichtung, dieses Exportverbot an etwaige Lizenznehmer für andere Gebiete weiterzugeben. Diese Verpflichtung hinsichtlich der Ausfuhr in das Lizenzgebiet liegt auf derselben Linie wie die Ausschließlichkeitsbindung hinsichtlich der Lizenzvergabe. Vielfach gehen beide sogar Hand in Hand. Insoweit setzt sich das wirtschaftliche Interesse des Lizenznehmers durch, in seinem Gebiet „exklusiv“ zu sein.

Auf sämtliche vorstehend geschilderten Fälle des Exportverbots ist Art. 85 grundsätzlich anwendbar. Jedenfalls läßt sich aus der territorial

---

[83] Hier ist an den Fall der Parallelerfindung durch verschiedene Erfinder in verschiedenen Ländern zu denken, die diese Erfindung jeweils in ihrem Land patentieren lassen.

begrenzten Geltung der jeweiligen Patentrechte nicht der Schluß ziehen, daß Art. 85 auf Exportverbote in Lizenzverträgen keine Anwendung finden kann. Die Verknüpfung von territorialem Geltungsanspruch des Patentrechts und Exportverbot ist im Grunde rein willkürlich. Das vertraglich vereinbarte Exportverbot erfüllt eine durchaus eigenständige Funktion im Hinblick auf den Vertrieb eines bestimmten geschützten Erzeugnisses ohne jeden spezifischen Bezug zum territorial begrenzten Geltungsbereich des Patentrechts. Dieser wird vielmehr durch das Exportverbot gerade über die jeweiligen nationalen Grenzen hinaus prolongiert. Denn das Exportverbot bezieht sich ja nicht auf den Inlandsbereich, für den die Lizenz erteilt wurde (Export aus dem Lizenzgebiet) oder in dem der Patentinhaber selbst seine Erfindung auswertet (Export in das Lizenzgebiet), sondern auf den außerhalb dessen liegenden Drittlandsbereich. Das Exportverbot stellt sich somit als eigenständige Maßnahme zur Verhinderung des grenzüberschreitenden Warenverkehrs dar und kann als solche, bei Vorliegen sämtlicher Tatbestandsvoraussetzungen, von dem Verbot des Art. 85 Abs. 1 erfaßt werden.

bbbb) Subsumtion unter Art. 86

Entsprechendes muß auch für die Anwendung von Art. 86 gelten. Die vorstehend dargestellten Vereinbarungen können, falls sie im Einzelfall als mißbräuchliche Ausübung einer marktbeherrschenden Stellung zu qualifizieren sind, unter diese Verbotsvorschrift fallen.

In allen diesen Fällen ist damit aber für die angestrebte Lösung der extraterritorialen Konsumtion noch nichts gewonnen. Die aus dem Patentrecht selbst herrührende Möglichkeit zur Abwehr von Importen mit dem Mittel der Verletzungsklage bleibt grundsätzlich ungeschmälert bestehen. Diese Form der Rechtsausübung scheidet lediglich dann aus, wenn sie sich im Einzelfall als Kartelltatbestand darstellt. Somit kann die Anwendung der Wettbewerbsvorschriften des EWGV nur einen bestimmten Ausschnitt der Gesamtproblematik abdecken, ohne aber einen Ansatzpunkt für eine generelle Lösung zu bieten.

ccc) Übertragungsverträge

Die endgültige Übertragung eines gewerblichen Schutzrechts, regelmäßig in der Form des Verkaufs gegen Zahlung von Geld, wird allgemein als kartellrechtlich unbedenklich angesehen. Davon geht offensichtlich auch die Kommission bereits in der Bekanntmachung über Patentlizenzverträge[84] und später in ihrer Stellungnahme im Sirena-Verfahren[85] vor dem EuGH aus.

---

[84] ABLEG 2923/62 rechte Spalte a. E.

[85] s. o. § 8 I. 1. b).

Demgegenüber scheint der Gerichtshof im Urteil Sirena abweichend von der Auffassung der Kommission bereits in der Übertragungsvereinbarung als solcher einen Kartelltatbestand i. S. von Art. 85 Abs. 1 zu sehen, falls diese Vereinbarung infolge des Wechsels des Schutzrechtsinhabers zu einer Aufspaltung des Gemeinsamen Marktes führt. Dieser Eindruck drängt sich bei der Lektüre des Urteilstenors auf, in dem schlicht auf den Erwerb des Warenzeichens „durch Vereinbarungen" (sc. der Warenzeicheninhaber) untereinander oder mit Dritten" abgestellt wird[86]. Bezieht man dagegen die Entscheidungsgründe des Urteils[87] mit in die Betrachtung ein, so ergibt sich, daß für den Gerichtshof nicht schlechthin jede Schutzrechtsübertragung als tatbestandsmäßig i. S. von Art. 85 Abs. 1 zu gelten hat. Dies ist vielmehr nur dann der Fall, wenn die Übertragung im Einzelfall als „Kartellabsprache" zu qualifizieren ist[88].

Die im Vorstehenden für die Lizenzverträge gefundenen Ergebnisse haben somit in gleicher Weise Gültigkeit für die Übertragungsverträge. In jedem Fall kommt es darauf an, ob bei Würdigung des „Gesamtsystems", in dessen Rahmen die fragliche Rechtsausübung stattfindet, das Vorliegen eines verbotswidrigen Kartelltatbestandes i. S. der Art. 85, 86 zu bejahen ist oder nicht[89].

---

[86] EuGH Rspr. XVII, 85 (Ziff. 1 a) des Urteilstenors).

[87] Siehe insbesondere die Rdnrn. 9 - 13 (EuGH Rspr. XVII, 82 f.).

[88] Siehe dazu oben § 9 I. 1. sowie *Johannes*, Gewerblicher Rechtsschutz, 65 ff., der zu Recht darauf hinweist, daß die Übertragung von Schutzrechten innerhalb des Gemeinsamen Marktes als solche, d. h. unabhängig davon, ob im Einzelfall die Tatbestandsvoraussetzungen der Wettbewerbsvorschriften erfüllt sind, nicht unproblematisch ist, insbesondere dann, wenn sie zu Beschränkungen des Handels zwischen Mitgliedstaaten führen könnte (67).

[89] Die Problematik des „übertragenen Warenzeichens" ist inzwischen erneut Gegenstand eines Vorabentscheidungsverfahrens vor dem EuGH geworden. Auf Vorlage des „Tribunal d'Arrondissement de Luxembourg" hat der Gerichtshof darüber zu entscheiden, inwieweit die von ihm in den Urteilen „Sirena" und „Deutsche Grammophon" entwickelten Grundsätze auf den Fall eines zwar ursprünglich auf eine ausländische Tochtergesellschaft übertragenen, später aber als Feindvermögen beschlagnahmten Warenzeichens anzuwenden sind (Rechtssache 192/73 „Café HAG"; Vorlagefragen in ABLEG Nr. C 10/3 vom 5. 2. 74). Die bereits vorliegenden Schlußanträge des Generalanwalts in dieser Rechtssache bewegen sich eindeutig auf der Linie des Urteils „Deutsche Grammophon" und enthalten zugleich eine gewisse Distanzierung vom Sirena-Urteil. Einerseits werden nämlich mit aller Deutlichkeit die Grenzen einer Anwendung der Wettbewerbsvorschriften auf die Problematik der Parallelimporte im weitesten Sinne aufgezeigt, und andererseits wird, wie im Grammophon-Urteil bereits angedeutet, auf die Vorschriften über den freien Warenverkehr als eigentliche sedes materiae für die Auflösung der Antinomie zwischen Gemeinschaftsrecht und nationalem gewerblichen Rechtsschutz abgestellt (maschinenschriftliche Fassung der Schlußanträge des Generalanwalts *Mayras*, insbesondere S. 13 ff., 15 ff.).

5. Lösungsansatz Art. 36

Ein anderer Versuch, die extraterritoriale Konsumtion des Patentrechts aus bestimmten Vorschriften des Gemeinschaftsrechts abzuleiten, stützt sich auf Art. 36 und damit auf diejenige Vertragsbestimmung, die von Anfang an eine „Schlüsselstellung"[90] in der Diskussion über das Verhältnis von gewerblichen Schutzrechten und EWGV eingenommen hat. Wie bereits gezeigt[91], wurde einerseits Satz 1 dieses Artikels für die Lehre von der *absoluten* Bereichsausnahme ins Feld geführt. Auf der anderen Seite stützten sich die Befürworter einer *partiellen* Bereichsausnahme auf Satz 2 des Art. 36.

Innerhalb des Lösungsansatzes aus Art. 36 lassen sich drei hauptsächliche Spielarten unterscheiden. Im ersten Fall wird das Ergebnis der extraterritorialen Konsumtion des Patentrechts aus einer Lösungskette im Rahmen der Art. 30 ff., der Vorschriften über die Gewährleistung des freien Warenverkehrs im Gemeinsamen Markt, abgeleitet. Diese Spielart wird von *Alexander* vertreten[92]. Die zweite Spielart abstrahiert in gewisser Weise von dem Zusammenhang der erwähnten Bestimmungen über die Beseitigung mengenmäßiger Handelsbeschränkungen (Art. 30 ff.), in dem Art. 36 steht. Sie sieht in diesem Artikel, insbesondere in seinem Satz 2, eine Art Grundsatznorm für die Herstellung des freien Warenverkehrs in der Gemeinschaft. Diese Meinung findet sich bei *H. Schumacher*[93].

In die gleiche Richtung zielt auch die dritte Spielart, die in Art. 36 eine nähere inhaltliche Bestimmung der in Art. 5 Abs. 2 niedergelegten allgemeinen Verpflichtung der Mitgliedstaaten zu gemeinschaftstreuem Verhalten sieht. Dieser Gedanke findet sich im Ansatz zuerst bei *Johannes*[94] und hat dann vor allem im Urteil des EuGH in der Rechtssache Deutsche Grammophon[95] deutlichen Niederschlag gefunden.

[90] In diesem Sinne *Alexander*, GRUR Int. 1972, 274, der meint, daß eine korrekte Bestimmung des Einflusses, den Art. 36 sowohl auf die Vorschriften des Vertrags über den freien Warenverkehr wie auf die über den Wettbewerb habe, den Schlüssel zur Lösung des Parallelimportproblems für den Bereich der EG bilde.

[91] s. o. § 7 I.

[92] Erstmals in Rev. trim. dr. eur. 1968, 525 ff. und neuerdings, in: Brevets d'invention, 200 ff., 241 ff. sowie in Cah. dr. eur. 1971, 602 und GRUR Int. 1972, 279.

[93] WuW 1968, 489 ff.

[94] GRUR Int. 1970, 222, 225 f.

[95] EuGH Rspr. XVII, 487, 498 ff. (Rdnrn. 5 - 13); siehe dazu auch oben § 9 II.

a) Art. 36 in Verbindung mit den Art. 30 ff. (Alexander)

Ausgangspunkt der ersten Lösungsvariante ist die systematische Stellung des Art. 36 im Zusammenhang der Vorschriften über die Beseitigung der mengenmäßigen Beschränkungen im Warenverkehr zwischen den Mitgliedstaaten (Art. 30 ff.). So geht *Alexander* von der Feststellung aus, daß es sich bei Art. 36 um eine Ausnahmebestimmung von den Artikeln 30 bis 34 handle. Er folgert hieraus, daß zunächst die Anwendbarkeit dieser Vorschriften geprüft werden müsse, bevor man die Tragweite des Art. 36 untersuchen könne[96]. Folgerichtig legt er sich deshalb die Frage vor, ob die Art. 30 ff. auf Importverbote anwendbar sind, die durch das nationale Patentrecht bewirkt werden. Die Beantwortung dieser Frage hängt nach Auffassung von *Alexander* davon ab, ob diese Art der Beeinträchtigung des zwischenstaatlichen Handels als „Maßnahme gleicher Wirkung" (sc. wie eine mengenmäßige Ein- oder Ausfuhrbeschränkung im Sinne von Art. 30 ff.) anzusehen ist. Dies wird von ihm bejaht. Im Wege der Auslegung des Begriffs der „Maßnahmen gleicher Wirkung"[97] gelangt er zu dem Schluß, „que les dispositions législatives qui interdisent l'introduction sur le territoire d'un Etat membre de produits couverts par un brevet national constituent des restrictions quantitatives ..."[98].

Maßnahmen gleicher Wirkung wie mengenmäßige Beschränkungen sind nach Art. 30, ebenso wie diese mengenmäßigen Beschränkungen selbst, verboten und bis zum Ende der Übergangszeit zu beseitigen (Art. 32 Abs. 2). Nach Art. 33 Abs. 7 bestimmt die Kommission durch den Erlaß von Richtlinien Verfahren und Zeitfolge der Beseitigung der im Zeitpunkt des Inkrafttretens des EWGV bestehenden Maßnahmen mit gleicher Wirkung wie mengenmäßige Beschränkungen *bei der Einfuhr*[99].

Die Kommission hätte demnach während der Dauer der Übergangszeit[100] im Wege der Richtlinie Verfahren und Zeitfolge der Beseitigung

---

[96] Rev. trim. dr. eur. 1968, 525.

[97] Zur Definition dieses Begriffs *Ehle*, AWD 1967, 454 ff.; *Seidel*, NJW 1967, 2081; *Béraud*, Rev. trim. dr. eur. 1968, 265; vgl. auch die Urteile des EuGH in den Rechtssachen 27/67 (EuGH Rspr. XIV, 345 f.) und 13/68 (EuGH Rspr. XIV, 690 ff.) und neuerdings auch die Untersuchung von *Graf*.

[98] *Alexander*, Rev. trim. dr. eur. 1968, 527.

[99] Die Richtlinienkompetenz der Kommission gilt nur für Einfuhrkontingente. Die Beseitigung von *Ausfuhr*kontingenten verbleibt nach Art. 34 in der Zuständigkeit der Mitgliedstaaten. Die Bedeutung der Einfuhrkontingente ist allerdings auch weitaus größer als die der Ausfuhrkontingente. Auch die Beschränkungen des Warenverkehrs durch den Einsatz der nationalen gewerblichen Schutzrechte sind in erster Linie unter dem Gesichtspunkt der *Einfuhr* zu bewerten.

[100] Die Übergangszeit endete am 31. 12. 1969 (Art. 8).

der durch das nationale Patentrecht der Mitgliedstaaten bewirkten Handelsbeschränkungen anordnen können.

Bevor *Alexander* diese Schlußfolgerung zieht, untersucht er, inwieweit die erwähnte Richtlinienkompetenz der Kommission nach Art. 33 Abs. 7 durch Art. 36 begrenzt wird[101]. Er geht davon aus, daß es nicht in der Entscheidung des einzelnen Mitgliedstaats liegen könne, ob bestimmte Behinderungen des freien Warenverkehrs durch den Ausnahmekatalog des Art. 36 gedeckt sind. Dies zu entscheiden sei vielmehr Sache des Gemeinschaftsrechts. Daraus ergebe sich, daß nicht jegliche, auf nationales Patentrecht zurückgehende Behinderung des freien Warenverkehrs aus Gründen des Schutzes des gewerblichen Eigentums gerechtfertigt sei. In bestimmten Fällen gingen die Grundregeln über den freien Warenverkehr dem nationalen Patentrecht vor. Dies gelte insbesondere für die Fälle der Parallelpatente. Dazu führt *Alexander*[102] wörtlich aus: „L'article 36 n'admet pas d'interdictions ou restrictions d'importation dans le territoire d'application d'un de ces brevets (sc. parallèles) pour les produits que le titulaire ou son licencié auraient mis dans le commerce à l'intérieur du territoire d'application d'un autre de ces brevets."

Dies bedeutet, daß die Ausnahmebestimmung des Art. 36 patentrechtliche Behinderungen des grenzüberschreitenden Warenverkehrs innerhalb des Gemeinsamen Marktes nur teilweise von dem Verbot der mengenmäßigen Einfuhrbeschränkungen und der Maßnahmen gleicher Wirkung freistellt. Demgemäß konnte die Kommission nach Auffassung von *Alexander* gemäß Art. 33 Abs. 7 durch Erlaß entsprechender Richtlinien anordnen, daß die Mitgliedstaaten sicherstellen, daß ein nationales Patent nicht dazu verwendet werden kann, die Einfuhr eines in einem anderen Mitgliedstaat unter der Geltung eines Parallelpatents rechtmäßig in Verkehr gebrachten Erzeugnisses zu verhindern[103].

Nach Ablauf der Übergangszeit ist der Lösungsweg über Art. 33 Abs. 7, der von *Alexander* erstmals im Jahre 1968 vorgeschlagen wurde, in jedem Fall nur noch von historischem Interesse, abgesehen davon, daß die auf der Grundlage von Art. 33 Abs. 7 zu erlassenden Kommissionsrichtlinien, wie bereits erwähnt, nur *Verfahren und Zeitfolge* für die schrittweise Beseitigung der bestehenden nationalen Maßnahmen mit gleicher Wirkung wie Kontingente festlegen konnten. Sedes materiae ist nunmehr ausschließlich Art. 30 als solcher, der seit Ablauf der Übergangszeit unmittelbare Anwendbarkeit besitzt. Dieser Änderung der Rechtslage trägt *Alexander* in seiner Anmerkung zum

---

[101] Rev. trim. dr. eur. 1968, 527 ff.

[102] Rev. trim. dr. eur. 1968, 530.

[103] *Alexander*, Rev. trim. dr. eur. 1968, 530; zum Ganzen auch *ders.*, Cah. dr. eur. 1968, 307 ff., 311 f.

Urteil Deutsche Grammophon Rechnung, indem er Art. 30 an die Stelle von Art. 33 Abs. 7 treten läßt[104].

b) Art. 36 als selbständige Lösungsgrundlage (H. Schumacher)

Die zweite Lösungsvariante ist der Versuch, Art. 36, der von *Gotzen* und anderen *für* das im Sinne der Unbeachtlichkeit ausländischer Sachverhaltselemente interpretierte Territorialitätsprinzip ins Feld geführt wurde, gerade *gegen* dieses Prinzip einzusetzen. *H. Schumacher*[105] knüpft insoweit ausdrücklich an den Meinungsstreit zwischen Befürwortern und Gegnern einer absoluten Bereichsausnahme an. Nach seiner Auffassung kommt es im Parke-Davis-Verfahren zu einer Neuauflage dieses Meinungsstreits. Exponenten der beiderseitigen Standpunkte sind dort die französische Regierung auf der einen und die Kommission auf der anderen Seite. Erstere meint, daß die durch nationale gewerbliche Schutzrechte errichteten Handelsschranken in Art. 36 in Kauf genommen und für rechtmäßig erklärt würden. Letztere sieht dagegen in Art. 36 keine derartige Rechtmäßigkeitserklärung für das im orthodoxen Sinne verstandene Territorialitätsprinzip. Ihrer Meinung nach wird dieses Prinzip im Gegenteil durch Art. 36 Satz 2 eingeschränkt[106]. Satz 2 des Art. 36 besagt, daß die durch Satz 1 ausnahmsweise zugelassenen Verbote oder Beschränkungen weder ein Mittel zur willkürlichen Diskriminierung noch eine verschleierte Beschränkung des Handels zwischen den Mitgliedstaaten darstellen dürfen. *H. Schumacher* glaubt, die Ausführungen des EuGH zu Art. 36 in den Entscheidungsgründen des Parke-Davis-Urteils[107] als Votum für die Auffassung der Kommission interpretieren zu können. Denn, so *H. Schumacher,* betrachte man diese Ausführungen des Gerichtshofs vor dem Hintergrund der kontroversen Stellungnahmen der französischen Regierung und der Kommission, so werde klar, daß der EuGH mit der starken Unterstreichung des Satzes 2 des Art. 36 zu erkennen gegeben habe, daß er den Standpunkt von *Gotzen* und *Monnet* von der Bedeutungslosigkeit dieses Satzes im Bereich der gewerblichen Schutzrechte und damit wohl auch den französischen Standpunkt der uneingeschränkten Geltung des Territorialitätsprinzips nicht teile.

Im Grunde sieht *H. Schumacher,* das zeigen seine weiteren Ausführungen[108], in Art. 36 die grundlegende Abgrenzungsnorm für die Recht-

[104] Cah. dr. eur. 1971, 601 f. (Ziff. 9).

[105] WuW 1968, 487, 489 ff.

[106] Vgl. dazu die Wiedergabe der Stellungnahmen der Kommission und der französischen Regierung im Tatbestand des Parke-Davis-Urteils (EuGH Rspr. XIV, 98, 102).

[107] EuGH Rspr. XIV, 111, 112 f.

[108] WuW 1968, 492.

mäßigkeit oder Rechtswidrigkeit von Importverboten, die aus der Ausübung gewerblicher Schutzrechte resultieren. *H. Schumacher* meint, daß Art. 36 die Ausnahme von dem Verbot der Beschränkung des freien Warenverkehrs zugunsten der gewerblichen Schutzrechte gerade so abgrenze, daß der Bestand dieser Rechte unberührt bleibe, auf der anderen Seite aber jede schutzrechtsfremde Ausdehnung des Importverbots untersagt werde. Er faßt seine Erwägungen dahin zusammen, daß Art. 36 für rechtmäßig in Verkehr gebrachte Waren nur dann eine Patentgrenze innerhalb des Gemeinsamen Marktes fortbestehen lasse, wenn diese aus patentfreien Mitgliedstaaten stammten, oder wenn es sich in dem anderen Mitgliedstaat nicht um ein Parallelpatent handle[109].

Mit diesem Ergebnis ist *H. Schumacher* ohne Zweifel zu einem der Wegbereiter der EuGH-Rechtsprechung in den Fällen Sirena und Deutsche Grammophon geworden. In diesen beiden Urteilen hatte der Gerichtshof, wie gezeigt[110], die „Schlüsselrolle" des Art. 36 für die Abgrenzung von Gemeinschaftsrecht und gewerblichem Rechtsschutz und Urheberrecht anerkannt und gleichzeitig in dieser Vorschrift die Rechtsgrundlage für die von ihm getroffene Unterscheidung von Bestand und Ausübung gesehen, einschließlich der an diese Unterscheidung geknüpften Rechtsfolgen im Hinblick auf die Anwendbarkeit des Gemeinschaftsrechts im Bereich des gewerblichen Rechtsschutzes und des Urheberrechts. Dabei ging das Gericht in der Beseitigung der Auswirkungen der innergemeinschaftlichen Schutzrechtsgrenzen sogar noch einen Schritt weiter als *H. Schumacher,* indem es die Freigabe von Parallelimporten nicht auf den Fall des rechtmäßigen Inverkehrbringens im Sinne der patentrechtlichen Erschöpfungslehre beschränkt, sondern dafür die Zustimmung des inländischen Berechtigten genügen läßt, mithin also auf die Voraussetzung des Bestehens eines Parallelpatentes im Verbreitungsstaat verzichtet. Darauf soll im Folgenden näher eingegangen werden.

c) Art. 36 in Verbindung mit Art. 5 Abs. 2 (Johannes und EuGH im Urteil Deutsche Grammophon)

In der Anmerkung zu einem Urteil des Landgerichts Berlin, das auf eine ähnliche Klage der Deutschen Grammophon wie im späteren Ausgangsverfahren des EuGH-Urteils hin erging, stellt *Johannes*[111] Art. 5 Abs. 2 als Lösungsgrundlage für das Parallelimportproblem zur Dis-

---

[109] *H. Schumacher,* WuW 1968, 496; vgl. zum Ganzen auch die Anmerkung von *H. Schumacher* zum Grundig / Consten-Urteil, WuW 1967, 3.

[110] s. o. § 9.

[111] GRUR Int. 1970, 222, 225.

kussion[112]. Diese Bestimmung verpflichtet die Mitgliedstaaten, alle Maßnahmen zu unterlassen, welche die Verwirklichung der Ziele des EWGV gefährden könnten.

Nach Auffassung von *Johannes* bindet Art. 5 Abs. 2 die innerstaatliche Rechtsprechung der Mitgliedstaaten in demselben Umfang wie den Gesetzgeber. Auch die Rechtsprechung habe daher alle Maßnahmen zu unterlassen, welche die Schaffung eines Gemeinsamen Marktes gefährden könnten. Daraus folgert *Johannes* für den Fall des Re-Imports von Schallplatten, daß eine Auslegung des § 85 URG in dem Sinne, daß das Inverkehrbringen im Ausland — soweit es sich um andere Mitgliedstaaten der Gemeinschaft handelt — das inländische Recht nicht erschöpft, den freien Warenverkehr mit Schallplatten in der Gemeinschaft gefährde. Sie sei gemeinschaftsschädigend und stelle daher eine Verletzung des EWGV dar. Für den Fall der Schallplattenimporte leitet *Johannes* daraus als Ergebnis ab, daß der Hersteller eines Tonträgers den Import der von ihm in andere Mitgliedstaaten exportierten oder der unter seiner Lizenz in anderen Mitgliedstaaten gepreßten Schallplatten nicht auf Grund von § 85 Abs. 1 URG verbieten könne. Dieser Argumentation ist das OLG Hamburg jedenfalls insoweit gefolgt, als es im Verfahren Deutsche Grammophon gegen Metro die Vorlage an den EuGH beschloß und diesem neben den in diesem Zusmmenhang schon „traditionellen" Art. 85 Abs. 1 und 86 auch Art. 5 Abs. 2 zur Auslegung unterbreitete[113]. Die Antwort des EuGH auf diese spezielle Auslegungsfrage lautet wie folgt:

> „Diese Bestimmung begründet eine allgemeine Verpflichtung der Mitgliedstaaten, deren konkreter Inhalt im Einzelfall von den Vertragsvorschriften oder den sich aus dem allgemeinen System des Vertrages ergebenden Rechtsnormen abhängt[114]."

Als „Konkretisierungsvorschrift" zieht der Gerichtshof zunächst Art. 85 Abs. 1 heran und bestätigt seine dazu im Urteil Sirena getroffene Feststellung („Ausübung des ausschließlichen Rechts kann immer dann unter diese Verbotsvorschriften fallen, wenn sich herausstellt, daß sie Gegenstand, Mittel oder Folge einer Kartellabsprache ist")[115]. Erstmals läßt das Gericht es jedoch dabei nicht bewenden, sondern fährt fort:

---

[112] Eine frühere — allerdings nicht weiter vertiefte — Bezugnahme auf Art. 5 findet sich in der Anmerkung von *H. Schumacher* zu den Urteilen Parke-Davis des EuGH und Voran des BGH (WuW 1968, 487, 491, 495).

[113] Vgl. die Hinweise auf den Zusammenhang zwischen dem Vorlagebeschluß des OLG Hamburg und dem Beitrag von *Johannes* bei *Alexander*, Cah. dr. eur. 1971, 602 f. und GRUR Int. 1972, 279 f.

[114] EuGH Rspr. XVII, 498 (Rdnr. 5).

[115] EuGH Rspr. XVII, 499, Rdnr. 6 (Deutsche Grammophon); XVII, 82 f., Rdnr. 9 (Sirena); siehe dazu auch oben § 9 I. 1.

„Falls jedoch eine derartige Rechtsausübung die zum Tatbestand des Artikels 85 EWG-Vertrag gehörenden Merkmale der Vereinbarung oder Abstimmung nicht erfüllt, erfordert die Beantwortung der Frage die weitere Prüfung, ob die Ausübung des fraglichen Schutzrechts nicht gegen andere Vertragsvorschriften, insbesondere diejenigen über den freien Warenverkehr, verstößt[116]."

Ob im Einzelfall ein Verstoß gegen die Vorschriften über den freien Warenverkehr vorliegt, ergibt sich nach Ansicht des EuGH aus Art. 36, dem eine Art Weichenstellerfunktion zukommt zwischen Beschränkungen die zum Schutz des gewerblichen und kommerziellen Eigentums gerechtfertigt sind („Wahrung der Rechte, die den spezifischen Gegenstand dieses Eigentums ausmachen") und Beschränkungen, die nicht unter diesen Rechtfertigungsgrund fallen und folglich — in der Terminologie des Art. 36 — als „Mittel zur willkürlichen Diskriminierung" oder „verschleierte Beschränkung des Handels zwischen den Mitgliedstaaten" anzusehen sind. Diese Abgrenzung ist von *Mestmäcker*[117] zutreffend dahin verdeutlicht worden, daß zu unterscheiden sei, ob die Einfuhrverhinderung unter Einsatz eines gewerblichen Schutzrechts der Aufrechterhaltung getrennter Märkte diene oder aus sachlichen Gründen gerechtfertigt sei.

Wie bereits mehrfach erwähnt[118], kommt der Gerichtshof im Wege der Auslegung von Art. 36 i. V. mit Art. 5 Abs. 2 zu dem Ergebnis, daß die Ausübung eines urheberrechtlichen Ausschließlichkeitsrechts zum Zwecke der Importverhinderung gegen Gemeinschaftsrecht verstößt, wenn das geschützte Erzeugnis in einem anderen Mitgliedstaat entweder von dem inländischen Berechtigten selbst oder mit seiner Zustimmung in Verkehr gebracht worden ist. Daraus folgt, daß dahingestellt bleiben kann, ob in diesem „anderen Mitgliedstaat" ebenfalls ein Schutzrecht für das fragliche Erzeugnis besteht und von wem auch immer gehalten wird.

---

[116] EuGH Rspr. XVII, 499, Rdnr. 7; dieser Satz ist in der Literatur kontrovers interpretiert worden im Hinblick auf die logisch-systematische Rangfolge der Subsumtion unter die Wettbewerbsvorschriften einerseits und die Vorschriften über den freien Warenverkehr andererseits; *Mestmäcker* (Wettbewerbsrecht, 467 f.) leitet daraus einen „Vorrang" für die Subsumtion unter Art. 85 ab; im Gegensatz dazu sieht *Johannes* (gewerblicher Rechtsschutz, 58 f.) — ungeachtet der vom Gerichtshof vorgenommenen Reihenfolge der Prüfung der einzelnen Normen des Gemeinschaftsrechts — den kartellrechtlichen Aspekt mit Recht als logisch und systematisch sekundär an (vgl. oben § 9.

[117] Wettbewerbsrecht, 461 f. („Es ist die ausschließlich marktordnende und markttrennende Wirkung der Ausübung der Schutzrechte, welche unter das gemeinschaftsrechtliche Verbot fällt."); in gleichem Sinne schon in seiner Anmerkung zum Urteil Deutsche Grammophon, in: Schulze, Rechtsprechung zum Urheberrecht.

[118] s. o. § 8 II. 2., § 9 III.

Dieses Ergebnis hat nach überwiegender Auffasung der europarechtlichen Literatur, insbesondere soweit diese von Beamten der EG-Kommission bestritten wird, in gleicher Weise für den Bereich des Patentrechts zu gelten[119]. Einzelne Autoren fragen sich dagegen, ob das Grammophon-Urteil des EuGH ohne weiteres generalisierbar ist[120]. Denn der diesem Urteil zugrunde liegende Sachverhalt weist sowohl in tatsächlicher wie in rechtlicher Hinsicht bestimmte Besonderheiten auf, die eine Übertragung der Aussage des Gerichtshofs auf anders gelagerte Fälle, insbesondere im Bereich des Patentrechts, nur in begrenztem Umfang zulassen dürften. Zum einen ging es im Grammophon-Fall um ein dem Urheberrecht verwandtes Ausschließlichkeitsrecht, dessen Entstehung nicht, wie beim Patentrecht, an einen staatlichen Verleihungsakt geknüpft ist und für das die vom Gerichtshof gefundene Lösung („Zustimmung des Berechtigten genügt") bereits durch ausdrückliche gesetzliche Regelung des nationalen, in diesem Fall deutschen Rechts vorgegeben zu sein scheint[121]. Andererseits handelte es sich um ein Konzernverhältnis, bei dem das Inverkehrbringen im Verbreitungsstaat durch eine nahezu 100%ige Tochtergesellschaft des inländischen Berechtigten erfolgte und bei dem die „Einheitlichkeit des Wirtschaftskomplexes" zu einer einheitlichen Beurteilung der urheberrechtlich relevanten Handlungen von Mutter- und Tochtergesellschaft führen muß[122].

Die Antwort auf die entscheidende Frage der Notwendigkeit oder Unerheblichkeit von Parallelrechten im „anderen Mitgliedstaat" ist damit für den Bereich des Patentrechts durch das Urteil Deutsche Grammophon keineswegs präjudiziert. Vielmehr muß für diesen Bereich gesondert untersucht werden, inwieweit die Abwehr von Importen mit Hilfe der Patentverletzungsklage sachlich gerechtfertigt ist oder willkürlich erscheint[123].

---

[119] Vgl. statt vieler *Johannes*, gewerblicher Rechtsschutz, 52 f. m. w. N.

[120] *Mestmäcker*, Wettbewerbsrecht, 463; ebenso schon *Wertheimer*, SEW 1971, 673 ff.; *Alexander*, GRUR Int. 1972, 280.

[121] § 17 Abs. 2 URG: „Sind das Original oder Vervielfältigungsstücke des Werkes mit Zustimmung des zur Verbreitung im Geltungsbereich dieses Gesetzes Berechtigten im Wege der Veräußerung in Verkehr gebracht worden, so ist ihre Weiterverbreitung zulässig."

[122] *Mestmäcker*, Wettbewerbsrecht, 463.

[123] *Alexander*, GRUR Int. 1972, 280; bemerkenswert erscheint in diesem Zusammenhang, daß die Kommission in ihrer jüngsten Stellungnahme zum Übereinkommensentwurf für ein Gemeinschaftspatent" (Dok. KOM (74) 392 endg. vom 4. 4. 1974) zwar vom Boden des EugH-Urteils in Sachen Deutsche Grammophon aus argumentiert, andererseits aber den für die Erschöpfung der Rechte aus nationalen Patenten einschlägigen Artikel 78 des Übereinkommensentwurfs dahin interpretiert, daß in jedem Fall ein Parallelpatent im Verbreitungsstaat gegeben sein muß (vgl. Seite 2 f. des genannten Doku-

III. Die Anwendung des Lösungsansatzes Art. 36 in Verbindung mit Art. 5 Abs. 2 im Patentrecht

Mit der Unterscheidung von einerseits sachlich gerechtfertigten, andererseits willkürlichen Beschränkungen des innergemeinschaftlichen Warenverkehrs ist im Einklang mit der Rechtsprechung des EuGH der Kerngehalt der durch Art. 36 vorgenommenen Abgrenzung beschrieben. Genaugenommen stehen sich auch auf der Ebene der Gemeinschaft, wie auf der Ebene der Mitgliedstaaten in Gestalt des Dilemmas von Patentschutz und Wettbewerbsfreiheit[124], zwei geleichrangige und gleichwertige Prinzipien gegenüber, nämlich das Prinzip der Freiheit des Warenverkehrs im Gemeinsamen Markt einerseits und andererseits das Prinzip der Gewährleistung des „gewerblichen und kommerziellen Eigentums", so wie es den Angehörigen der Mitgliedstaaten durch ihre nationalen Rechtsordnungen verbürgt wird[125]. Im Falle des Aufeinandertreffens dieser Prinzipien müssen die beiderseitigen Schutzgüter von Fall zu Fall gegeneinander abgewogen werden, um zu entscheiden, welchem Grundsatz jeweils Vorrang zu geben ist. Es muß also, bezogen auf den Bereich des Patentrechts, jedesmal geprüft werden, ob ein Importverbot zur Gewährleistung des inländischen Patentschutzes notwendig ist, oder ob dieses Verbot ausschließlich vertriebspolitischen Zwecken und insbesondere der Aufrechterhaltung getrennter Märkte dient, ohne daß der „spezifische Gegenstand" des Patents tangiert wird.

Vor dem Hintergrund dieser Erwägungen kann der Grundsatz aufgestellt werden, daß die Einfuhr von Patenterzeugnissen bei Bestehen eines Parallelpatents[126] und rechtmäßigem Inverkehrbringen im Verbreitungsstaat in der Regel vom inländischen Patentinhaber nicht verhindert werden kann, während er sich im Falle der Verbreitung im

---

ments mit dem dort angeführten Beispiel). Folgerichtig hätte die Kommission aus der Sicht der in Abschnitt III ihrer Stellungnahme vorgenommenen extensiven Auslegung des Grammophon-Urteils („bezieht sich über das Ausschließlichkeitsrecht des Herstellers von Tonträgern hinaus ohne Zweifel auch auf alle gewerblichen oder kommerziellen Ausschließlichkeitsrechte") nicht erst die Übergangsregelung beanstanden müssen, mit der die Anwendung der „Erschöpfungsartikel" des Übereinkommens zeitlich hinausgeschoben werden soll, sondern schon die in diesen Artikeln selbst enthaltene Regelung, soweit diese an dem Parallelitätserfordernis festhält. Denn die Notwendigkeit der Parallelität muß vom Standpunkt einer Übertragung der Maximen des Urteils Deutsche Grammophon auf das Patentrecht als „Rückschritt" erscheinen.

[124] Siehe dazu oben § 1 IV.

[125] Ein wesentlicher Unterschied zwischen nationaler Ebene und Gemeinschaftsebene liegt darin, daß sich auf dieser zweiten Ebene mittlerweile der Aspekt des freien Warenverkehrs gegenüber dem kartellrechtlichen Aspekt als der bedeutsamere erwiesen hat.

[126] Vgl. zur Definition des Begriffs des Parallelpatents oben § 6 II. 2.

patentfreien Ausland erfolgreich gegen die Einfuhr der fraglichen Erzeugnisse zur Wehr setzen kann. Damit ist allerdings zunächst nur eine „Grobeinteilung“ gegeben. Die notwendige „Feineinstellung“ innerhalb der beiden Kategorien (Parallelpatent — kein Parallelpatent) soll im Folgenden an Hand einiger neuralgischer Fälle aufgezeigt werden.

1. Die Fälle der Einfuhr aus Parallelpatentländern

Besteht für das Erzeugnis, um dessen Einfuhr es geht, im Mitgliedstaat der erstmaligen Verbreitung ebenfalls Patentschutz, und zwar zugunsten des inländischen Patentinhabers oder eines mit diesem wirtschaftlich verbundenen Unternehmens, und ist das fragliche Erzeugnis von einem dieser beiden selbst oder von einem Lizenznehmer in Verkehr gebracht worden, so ist — wie gezeigt — im Regelfall davon auszugehen, daß ein Einfuhrverbot im Wege der Patentverletzungsklage nicht in Betracht kommt. Die gemäß Art. 36 i. V. mit Art. 5 Abs. 2 vorzunehmende „Güterabwägung“ führt in diesem Fall dazu, daß dem Schutzgut der Freiheit des Warenverkehrs im Gemeinsamen Markt Vorrang vor dem Interesse des Patentinhabers an der umfassenden Gewährleistung des inländischen Patentschutzes zu geben ist.

Hat sich der Patentinhaber in mehreren EG-Mitgliedstaaten Patente für ein- und dieselbe Erfindung gesichert, so steht es ihm frei, wo er seine Erfindung auswerten will. Er kann dies dort tun, wo er sich den größtmöglichen Gewinn verspricht. Die nationalen Patentrechtsordnungen der Mitgliedstaaten geben dem „Parallelpatentinhaber“ dagegen keinen Anspruch auf separate Auswertung seiner Erfindung in den verschiedenen Mitgliedstaaten, in denen er Patente hält. Eine gegenteilige Auslegung nationalen Rechts stünde in elementarem Widerspruch zu den gemeinschaftsrechtlichen Vorschriften über die Gewährleistung des freien innergemeinschaftlichen Warenverkehrs.

Dasselbe gilt auch, wenn das Inverkehrbringen im „anderen Mitgliedstaat“ durch einen Lizenznehmer erfolgt ist, der nur eine räumlich auf diesen Mitgliedstaat beschränkte Lizenz besitzt[127]. Der Patentinhaber kann sich durch die Vereinbarung einer entsprechenden Gebietsbeschränkung in einem Lizenzvertrag nicht ein Abwehrrecht gegen Einfuhren aus einem Parallelpatent-Mitgliedstaat verschaffen, das ihm nach dem inländischen Patentrecht nicht zusteht. Andernfalls wäre der Weg für eine Umgehung des Verbots der Einfuhrverhinderung im Falle von Parallelpatenten frei[128].

[127] a. A. *E. Ulmer*, GRUR Int. 1970, 380; *D. Reimer*, GRUR Int. 1972, 229; *Jaume*, Rev. MC 1972, 678, 684 ff., 689.

[128] Diese Umgehungsmöglichkeit wird von den Befürwortern eines absolu-

Auf der anderen Seite sind auch bei Bestehen von Parallelpatenten Fälle denkbar, in denen das Einfuhrverbot aus Gründen der Gewährleistung des Patentschutzes sachlich gerechtfertigt ist. Dies gilt einmal für den Fall der endgültigen Übertragung des Parallelpatents. Voraussetzung ist allerdings, daß es sich bei dem neuen Inhaber dieses Patents nicht um ein mit dem bisherigen Patentinhaber wirtschaftlich verbundenes Unternehmen handelt. In diesem Fall wird der Eigentumscharakter des Patents zum dominierenden Element. Durch die endgültige Übertragung wird der wirtschaftliche Zusammenhang der Parallelpatente, aus dem sich der Vorrang des Grundsatzes der Freiheit des Warenverkehrs ableitet, aufgehoben. Genaugenommen ist, im Sinne der hier zugrunde gelegten Definition, lediglich noch eine Teilparallelität in Gestalt der Identität der patentierten Erfindung gegeben.

Eine weitere Ausnahme von der Regel der extraterritorial wirkenden Erschöpfung im Falle von Parallelpatenten ergibt sich, wenn zwischen dem Patentschutz im Verbreitungsstaat einerseits und im Inland andererseits keine ausreichende Konvergenz besteht. Dies ist der Fall, wenn das fragliche Erzeugnis im Land des Inverkehrbringens nur in wesentlich geringerem Umfang geschützt ist als im Inland. Hier ist beispielsweise an den Fall zu denken, daß im Verbreitungsstaat Veränderungen an dem Patentgegenstand zulässig sind, die nach inländischem Recht als Patentverletzung angesehen werden. In einem solchen Fall muß der inländische Patentinhaber die Möglichkeit haben, die durch die Einfuhr der entsprechenden Gegenstände drohende Aushöhlung seines umfassenderen inländischen Patentschutzes zu verhindern[129].

2. Die Fälle der Einfuhr aus Nichtparallelpatentländern

Aus dem gleichen Grund, um nämlich eine Entwertung des inländischen Patentschutzes zu verhindern, kann sich der Patentinhaber mit Hilfe der Patentverletzungsklage gegen die Einfuhr zur Wehr setzen, wenn das Erzeugnis im Land des Inverkehrbringens nie geschützt war oder nicht mehr geschützt ist[130]. Dies muß in jedem Fall auch dann gelten, wenn das Inverkehrbringen durch den inländischen Patentinhaber selbst oder mit seiner Zustimmung erfolgt ist. Insoweit genießt die Gewährleistung des für das Inland bestehenden Patentschutzes ein-

---

ten Gebietsschutzes im Falle einer räumlich beschränkten Lizenz offenbar übersehen.

[129] *D. Reimer*, GRUR Int. 1972, 228 f., 233.

[130] *D. Reimer*, GRUR Int. 1972, 230, 233.

schließlich der dem Patentinhaber daraus erwachsenden Möglichkeit der Erzielung eines Monopolgewinns[131] Vorrang vor dem Erfordernis eines von Behinderungen freien Warenverkehrs im Gemeinsamen Markt. Andernfalls stünde der Patentinhaber vor dem Dilemma, entweder auf den Vertrieb des fraglichen Erzeugnisses in dem Nichtpatent-Mitgliedstaat zu verzichten und das Feld anderen zu überlassen, oder als Folge der Verbreitung in diesem Mitgliedstaat, sei es durch ihn selbst oder mit seiner Zustimmung, die spätere Einfuhr in Mitgliedstaaten, in denen er ein Patent hält, und damit den Wegfall der Möglichkeit eines Monopolgewinns hinzunehmen[132]. Die Ausübung des inländischen Patentrechts zur Abwehr von Importen aus einem anderen patentfreien Mitgliedstaat ist daher sachlich gerechtfertigt, um dieses Recht in seinem Bestand zu sichern.

§ 15 Die voraussichtliche Lösung des Übereinkommens über das europäische Patent für den Gemeinsamen Markt

I. Die Notwendigkeit einer ausdrücklichen Regelung der extraterritorialen Konsumtion im Übereinkommen für ein europäisches „Gemeinschaftspatent"

Im Anschluß an das EuGH-Urteil in der Rechtssache Deutsche Grammophon ist in der Literatur die Auffassung vertreten worden, daß die in dem damals vorliegenden Übereinkommensentwurf von 1970[1] vorgesehene Regelung der extraterritorialen Konsumtion (Art. 11 Abs. 1, 23 Abs. 2 i. V. m. Art. 99 des Entwurfs) durch den Spruch des Gerichtshofs obsolet geworden sei. Es gehe insbesondere nicht an, für das endgültige Inkrafttreten der extraterritorialen Konsumtion von Patentrechten im Gemeinsamen Markt noch eine Übergangszeit vorzusehen, da es sich hierbei nach den Feststellungen des EuGH bereits um geltendes Recht handle[2].

In gleichem Sinne äußerte sich damals auch die Kommission in einer an den Vorsitzenden der Sachverständigengruppe „Gemeinschaftspatent" gerichteten Stellungnahme[3]. Sie wies vor allem darauf hin,

---

[131] Vgl. dazu *Schatz*, GRUR Int. 1970, 209, der mit Recht darauf hinweist, daß es genügt, wenn „das Geschäft (sc. mit dem das Inverkehrbringen bewirkt wird) seiner Art nach geeignet ist, dem Patentinhaber den ihm zustehenden Monopolgewinn einzubringen", ohne daß es darauf ankommt, ob dieser Gewinn im Einzelfall tatsächlich erzielt wird.

[132] *Alexander*, GRUR Int. 1972, 281.

[1] Vgl. oben § 2 II. 2. (Fußnote 25).

[2] So beispielsweise *Schröter*, WRP 1971, 364; *Alexander*, Cah. dr. eur. 1971, 609; ebenso neuerdings *Johannes*, Gewerblicher Rechtsschutz, 52 f.; *Mestmäcker*, Wettbewerbsrecht, 449.

[3] Dok. R/1558/72 (ECO 151) (BC 9) vom 17. 7. 1972.

daß sich der Gerichtshof der Tragweite seiner Entscheidung im Hinblick auf das Übereinkommen „Gemeinschaftspatent“ durchaus bewußt gewesen sei. Dies ergebe sich einmal aus der Stellungnahme und dem Plädoyer der Kommission, zum anderen aus dem Plädoyer des Generalanwalts, der dem Argument der deutschen Bundesregierung widerspricht, wonach die Übergangsregelung des Art. 99 Übereinkommens-Vorentwurf 1970 keinen Sinn hätte, wenn sich die Unzulässigkeit des Verbots von Parallelimporten bereits aus den Vorschriften des EWGV ergebe[4]. In die gleiche Richtung geht auch die jüngste Stellungnahme der Kommission vom 4. April 1974[5].

Dieser Auffassung kann nicht gefolgt werden. Gerade weil sich das Urteil Deutsche Grammophon — wie gezeigt — nicht ohne weiteres und ohne Einschränkung auf das Patentrecht ausdehnen läßt, erscheint eine Regelung und — allerdings eher aus rechtspolitischen Gründen — wohl auch Übergangsregelung im Übereinkommen „Gemeinschaftspatent“ geboten[6].

II. Die Regelung in den Vorentwürfen 1962 und 1970

Abschließend wird ein Überblick über die für die extraterritoriale Patentrechtserschöpfung und damit für die künftige positiv-rechtliche Regelung des Parallelimportproblems auf Gemeinschaftsebene einschlägigen Bestimmungen des künftigen Übereinkommens „Gemeinschaftspatent“ gegeben. Dabei soll zur besseren Veranschaulichung der Bedeutung dieser Bestimmungen chronologisch vorgegangen und zunächst die Regelung in den Vorentwürfen von 1962 und 1970 behandelt werden. Anschließend ist dann auf den Entwurf von 1973 einzugehen.

---

[4] Vgl. S. 3 f. der Stellungnahme der Kommission; die erwähnten Ausführungen des Generalanwalts finden sich in EuGH Rspr. XVII, 509.

[5] Dok. KOM (74) 392 endg.

[6] Die im Rahmen des Übereinkommensentwurfs 1973 (Dok. 785/73) (ECO 92) (BC 19) vom 9. 4. 1973 vorgesehene Lösung erscheint als annehmbarer Kompromiß: Die Verweisung der Übergangsregelung in ein Protokoll zum Übereinkommen gibt der Kommission und den Vertretern der „Obsolenztheorie“ (extraterritoriale Konsumtion bereits geltendes Recht) die Gewißheit, daß der Übereinkommenstext selbst mit dem EWGV in Einklang steht (vgl. Art. 84 des Entwurfs 1973). Die vorgesehene Regelung trägt in Gestalt der Verkürzungs- bzw. Verlängerungsmöglichkeit für die 5jährige Übergangszeit den berechtigten Anliegen für eine möglichst baldige Beseitigung der nationalen Schutzrechtsgrenzen einerseits wie für die notwendige Anpassung des Wirtschaftslebens an diese neuen Gegebenheiten andererseits Rechnung.

1. Der Vorentwurf von 1962 (Art. 20 a Abs. 1, 29 Abs. 2, 197, 199 Abs. 2)[7]

a) Art. 20 a Abs. 1

Der Vorentwurf von 1962 enthält zunächst in Art. 20 a Abs. 1 die Normierung der Patentrechtsrschöpfung in Bezug auf das „europäische Patent"[8], soweit das Inverkehrbringen *durch den Patentinhaber selbst* erfolgt ist. Da sich die Formulierung dieses Artikels in den späteren Entwürfen mit bloßen redaktionellen Abweichungen erhalten hat, sei sie hier wörtlich zitiert:

„Das Recht aus dem europäischen Patent erstreckt sich nicht auf Handlungen, die das durch das Patent geschützte Erzeugnis betreffen und im Hoheitsgebiet der Vertragsstaaten vorgenommen werden, nachdem der Patentinhaber dieses Erzeugnis in einem dieser Staaten in Verkehr gebracht hat."

An dieser Formulierung fällt besonders auf, daß sie an den Tatbestand des Inverkehrsbringens offenbar eine globale Patentrechtserschöpfung knüpft, indem sie allgemein auf „Handlungen, die das durch das Patent geschützte Erzeugnis betreffen", abstellt. M. a. W., durch das rechtmäßige, in diesem Fall durch den Schutzrechtsinhaber selbst vorgenommene Inverkehrbringen der Patentware, würden *sämtliche Benutzungsarten* des Patents erschöpft und damit „gemeinfrei". Das würde dann gleichermaßen für das Herstellen, Inverkehrbringen, Feilhalten oder Gebrauchen gelten (§ 6 PatG). Art. 20 a Abs. 1 ginge damit über den Inhalt des Erschöpfungsgrundsatzes, wie ihn in Deutschland RG[9] und BGH[10] in ständiger Rechtsprechung definiert haben, in einem entscheidenden Punkt hinaus. Nach dieser Judikatur führt nämlich das Inverkehrbringen des patentgeschützten Erzeugnisses durch den Patentinhaber nur zur Erschöpfung des Gebrauchs- und Verbreitungsrechts. Nicht erfaßt wird dagegen das Recht zur Herstellung des geschützten Gegenstandes, so daß der Schutzrechtsinhaber sich gegen jede Neuherstellung des geschützten Gegenstandes mit der Verletzungsklage zur Wehr setzen kann[11].

---

[7] Vgl. oben § 2 II. 1. (Fußnote 7).

[8] Gemeint ist, in der aktuellen Terminologie, das „europäische Patent für den Gemeinsamen Markt" im Unterschied zu dem nach dem Übereinkommen über ein europäisches Patenterteilungsverfahren erteilten Patent, das ein „Bündelpatent" sein wird.

[9] RG, Urt. vom 26. 3. 1902, RGZ 51, 139, 140 f. („Guajakol-Karbonat").

[10] BGH, Urt. vom 12. 6. 1951, BGHZ 2, 261, 267 („Taucherglocke").

[11] Vgl. dazu — statt vieler — *Koppensteiner*, AWD 1971, 360 f.; *D. Reimer*, GRUR Int. 1972, 221.

Für das europäische Gemeinschaftspatent scheint somit — zumindest auf der Sachverständigenebene — eine „große" Erschöpfungslösung[12] anvisiert zu werden, im Gegensatz etwa zu der vom deutschen Gesetzgeber auf dem vergleichbaren Gebiet des Urheberrechts gefundenen Lösung. Dort wurde mit § 17 Abs. 2 URG von 1965 der Erschöpfungsgrundsatz erstmals gesetzlich geregelt, nachdem er sich vorher — wie im Patent-, Warenzeichen-, Gebrauchs- und Geschmacksmusterrecht — lediglich auf eine ständige höchstrichterliche Rechtsprechung und die einhellige Auffassung des Schrifttums stützen konnte. § 17 Abs. 2 URG bestimmt aber ausdrücklich, welche der Verwertungsarten des Urheberrechts erschöpft wird, nämlich das Recht zur „Weiterverbreitung", also nicht etwa das Recht zur Vervielfältigung oder Nachbildung oder öffentlichen Wiedergabe des urheberrechtlich geschützten Werkes[13].

Es fragt sich, ob die Schöpfer des Übereinkommens für das „Gemeinschaftspatent" wirklich über den beispielsweise durch § 17 Abs. 2 URG für das Nachbargebiet des Urheberrechts gesetzlich abgesteckten Rahmen und ebenso über den bisher für die Erschöpfung des Patentrechts in Rechtsprechung und Literatur übereinstimmend anerkannten Umfang hinausgehen wollen. Falls dies nicht beabsichtigt ist, wofür einiges in den Materialien zu den verschiedenen Entwürfen spricht, sollte im endgültigen Text der einschlägigen Vorschrift klar zum Ausdruck gebracht werden, welches der patentrechtlichen Ausschließlichkeitsrechte der Erschöpfung unterliegt.

b) Art. 29 Abs. 2

Art. 29 Abs. 2 Satz 1 dehnt die Anwendung des Art. 20 a Abs. 1 auf den Fall des rechtmäßigen Inverkehrbringens *durch den Lizenznehmer* aus. Die Erschöpfungswirkung tritt also auch ein, wenn der durch ein europäisches Patent geschützte Gegenstand nicht durch den Patentinhaber selbst sondern durch einen Lizenznehmer in Verkehr gebracht wird.

Die in der Literatur[14] umstrittene Frage, ob, im Falle des Inverkehrbringens durch Lizenznehmer, die Patentrechtserschöpfung auch dann

---

[12] Entsprechendes läßt sich übrigens für das europäische Markenrecht feststellen (vgl. Art. 16 des Vorentwurfs), wo auf die „Benutzung der Marke oder einer übereinstimmenden Bezeichnung" abgestellt wird.

[13] Vgl. zum Wortlaut von § 17 Abs. 2 oben § 14 II. 5. c) (Fußnote 121).

[14] Vgl. dazu *Koppensteiner*, AWD 1971, 363 und *D. Reimer*, GRUR Int. 1972, 229. *Koppensteiner* meint, was im Falle der innerstaatlichen Bezirkslizenz gelte, nämlich die Extraterritorialität der Konsumtion mit der Folge, „daß Bezirkslizenzen mit absolutem Gebietsschutz nicht vergeben werden können" (362), müsse auch auf der internationalen Ebene bei der Vergabe von auf das Gebiet eines Staates beschränkten Lizenzen angenommen werden. *D. Reimer* hält dieses Extrapolieren der internen Rechtslage auf die inter-

extraterritorial wirkt, wenn die Lizenz unter ausdrücklicher räumlicher Beschränkung auf das fragliche Parallelpatentland erteilt worden ist[15], wird in Art. 29 Abs. 2 Satz 2 im Wege der Legaldefinition entschieden. Danach „wird die Rechtmäßigkeit des Inverkehrbringens in der Weise verstanden, daß die Lizenzbedingungen, die eine räumliche Beschränkung vorsehen, außer Betracht bleiben“. Somit tritt Patentrechtserschöpfung auch dann für den gesamten Geltungsbereich des europäischen Patents, also für das Gebiet des Gemeinsamen Marktes, ein, wenn das geschützte Erzeugnis von einem Lizenznehmer mit beschränkter Gebietslizenz in Verkehr gebracht wurde. Die Folge ist, daß Importe von Erzeugnissen, die auf diese Weise patentfrei geworden sind, aus dem fraglichen Gebiet, z. B. einem EG-Mitgliedstaat, in andere Gebiete oder das gesamte übrige Gebiet des Gemeinsamen Marktes nicht verhindert werden können. Umgekehrt hat auch der Gebietslizenznehmer seinerseits nicht die Möglichkeit, die Einfuhr von solcher Patentware in sein Lizenzgebiet zu unterbinden, die in einem Parallelgebiet vom Schutzrechtsinhaber selbst oder, mit seiner Erlaubnis, von anderen Lizenznehmern in Verkehr gebracht worden ist. M. a. W., die Vergabe von Gebietslizenzen führt nur zu einem relativen aber nicht mehr zu einem absoluten Gebietsschutz für den Lizenznehmer. Er kann sich zwar dagegen wehren, daß Patenterzeugnisse von Nachahmern oder auch Parallellizenznehmern in „seinem“ Gebiet erstmalig und in diesem Falle unbefugt verbreitet werden, kann jedoch nicht verhindern, daß einmal patentfrei gewordene Ware in dieses Gebiet eingeführt wird[16].

---

nationale Ebene für unzulässig. Die rechtlichen und wirtschaftlichen Unterschiede zwischen verschiedenen, souveränen Staaten rechtfertigen es, die internationale Wirkung der Erschöpfung anders zu beurteilen als interne Vorgänge in dem eigenen, einheitlichen Staats- und Wirtschaftsraum. In ähnlichem Sinne wie *D. Reimer* auch *E. Ulmer*, GRUR Int. 1970, 380 (für das Nachbargebiet des Urheberrechts).

[15] Die Möglichkeit einer räumlich begrenzten Lizenzvergabe wird durch Art. 29 Abs. 1 ausdrücklich eingeräumt.

[16] Der Vorentwurf 1962 liegt damit auf der Linie der Erwägungen von *Koppensteiner*; vgl. in diesem Zusammenhang auch dessen Ausführungen zur wirtschaftlichen Rechtfertigung der Zulässigkeit von Parallelimporten bei gebietsmäßig beschränkten Lizenzen, die ganz auf den Entgeltsicherungszweck des aus dem Patent fließenden ausschließlichen Verbreitungsrechts abstellen (AWD 1971, 361 f.). Demgegenüber hatte *D. Reimer* darauf hingewiesen, daß aus dem Patent nicht nur Vergütungs- sondern auch Verbotsansprüche fließen und das, im Hinblick auf die für die Patenterteilung aufgewandten Kosten „ein schützenswertes Interesse an der gesonderten Vergabe in- und ausländischer Berechtigungen“ bestehe (GRUR Int. 1972, 229). Vgl. zum Ganzen auch die kritischen Anmerkungen von *Samwer*, GRUR Int. 1969, 12 f.

c) Art. 197, Art. 199 Abs. 2

Die „Beschränkung der Rechte aus nebeneinanderbestehenden nationalen Patenten", m. a. W. also die Patentrechtserschöpfung bezüglich der neben dem europäischen Gemeinschaftspatent fortbestehenden innerstaatlichen Patente, wird, für den Fall des Inverkehrbringens durch den Patentinhaber selbst, in Art. 197 geregelt. In der Formulierung deckt sich diese Vorschrift mit der des Art. 20 a Abs. 1. Im Text wird lediglich das „europäische Patent" durch die „nationalen Patente" ersetzt.

Entsprechendes gilt auch für Art. 199 Abs. 2, der im Einklang mit dem Regelungsschema für das europäische Gemeinschaftspatent, wiederum die Ausdehnung auf den Fall des Inverkehrbringens durch einen Lizenznehmer enthält und somit Art. 29 Abs. 2 entspricht. Hinsichtlich des Inhalts dieser Regelung kann daher auf das oben zu den Art. 20 a Abs. 1 und 29 Abs. 2 Gesagte Bezug genommen werden.

Bemerkenswert ist allerdings in diesem Zusammenhang, daß die Regelung des Art. 197 offensichtlich darauf hinausläuft, daß die Erschöpfung des inländischen Patentrechts im Falle des Inverkehrbringens durch den Patentinhaber selbst auch dann eintritt, wenn in dem Mitgliedstaat, in dem dieses Inverkehrbringen erfolgt, keinerlei Patentschutz für das fragliche Erzeugnis besteht. Jedenfalls wird das Bestehen paralleler Patente nicht ausdrücklich zur Voraussetzung erhoben. Es fragt sich, ob eine derartige Lösung wirklich beabsichtigt ist. Andernfalls erscheint eine Klarstellung in der Endfassung des Übereinkommens dringend erforderlich.

2. Der Vorentwurf von 1970 (Art. 11 Abs. 1, 23 Abs. 2, 99)[17]

a) Endgültige Regelung (Art. 11 Abs. 1, 23 Abs. 2, 99 Abs. 3)

Die Regelung des Vorentwurfs 1962 gab seinerzeit lediglich die Mehrheitsmeinung in der Sachverständigen-Arbeitsgruppe „Patente" wieder. Dieser stand eine Mindermeinung gegenüber, die für eine restriktivere Alternativfassung des Art. 20 votierte und dementsprechend auch den Art. 29 Abs. 2, 197 und 199 Abs. 2 ihre Zustimmung versagte. In dieser Alternativfassung war vorgesehen, daß das europäische Patent seinem Inhaber in jedem der Vertragsstaaten dieselben Rechte wie ein in diesem Staat erteiltes nationales Patent gewähren sollte, was letzten Endes auf eine „nationale Lösung" der Patentrechts-

[17] Vgl. oben § 2 II. 2. (Fußnote 25).

erschöpfung hinausliefe. Die Sachverständigengruppe „Gemeinschaftspatent“, die die zweite Phase der Ausarbeitung eines europäischen Patentübereinkommens bestreitet, hat sich demgegenüber auf eine, von der gesamten Gruppe getragene endgültige Regelung geeinigt, dieser allerdings eine Übergangsregelung vorgeschaltet.

aa) Art. 11 Abs. 1, 23 Abs. 2

Die Erschöpfungsregelung für die Rechte aus dem *Gemeinschaftspatent* ist in den Art. 11 Abs. 1 und 23 Abs. 2 des Vorentwurfs 1970 enthalten. Mit diesen Artikeln wird in Aufbau und Formulierung die Regelung des Entwurfs 1962 im wesentlichen unverändert[18] übernommen. Art. 11 Abs. 1 entspricht dabei dem früheren Art. 20 a Abs. 1 (Inverkehrbringen durch den Patentinhaber), Art. 23 Abs. 2 dem früheren Art. 29 Abs. 2 (Inverkehrbringen durch den Lizenznehmer). Allerdings fehlt jetzt die in Art. 29 Abs. 2 Satz 2 enthaltene Legaldefinition für die Rechtmäßigkeit des Inverkehrbringens im Falle der räumlich beschränkten Lizenzvergabe.

bb) Art. 99 Abs. 3

Die in Art. 197, Art. 199 Abs. 2 des Entwurfs 1962 vorgesehene Regelung übertrug die für das damalige „europäische Patent“ in Art. 20 a Abs. 1, 29 Abs. 2 in Aussicht genommene Lösung unverändert auf die nationalen Patente. Davon weicht Art. 99 Abs. 3 insofern ab, als er die Erschöpfungswirkung nur eintreten lassen will hinsichtlich der „Rechte aus Patenten, die für eine Erfindung in zwei oder mehreren Vertragsstaaten erteilt worden sind und ein und derselben natürlichen oder juristischen Person oder wirtschaftlich verbundenen natürlichen oder juristischen Personen gehören“.

Nach dieser Regelung tritt auch bei Inverkehrbringen durch den Patentinhaber selbst Erschöpfung nur ein, wenn im Inland wie im Ausland Patentschutz besteht, also durch das Inverkehrbringen der spezifische, dem Patentinhaber zustehende Monopolgewinn realisiert werden kann. Zum besseren Verständnis sei Art. 99 Abs. 3 nachfolgend im Wortlaut wiedergegeben:

---

[18] Der einzige Unterschied ist redaktioneller Art: Zur Abgrenzung von dem auf Grund des Übereinkommens über ein europäisches Patenterteilungsverfahren „europäisch erteilten“ Patent wird statt der Bezeichnung „europäisches Patent“ der Begriff „Gemeinschaftspatent“ verwendet (vgl. dazu Art. 2 Abs. 1 des Ersten Vorentwurfs eines Übereinkommens über ein europäisches Patenterteilungsverfahren, der die Bezeichnung „europäisches Patent“ ausdrücklich den „gemäß diesem Übereinkommen erteilten Patenten“ vorbehält).

„(3) Nach Ablauf der in diesem Artikel vorgesehenen Übergangszeit können ungeachtet von Vorschriften des nationalen Rechts der Vertragsstaaten die Rechte aus Patenten, die für eine Erfindung in zwei oder mehreren Vertragsstaaten erteilt worden sind und ein und derselben natürlichen oder juristischen Person oder wirtschaftlich verbundenen natürlichen oder juristischen Personen gehören, nicht gegenüber Handlungen geltend gemacht werden, die ein durch diese Patente geschütztes Erzeugnis betreffen und im Hoheitsgebiet eines Vertragsstaats vorgenommen werden, nachdem der Patentinhaber oder sein Lizenznehmer das Erzeugnis rechtmäßig in einem dieser Staaten in Verkehr gebracht hat. Als wirtschaftlich verbunden im Sinne dieses Absatzes gelten zwei Personen, wenn in Bezug auf die Verwertung eines Patents die eine auf die andere unmittelbar oder mittelbar maßgeblichen Einfluß ausüben kann oder wenn Dritte auf beide einen solchen Einfluß ausüben können."

Aus dieser Bestimmung folgt u. a. auch, daß die Übertragung eines Parallelpatents an einen mit dem ursprünglichen Patentinhaber nicht wirtschaftlich verbundenen Dritten die „konsumtionsträchtige" Parallelität aufhebt, mit der Folge, daß eine Erschöpfung des Verbreitungsrechts aus dem ursprünglichen Patent die Rechte aus dem übertragenen Patent unberührt läßt und umgekehrt[19].

b) Übergangsregelung für das Gemeinschaftspatent (Art. 99 Abs. 1, 2)

aa) Inhalt der Übergangsregelung (Art. 99 Abs. 1)

Nach Art. 99 Abs. 1 wird für die Dauer einer Übergangszeit die Regelung in den Art. 11 Abs. 1, 23 Abs. 2 für die Erschöpfung des Gemeinschaftspatents ausgesetzt, mit der Maßgabe, daß während dieser Zeit für Erzeugnisse, die durch ein Gemeinschaftspatent geschützt sind, dieselbe Regelung gelten wird, wie sie augenblicklich und ebenfalls während der Übergangszeit für die durch nationale Patente geschützten Erzeugnisse besteht. Damit soll für die Übergangszeit zunächst noch ein „Gleichstand" zwischen Gemeinschaftslösung und nationaler Lösung

---

[19] Auch in diesem Fall bahnt sich damit die positiv-rechtliche Entscheidung einer Streitfrage, zumindest für den EG-Bereich, an. In der Literatur war man nämlich bisher geteilter Meinung darüber, ob auch dann Konsumtion mit extraterritorialer Wirkung anzunehmen sei, wenn das fragliche Parallelpatent bereits vor dem Inverkehrbringen des geschützten Gegenstandes an einen unabhängigen Dritten übertragen worden war. Vgl. dazu als „Repräsentanten" der beiden Literaturmeinungen *Koppensteiner*, AWD 1971, 365 (für Extraterritorialität) und *D. Reimer*, GRUR Int. 1972, 229, 233 (gegen Extraterritorialität). Bezeichnenderweise haben sich übrigens seinerzeit schon *Koch / Froschmaier* gegen eine extraterritoriale Konsumtion im Falle der Übertragung des Parallelpatents ausgesprochen (GRUR Int. 1965, 126 f.).

auf der Basis des status quo ante aufrechterhalten werden. Denn die nach Art. 99 Abs. 3 für die nationalen Patente vorgesehene Erschöpfungsregelung tritt ebenfalls erst „nach Ablauf der in diesem Artikel vorgesehenen Übergangszeit“ in Kraft.

bb) Dauer der Übergangszeit (Art. 99 Abs. 2)

Für die Dauer der Überganszeit sind 5 Jahre vorgesehen. Dieser Zeitraum kann je nach „Anpassungsschwierigkeit“ durch Ratsbeschluß auf Vorschlag der Kommission oder eines Vertragsstaats verkürzt oder verlängert werden. Für die Verkürzung ist Einstimmigkeit erforderlich, für die Verlängerung — allerdings nach oben begrenzt auf höchstens weitere 5 Jahre — genügt ein Beschluß mit qualifizierter Mehrheit. Bereits in dieser unterschiedlichen Abstimmungsregelung scheint eine gewisse Wahrscheinlichkeit dafür angelegt zu sein, daß es zu einer Verlängerung der Übergangszeit kommen wird.

III. Die Regelung im Entwurf 1973 (Art. 32, 78 sowie Entwurf eines Protokolls über die aufgeschobene Anwendung der Vorschriften über die Erschöpfung der Rechte aus dem Gemeinschaftspatent und aus nationalen Patenten)[20]

1. Endgültige Regelung (Art. 32, 78)

a) Art. 32

Die endgültige Regelung der Erschöpfung des Rechts aus dem *Gemeinschaftspatent* in Art. 32 des Entwurfs 1973 deckt sich, abgesehen von redaktionellen Änderungen, mit den Vorläufern in den Vorentwürfen 1962 und 1970 (Art. 20 a Abs. 1, 29 Abs. 2 einerseits, Art. 11 Abs. 1, 23 Abs. 2 andererseits). Neu ist lediglich, daß jetzt die in den genannten Vorentwürfen noch gesondert geregelten Fälle des Inverkehrbringens durch den Patentinhaber einerseits und durch einen Lizenznehmer andererseits in einem Artikel zusammengefaßt werden.

b) Art. 78

Art. 78 enthält die endgültige Regelung der „Erschöpfung des Rechts aus nationalen Patenten“. Auch dieser Artikel schließt weitgehend an die entsprechenden Vorläufer in den Vorentwürfen 1962 und 1970 an. Gegenüber Art. 99 Abs. 3 des Entwurfs 1970 ergibt sich jedoch insofern eine bedeutsame Abweichung, als Abs. 1 des Art. 78 Entwurf 1973 für den Fall des Inverkehrbringens *durch den Patentinhaber selbst* die

---

[20] Vgl. oben § 2 II. 2.

Regelung des Art. 32 Abs. 1 bezüglich der Erschöpfung der Rechte aus dem Gemeinschaftspatent übernimmt. Damit wird das Regelungsschema des Entwurfs 1962 wieder aufgegriffen. Wie dort ist für den Eintritt der Konsumtionsfolge im Inland nicht Voraussetzung, daß auch im fraglichen Ausland, wo der Patentinhaber das Erzeugnis in Verkehr bringt, für dieses bzw. für diesen Patentschutz besteht.

2. Übergangsregelung (Entwurf eines Protokolls über die aufgeschobene Anwendung der Vorschriften über die Erschöpfung der Rechte aus dem Gemeinschaftspatent und aus nationalen Patenten)

a) Inhalt der Übergangsregelung (Art. 1 des Protokollentwurfs)

Wie oben bereits angedeutet[21] haben die im Anschluß an das EuGH-Urteil im Fall Deutsche Grammophon von der Kommission geäußerten Bedenken gegen die Aufnahme einer Übergangsregelung dazu geführt, daß diese aus dem Text der einschlägigen Vorschriften herausgenommen und in ein Protokoll verwiesen wird, das allerdings seinerseits Bestandteil des Übereinkommens werden soll. Die in Art. 99 Abs. 1 des Entwurfs 1970 enthaltene Regelung bezüglich des „Gleichstandes" von Gemeinschaftslösung und nationaler Lösung während der Übergangszeit findet sich in Art. 1 des Protokollentwurfs wieder:

„(1) Während einer Übergangszeit sind auf das Gemeinschaftspatent anstelle des Artikels 32 des Übereinkommens die entsprechenden Vorschriften des nationalen Rechts anzuwenden; hierfür gilt das Gemeinschaftspatent in jedem Vertragsstaat als ein nationales Patent.

(2) Während der in Absatz 1 genannten Übergangszeit sind auf nationale Patente anstelle des Artikels 78 des Übereinkommens die entsprechenden Vorschriften des nationalen Rechts anzuwenden."

b) Dauer der Übergangszeit (Art. 2 des Protokollentwurfs)

Hinsichtlich der Dauer der Übergangszeit wird die in Art. 99 Abs. 2 des Vorentwurfs 1970 enthaltene Regelung von Art. 2 des Protokollentwurfs unverändert übernommen.

---

[21] s. o. § 15 I.

Schluß

Die Ausgangsfrage dieser Untersuchung war: Läßt sich die als integrationspolitische Notwendigkeit allgemein anerkannte Überwindung des sog. Territorialitätsprinzips im Patentrecht bereits aus dem geltenden Gemeinschaftsrecht ableiten, oder ist dazu eine Lösung im Rahmen des vorgesehenen Übereinkommens für ein europäisches „Gemeinschaftspatent" unumgänglich?

Als Ansatzpunkt für eine Antwort bot sich die einschlägige Rechtsprechung des EuGH an, einsetzend mit den Urteilen Grundig / Consten und Parke-Davis und fortgeführt mit den Urteilen Sirena und Deutsche Grammophon. Die zuerst genannten Urteile Grundig / Consten und Parke-Davis erbrachten erste Hinweise für eine nähere Bestimmung des Verhältnisses von nationalem gewerblichem Rechtsschutz und EWGV. Die vorher weitgehend auf das europarechtliche Schrifttum beschränkte Diskussion wurde jetzt, wie in einem Hohlspiegel, im Entscheidungsstoff dieser beiden Urteile eingefangen. Die Analyse dieser Urteile ebenso wie die der beiden späteren Urteile Sirena und Deutsche Grammophon, ergab, daß die im Verhältnis von gewerblichem Rechtsschutz und Gemeinschaftsrecht vornean stehende Frage der Zulässigkeit oder Unzulässigkeit von Parallelimporten nur im Wege der Subsumtion unter die in Betracht kommenden Bestimmungen des EWGV, in erster Linie der Vorschriften über den freien Warenverkehr beantwortet werden kann. Dies folgt insbesondere aus dem Urteil „Deutsche Grammophon", in dem der Gerichtshof unter dem Einfluß einer inzwischen wohl als herrschend anzusehenden Literaturmeinung, die sich wiederum in einer entsprechenden Vorlagefrage niedergeschlagen hatte, von seiner bisherigen, ausschließlich kartellrechtlichen Betrachtungsweise abgeht und die Vorschriften über den freien Warenverkehr in die Erörterung einbezieht. Allerdings handelte es sich im Fall „Deutsche Grammophon" um einen Sachverhalt, der in mehrfacher Hinsicht Besonderheiten aufweist, die eine Übertragung der dort gefundenen Ergebnisse auf den Fall des Patentrechts nicht ohne weiteres zulassen. Genau dieser Fall ist jedoch kürzlich beim Gerichtshof in zwei Vorabentscheidungsersuchen des niederländischen „Hoge Raad" anhängig gemacht worden[1]. Damit wird dem Gerichtshof erstmals

[1] Rechtssachen 15/74 und 16/74 „Centrafarm"; Vorlagefragen abgedruckt in ABLEG Nr. C 41/9 und 10 vom 9. 4. 74.

Gelegenheit gegeben, über die Auslegung des Gemeinschaftsrechts im Falle der Verhinderung von Parallelimporten patentgeschützter Erzeugnisse aus einem anderen Mitgliedstaat zu entscheiden.

Dazu erschien es notwendig, vorab zu klären, welche Bedeutung dem sog. Territorialitätsprinzip wirklich zukommt: Handelt es sich dabei um einen allgemein gültigen, dem Gemeinschaftsrecht sozusagen vorgegebenen Grundsatz zwingenden Rechts, mit dem die Frage der Zulässigkeit oder Unzulässigkeit von Parallelimporten eindeutig und ein für alle Mal entschieden ist?

Diese Frage war zu verneinen. Das Territorialitätsprinzip erweist sich bei näherer Prüfung als Kollisionsnorm i. S. des IPR, die lediglich das im Falle eines Sachverhalts mit Auslandsberührung anwendbare Recht zu „berufen" vermag. Auf die Kernfrage des Parallelimportproblems, nämlich die Frage der Berücksichtigung oder Nichtberücksichtigung von Auslandssachverhalten bzw. -sachverhaltsteilen, und hier vor allem des Inverkehrbringens im Geltungsbereich eines Parallelpatents, weiß das Territorialitätsprinzip dagegen keine Antwort. Die mit Hilfe dieses Prinzips gefundene Antwort auf die Frage nach der in einem bestimmten Fall mit Auslandsberührung anwendbaren Rechtsordnung läßt sich auch nicht, im Sinne einer „Nationalisierung" des Tatsachenstoffs, in den eigentlichen Subsumtionsvorgang hinein prolongieren; m. a. W. Rechtsbezogenheit („Berufung" einer bestimmten Rechtsordnung) und Sachbezogenheit (Tatsachenstoff, aus dem eine bestimmte Rechtsfolge abgeleitet wird) müssen in ihrer räumlichen Zuordnung nicht absolut kongruent sein.

Der nächste Schritt der Untersuchung war die Subsumtion der Grundfälle einer Importverhinderung mit den Mitteln des Patentrechts unter die in Betracht kommenden Bestimmungen des EWGV. Das Ergebnis war, daß als sedes materiae weniger die Wettbewerbsvorschriften des EWGV sondern vielmehr die Vorschriften über den freien Warenverkehr, und hier insbesondere Art. 36, zu gelten haben. Dies führt dazu, daß in jedem Fall zu prüfen ist, ob ein Importverbot zur Gewährleistung des inländischen Patentschutzes notwendig ist, oder ob dieses Verbot ausschließlich vertriebspolitischen Zwecken dient, ohne daß der „spezifische Gegenstand" des Patents tangiert wird.

In diesem Zusammenhang kommt der angestrebten Patentrechtsvereinheitlichung mit der Einführung eines europäischen Gemeinschaftspatents besondere Bedeutung zu. Welche Schwierigkeiten hier aber noch bestehen, zeigt die Darstellung der einschlägigen Bestimmungen in den Entwürfen des vorgesehenen Übereinkommens. Soll jedoch der Gemeinsame Markt in einem entscheidenden Bereich nicht Stückwerk bleiben, so muß durch das Übereinkommen über das Gemeinschaftspatent eine klare Lösung für das Problem der Parallelimporte erfolgen, und zwar sowohl für das Gemeinschaftspatent selbst wie auch für die nationalen Patente. Dies setzt allerdings voraus, daß die Unklarheiten, die sich aus der gegenwärtigen Fassung der einschlägigen Artikel des künftigen Übereinkommens noch ergeben, im Rahmen der bevorstehenden Schlußredaktion der Texte noch ausgeräumt werden.

Die Bestimmungen über die Erschöpfung des Patentrechts sollten vor allem auf drei Fragen eindeutige Antworten enthalten:

— Woran knüpft sich die Patentrechtserschöpfung?

— Welche patentrechtlichen Ausschließlichkeitsrechte sind im einzelnen der Erschöpfung ausgesetzt oder, anders gewendet, welche Verwertungsarten werden „patentfrei"?

— Welche Voraussetzungen müssen hinsichtlich der Identität von Patentgegenstand und Patentberechtigtem gegeben sein, damit die Erschöpfung in einem Mitgliedstaat extraterritorial, d. h. auch für einen oder mehrere andere Mitgliedstaaten, wirkt?

Dem ersten Erfordernis scheint für das Gemeinschaftspatent durch die Formel „in einem dieser Staaten in Verkehr gebracht" (Art. 32 Entwurf 1973) ausreichend Genüge getan zu sein. Die Verwendung einer ähnlichen Formel (Art. 78 Entwurf 1973: „in irgendeinem (!) Vertragsstaat in Verkehr gebracht") für die nationalen Patente trägt dagegen kaum zur Klärung der bestehenden Meinungsunterschiede bei und wird dementsprechend — sollte der Text des Übereinkommens insoweit unverändert bleiben — zu erheblichen Auslegungsschwierigkeiten führen. Vor allem stellt sich hier die Frage, ob auch das Inverkehrbringen in einem „Nichtpatentland" (wo der Patentinhaber entweder ein Patent nicht genommen hat oder — mangels Patentierbarkeit — ein solches überhaupt nicht nehmen konnte) zur Erschöpfung des Patentrechts im Inland führen soll.

Auch dem zweiten Erfordernis wird nur zum Teil Rechnung getragen. Die Formel von den „Handlungen, die ein durch das Patent geschütztes Erzeugnis betreffen" (Art. 32, 78 Entwurf 1973) läßt nicht erkennen, *welche* Verwertungsarten „patentfrei" werden sollen.

Was schließlich die dritte Frage angeht, so scheint hier sowohl die Regelung für das Gemeinschaftspatent als auch diejenige für die nationalen Patente genügend klar zu sein. Im Falle des Gemeinschaftspatents ist unter dem Gesichtspunkt einer möglichen Verhinderung von Parallelimporten in der Tat nur an das Inverkehrbringen durch den Patentinhaber selbst oder durch einen gebietsmäßig beschränkten Lizenznehmer zu denken. Da das Gemeinschaftspatent nur einheitlich übertragbar ist (Art. 2 Abs. 2 Entwurf 1973), stellt sich das Problem einer Marktaufteilung durch Schutzrechtsübertragung jedenfalls nicht.

Dieses Problem bleibt dagegen für die nationalen Patente bestehen. Jedoch stellt hier Art. 78 Entwurf 1973 klar, daß der inländische Patentinhaber sich das Inverkehrbringen durch einen mit ihm wirtschaftlich verbundenen Patentinhaber in einem anderen Vertragsstaat wie eigenes Inverkehrbringen zurechnen lassen muß.

Die einzige in diesem Zusammenhang noch offene Frage ist die, ob eine Erschöpfung des inländischen Patentrechts bei Inverkehrbringen im Ausland auch dann eintritt, wenn der Lizenznehmer, der das Erzeugnis im Ausland in Verkehr bringt, nur eine räumlich auf das betreffende Land beschränkte Lizenz besitzt. Diese Frage war im Vorentwurf 1962 im Wege einer Legaldefinition entschieden worden, wonach „die Rechtmäßigkeit des Inverkehrbringens in der Weise verstanden (wird), daß die Lizenzbedingungen, die eine räumliche Beschränkung vorsehen, außer Betracht bleiben" (Art. 29 Abs. 2 Satz 2). In den späteren Entwürfen taucht diese Legaldefinition nicht mehr auf.

Die vorstehenden Überlegungen seien abschließend in folgendem Formulierungsvorschlag für den endgültigen Text der beiden Vorschriften über die Erschöpfung der Rechte aus dem Gemeinschaftspatent bzw. den nationalen Patenten zusammengefaßt:

Artikel ...

Erschöpfung der Rechte aus dem Gemeinschaftspatent

(1) Ist ein durch ein Gemeinschaftspatent geschütztes Erzeugnis durch den Patentinhaber in einem der Vertragsstaaten in Verkehr gebracht worden, so kann dieses Erzeugnis auch im gesamten übrigen Gebiet der Vertragsstaaten frei gehandelt und gebraucht werden.

(2) Absatz 1 ist auch auf ein Erzeugnis anzuwenden, das der Inhaber einer vertraglichen Lizenz oder einer Lizenz, die auf Grund einer Erklärung der Lizenzbereitschaft gewährt worden ist, ohne Verletzung des betreffenden Patents in Verkehr gebracht hat. Die Lizenzbedingungen, die eine räumliche Beschränkung vorsehen, bleiben außer Betracht.

Artikel ...

Erschöpfung der Rechte aus nationalen Patenten

(1) Ist ein durch ein nationales Patent eines der Vertragsstaaten geschütztes Erzeugnis durch den Patentinhaber oder eine mit diesem wirtschaftlich verbundene natürliche oder juristische Person in

einem der Vertragsstaaten in Verkehr gebracht worden, so kann dieses Erzeugnis auch in den übrigen Vertragsstaaten frei gehandelt und gebraucht werden. Dies gilt jedoch nur insoweit als das fragliche Erzeugnis sowohl im Vertragsstaat des ersten Inverkehrbringens als auch in den Vertragsstaaten, in denen das weitere Inverkehrbringen erfolgt, Patentschutz genießt, und die betreffenden Patente von dem Patentinhaber selbst oder der mit diesem wirtschaftlich verbundenen natürlichen oder juristischen Person gehalten werden. Als wirtschaftlich verbunden im Sinne dieses Absatzes gelten Personen, von denen in Bezug auf die Verwertung des fraglichen Patents die eine auf die andere oder die anderen unmittelbar maßgeblichen Einfluß ausüben kann.

(2) Absatz 1 ist auch auf ein Erzeugnis anzuwenden, das der Inhaber einer vertraglichen Lizenz oder einer Lizenz, die auf Grund einer Erklärung der Lizenzbereitschaft gewährt worden ist, ohne Verletzung des betreffenden Patents in Verkehr gebracht hat. Die Lizenzbedingungen, die eine räumliche Beschränkung vorsehen, bleiben außer Betracht.

Literaturverzeichnis

Alexander, Willy: Anm. zum Urt. des „Gerechtshof" Den Haag vom 30. 6. 1967 („Parke-Davis") Cah. dr. eur. 1967, 699.

— L'établissement du Marché Commun et le problème des brevets parallèles, Rev. trim. dr. eur. 1968, 513.

— Anm. zum Urt. des EuGH vom 29. 2. 1968 („Parke-Davis") Cah. dr. eur. 1968, 307.

— Le principe de la territorialité du droit des brevets dans le Marché Commun, in: Brevets et marques, 93.

— Brevets d'invention et règles de concurrence du Traité CEE, Bruxelles 1971.
(zit. Brevets d'invention)

— Gewerbliche Schutzrechte und die Errichtung des Europäischen Gemeinsamen Marktes, GRUR Int. 1972, 272.

— La licence exclusive et les règles de concurrence de la CEE, Cah. dr. eur. 1973, 3.

Arnold, Rainer: Das Rangverhältnis zwischen dem Recht der Europäischen Gemeinschaften und dem innerdeutschen Recht, Diss. Würzburg 1968.

Baardman, Bernard: Anm. zu den Urt. des EuGH vom 30. 6. 1966 („Maschinenbau Ulm") und vom 13. 7. 1966 („Grundig / Consten" und „Italienische Republik") Cah. dr. eur. 1966, 669.

Ballhaus, Karl-Josef: Import und Re-Import von Markenware. Über die Auswirkung von Benutzungshandlungen im Ausland auf zeichenrechtliche Ansprüche aus der inländischen Marke, München 1964.

Baumbach, Adolf und Wolfgang *Hefermehl*: Wettbewerbs- und Warenzeichenrecht, Bd. II: Warenzeichenrecht und Internationales Wettbewerbs- und Zeichenrecht, 10. Auflage (Stand vom 1. März 1969) München 1969 (Beck'sche Kurz-Kommentare, Bd. 13 II).

Bebr, Gerhard: Les dispositions de droit communautaire directement applicables. Developpement d'une notion communautaire, Cah. dr. eur. 1970, 3.

Beier, Friedrich-Karl: Anm. zum Urt. des BGH vom 22. 1. 1964 („Maja") GRUR Int. 1964, 205.

— Territorialität des Markenrechts und internationaler Wirtschaftsverkehr, Mitt. Max-Planck-Gesellschaft Heft 6 (1967), 373 = GRUR Int. 1968, 8.

— Stand und Aussichten der europäischen Rechtsvereinheitlichung auf dem Gebiete des gewerblichen Rechtsschutzes, GRUR Int. 1969, 145.

Béraud, René Christian: Les mesures d'effet équivalent au sens des articles 30 et suivants du Traité de Rome, Rev. trim. dr. eur. 1968, 265.

Bernhardt, Wolfgang: Lehrbuch des deutschen Patentrechts, 2. Auflage, München und Berlin 1963.

Birk, Rolf: Die Grenzen des Territorialitätsprinzips im Warenzeichenrecht, NJW 1964, 1596.

Bodenhausen, G. H. C.: Der EWG-Vertrag und der gewerbliche Rechtsschutz, GRUR Int. 1958, 218.

Böhmert, Viktor: Die Erfindungspatente nach volkswirtschaftlichen Grundsätzen und industriellen Erfahrungen, Berlin 1869.

Börlin, Max: Die volkswirtschaftliche Problematik der Patentgesetzgebung unter besonderer Berücksichtigung der schweizerischen Verhältnisse, Diss. St. Gallen, Zürich und St. Gallen 1954 (Veröffentlichungen der Handels-Hochschule St. Gallen, Reihe A, Heft 40).

Bohlig, Manfred: Anm. zum Urt. des EuGH vom 13. 7. 1966 („Grundig / Consten") GRUR Int. 1966, 584.

Bollert, Gerhart: Patente, Konzentration und Konzentrationspolitik. Eine Untersuchung volkswirtschaftlicher Probleme des Patentschutzes am Beispiel der Bundesrepublik Deutschland, Diss. Berlin 1968.

Brevets et marques au regard du droit de la concurrence en Europe et aux Etats-Unis (Colloque organisé les 15 et 16 novembre 1966 dans le cadre du groupe d'études sur les aspects juridiques des relations économiques entre l'Europe et l'Amerique) Bruxelles 1968 (Institut d'Etudes Européennes, Université Libre de Bruxelles, Thèses et Travaux Juridiques, 2).
(zit. Brevets et marques)

Brinkhorst, L. J.: Die niederländische Rechtsprechung zum Gemeinschaftsrecht in den Jahren 1967 bis 1969, EuR 1970, 172.

Bülow, Erich: Bericht über die Entwicklung des Gemeinschaftsrechts, EuR 1969, 172.

Burmann, Hans Friedrich: Wettbewerbsrecht und gewerblicher Rechtsschutz. Die Entwicklung vom Persönlichkeitsrecht zum Funktionsrecht im Wettbewerb, WRP 1968, 258.

Busse, Rudolf: Patentgesetz und Gebrauchsmustergesetz in der Fassung vom 2. 1. 1968, Kommentar, 4. Auflage (unter Mitarbeit von Werner *Althammer* und Gernot *Kaube*) Berlin und New York 1972.

Callmann, Rudolf: Weltmarken und Monopolrecht, GRUR Int. 1959, 228.

— Die Kontrollrechte des Markenartikelfabrikanten und die Lehre von der Erschöpfung im Zeichenrecht, GRUR 1963, 461.

— Letzte Entwicklungen im amerikanischen Antitrust-, Wettbewerbs- und Warenzeichenrecht, WuW 1970, 410.

Catalano, Nicola: Manuale di diritto delle Communità Europee, 2. Auflage, Mailand 1965.

Chavanne, Albert: Anm. zum Urt. des EuGH vom 18. 2. 1971 („Sirena") Rev. trim. dr. eur. 1971, 830.

Constantinesco, Leontin-Jean: Die Eigentümlichkeiten des Europäischen Gemeinschaftsrechts, JuS 1965, 289, 340.

— Zur Vorlage nationaler Instanzgerichte an den Europäischen Gerichtshof (Art. 177 Abs. 2 EWGV). Zugleich eine Anmerkung zu den Urteilen des Verwaltungsgerichts Frankfurt a. M. vom 12. 12. 1966, AWD 1967, 125.

Constantinesco, Leontin-Jean: Die unmittelbare Anwendbarkeit von Gemeinschaftsnormen und der Rechtsschutz von Einzelpersonen im Recht der EWG, Baden-Baden 1969 (Schriftenreihe zum Handbuch für Europäische Wirtschaft, Bd. 40).
(zit. Anwendbarkeit)

Constantinidès-Megret, Colette: Le droit de la Communauté Economique Européenne et l'ordre juridique des Etats membres, Paris 1967 (Bibliothèque de Droit International, Tome XLI).

Daig, Hans-Wolfram: Aktuelle Fragen der Vorabentscheidungen nach Art. 177 EWG-Vertrag unter besonderer Berücksichtigung von Rechtsprechung und Praxis des Gerichtshofes der Europäischen Gemeinschaften, EuR 1968, 259, 371.

— Die Rechtsprechung des Gerichtshofes der Europäischen Gemeinschaften zur unmittelbaren Wirkung von EWG-Bestimmungen auf die Rechtsbeziehungen zwischen Mitgliedstaaten und Gemeinschaftsbürgern. Zugleich ein Beitrag zur Frage des Rangverhältnisses zwischen Gemeinschaftsrecht und innerstaatlichem Recht, EuR, 1970, 1.

Deringer, Arved: Das Wettbewerbsrecht der Europäischen Wirtschaftsgemeinschaft, Kommentar zu den EWG-Wettbewerbsregeln (Art. 85 - 94) nebst Durchführungs-Verordnungen und -Richtlinien, Düsseldorf 1962 (Loseblattausgabe).
(zit. WuW/EWG-Wettbewerbsrecht)

— Gewerbliche Schutzrechte und EWG-Vertrag. Einige Folgerungen aus neuen Entscheidungen, GRUR Int. 1968, 105 = Rev. MC 1969, 325 (französische Fassung).

— Europäisches Gemeinschaftsrecht, NJW 1969, 360 und 1970, 986.

— Fortschritte auf dem Wege zum europäischen und EWG-Patent. Die Vorentwürfe für eine „große" und eine „kleine" Patentkonvention, AWD 1970, 204.

— Anm. zum Urt. des EuGH vom 18. 2. 1971 („Sirena") AWD 1971, 179.

— und Joachim *Sedemund:* Anm. zum Urt. des EuGH vom 8. 6. 1971 („Deutsche Grammophon") AWD 1971, 341.

— — Europäisches Gemeinschaftsrecht, NJW 1971, 970.

Deutsch, Erwin: Wettbewerbstatbestände mit Auslandsbeziehung, Stuttgart 1962 (Abhandlungen aus dem gesamten Bürgerlichen Recht, Handelsrecht und Wirtschaftsrecht, Beihefte der Zeitschrift für das Gesamte Handelsrecht und Wirtschaftsrecht, 26. Heft).
(zit. Wettbewerbstatbestände)

— Die Warenzeichenlizenz im Kollisionsrecht, in: Die Warenzeichenlizenz. Rechtsvergleichende Untersuchungen über die gemeinschaftliche Benutzung von Warenzeichen, Festschrift E. Ulmer, München usw. 1963, 463.

Ehle, Dietrich: Maßnahmen mit gleicher Wirkung wie mengenmäßige Beschränkungen und ihre Abschaffung im Gemeinsamen Markt, AWD 1967, 453.

Ehlers, Kurt: Export- und Re-Importverbote in Lizenzverträgen aus der Sicht des EWG-Kartellrechts, GRUR Int. 1963, 424.

Emmerich, V.: Die gewerblichen Schutzrechte im Gemeinsamen Markt (EuGHE XVII, 487) DB 1972, 1275, 1325.

Emrich, Dieter: Das Verhältnis des Rechts der Europäischen Gemeinschaften zum Recht der Bundesrepublik Deutschland, Diss. Marburg 1969 (Marburger Rechts- und Staatswissenschaftliche Abhandlungen, Reihe A: Rechtswissenschaftliche Abhandlungen, Bd. 19).

Eucken, Walter: Die Wettbewerbsordnung und ihre Verwirklichung, in: Ordo, Jahrbuch für die Ordnung von Wirtschaft und Gesellschaft, zweiter Band (1949) 1.
(zit. Ordo II)

— Grundsätze der Wirtschaftspolitik, Bern und Tübingen 1952.
(zit. Grundsätze)

Everling, Ulrich: Europäisches Gemeinschaftsrecht und nationales Recht in der praktischen Rechtsanwendung, NJW 1967, 465.

Ficker, Hans G.: Grundfragen des deutschen interlokalen Rechts, Berlin und Tübingen 1952.

Fikentscher, Wolfgang: Wettbewerb und gewerblicher Rechtsschutz. Die Stellung des Rechts der Wettbewerbsbeschränkungen in der Rechtsordnung, München und Berlin 1958 (Schriften des Instituts für Wirtschaftsrecht an der Universität Köln, Bd. 7).

Finnis, Guillaume: La propriété industrielle et le Marché Commun, Rev. MC 1959, 15.

Fischer, Ernst: Einwirkung der nationalen oder internationalen Bestimmungen zur Gewährung der Freiheit des Wettbewerbs auf die gewerblichen Schutzrechte, GRUR Int. 1963, 70.

Frankenstein, Ernst: Internationales Privatrecht (Grenzrecht), I. Band, Berlin-Grunewald 1926.

Froschmaier, Franz: Grundzüge des Konventionsentwurfs über ein europäisches Patentrecht, GRUR Int. 1962, 433.

Frowein, Jochen: Zum Verhältnis zwischen dem EWG-Recht und nationalem Recht aus der Sicht des Gerichtshofes der Europäischen Gemeinschaften, AWD 1964, 233.

Fuß, Ernst-Werner: Anm. zum Urt. des EuGH vom 29. 2. 1968 („Parke-Davis") DVBl. 1968, 460.

Gamillscheg, Franz: Internationales Arbeitsrecht (Arbeitsverweisungsrecht) Berlin und Tübingen 1959.

von Gamm, Otto-Friedrich Frhr.: Zeichenverletzung und Verletzung des Alleinvertriebsrechts durch Einfuhr von Originalwaren bei Eintragung der Marke auf den Namen des Aleinvertriebsberechtigten, WRP 1962, 79.

— Warenzeichengesetz, Kommentar, München und Berlin 1965.
(zit. Warenzeichengesetz)

Gather, Gernot: Reform der Patentgesetzgebung? in: Ordo, Jahrbuch für die Ordnung von Wirtschaft und Gesellschaft, Zweiter Band (1949), 270.
(zit. Ordo II)

— Patente-Monopole-Machtpositionen, Diss. (Maschinenschrift) Freiburg i. Br. 1943.
(zit. Patente)

Geipel, Ernst-Eberhard: Patentschutz und Wirtschaftsordnung, Diss. Hamburg 1953.

Gerstenberg, Ekkehard: Konzernmarken und Territorialitätsprinzip. Bemerkungen zu zwei Urteilen des Schweizerischen Bundesgerichts, MA 1961, 407.

Gleiss, Alfred: Zwei bedeutsame Urteile des Europäischen Gerichtshofs, WRP 1967, 163.

— Das Parke, Davis & Co-Urteil des Gerichtshofs der Europäischen Gemeinschaft vom 29. 2. 1968, WRP 1968, 143.

— und Christian *Hootz:* Anm. zum Urt. des EuGH vom 13. 7. 1966 („Grundig / Consten") AWD 1966, 310.

Goldstein, E. Ernest: Intervention in: Brevets et marques, 121.

Gotzen, Marcel: Gewerblicher Rechtsschutz und Gemeinsamer Markt, GRUR Int. 1958, 224.

Grabitz, Eberhard: Gemeinschaftsrecht bricht nationales Recht, Diss. Hamburg 1966 (Universität Hamburg, Abhandlungen aus dem Seminar für Öffentliches Recht, Heft 55).

Graf, Michael: Der Begriff „Maßnahmen gleicher Wirkung wie mengenmäßige Einfuhrbeschränkungen" in dem EWG-Vertrag, Köln usw. 1972 (Schriften zum Wirtschafts-, Handels- und Industrierecht, Bd. 3).

von der Groeben, Hans: Rechtsangleichung auf dem Gebiet des gewerblichen Rechtsschutzes im Rahmen der EWG, GRUR Int. 1959, 629.

Grothe, Hermann: Das Patentgesetz für das Deutsche Reich, Berlin 1877.

Grüter, Karl: Absoluter Gebietsschutz durch Patente — ein Mißbrauch? WRP 1968, 214.

Haertel, Kurt: Die neuere Entwicklung des Patentrechts in Europa unter besonderer Berücksichtigung des Entwurfs über ein europäisches Patentrecht, GRUR 1965, 58.

— Die Bemühungen um eine Patentrechtsvereinheitlichung im Rahmen der Europäischen Wirtschaftsgemeinschaft, GRUR Int. 1966, 135.

— Heribert *Mast*, Romuald *Singer* und Otto *Bossung:* Der Stand der Arbeiten am Entwurf eines Übereinkommens über ein europäisches Patenterteilungsverfahren. Ein Zwischenbericht, GRUR Int. 1971, 345.

Hagens, Alfred: Warenzeichenrecht, Kommentar, Berlin und Leipzig 1927.

Hefermehl, Wolfgang: Anm. zum Urt. des BGH vom 22. 1. 1964 („Maja") GRUR 1964, 375.

Heiseke, Jürgen: Die warenzeichenrechtliche Problematik der Entscheidung der EWG-Kommission im Falle Grundig / Consten, NJW 1965, 1409.

— Der Schutz des gewerblichen Eigentums im Streit der Meinungen, GRUR Int. 1967, 2, 55.

Herzfeld, Hans: Die moderne Welt 1789 - 1945, I. Teil: Die Epoche der bürgerlichen Nationalstaaten 1789 - 1890, 6. Auflage, Braunschweig 1969 (Geschichte der Neuzeit, Bd. III).

Hirsch, Hans: Patentrecht und Wettbewerbsordnung, WuW 1970, 99.

Hirsch, Martin: Le principe de territorialité du droit des brevets dans le Marché Commun, in: Brevets et marques, 102.

Hootz, Christian: Alleinvertriebsverträge mit absolutem Gebietsschutz im EWG-Kartellrecht, NJW 1966, 2249.

Hubmann, Heinrich: Geistiges Eigentum, in: *Bettermann,* Karl August, Hans Carl *Nipperdey* und Ulrich *Scheuner:* Die Grundrechte, Handbuch der Theorie und Praxis der Grundrechte, Vierter Band, 1. Halbband, Berlin 1960, 1.
(zit. Grundrechte)

— Gewerblicher Rechtsschutz (Patent-, Gebrauchsmuster-, Warenzeichen- und Wettbewerbsrecht) 2. Auflage, München 1969.
(zit. Rechtsschutz)

Ipsen, Hans Peter: Das Verhältnis des Rechts der Europäischen Gemeinschaften zum nationalen Recht, in: Aktuelle Fragen des Europäischen Gemeinschaftsrechts, Stuttgart 1965, 1.
(zit. Aktuelle Fragen)

— Europäisches Gemeinschaftsrecht, Tübingen 1972.
(zit. Gemeinschaftsrecht)

Jaenicke, Günther: Das Verhältnis zwischen Gemeinschaftsrecht und nationalem Recht in der Agrarmarktorganisation der Europäischen Wirtschaftsgemeinschaft, ZaöRV 1963, 485.

Jansse, P., Ir. G. *Oudemans* und J. *Wolterbeek:* Der Einfluß der Wettbewerbsregeln des EWG-Vertrages auf die gewerblichen Schutzrechte, GRUR Int. 1961, 276.

Jaume, René: Accords de licences et règles de concurrence Rev. MC 1972, 674.

Johannes, Hartmut: Anm. zum Urt. des BGH vom 29. 2. 1968 („Voran") AWD 1968, 183.

— Zum Begriff der Wettbewerbsbeschränkung in Artikel 85 Abs. 1 des EWG-Vertrages, AWD 1968, 409.

— Schallplatten-Import und § 85 des Urheberrechtsgesetzes, GRUR Int. 1970, 222.

— Gewerblicher Rechtsschutz und Urheberrecht im Europäischen Gemeinschaftsrecht, Heidelberg 1973.
(zit. Gewerblicher Rechtsschutz)

Joliet, René: Der Begriff der mißbräuchlichen Ausnutzung in Art. 86 EWG-Vertrag, EuR 1973, 97.

Kahn, Franz: Abhandlungen zum Internationalen Privatrecht, Bd. I, München und Leipzig 1928.

Kaufer, Erich: Patente, Wettbewerb und technischer Fortschritt, Bad Homburg v. d. H. 1970 (Wirtschaftsrecht und Wirtschaftspolitik, Bd. 14).

Kegel, Gerhard: Internationales Privatrecht. Ein Studienbuch, 3. Auflage, München, 1971.

Kellermann, Alfred: Die gewerblichen Schutzrechte im Gesetz gegen Wettbewerbsbeschränkungen, WuW 1958, 643.

Kirschstein, Friedrich: Beurteilung von Alleinvertriebsverträgen nach EWG-Kartellrecht. Die drei Urteile des Gerichtshofes der Europäischen Gemeinschaften vom 30. Juni 1966 und vom 13. Juli 1966, WuW 1966, 777.

Kirschstein, Friedrich: Sanktionen des EWG-Kartellrechts und des Gesetzes gegen Wettbewerbsbeschränkungen gegen Kartellverträge und ihre Ausführung, AWD 1967, 209.

— Anm. zum Urt. des EuGH vom 29. 2. 1968 („Parke-Davis") EuR 1968, 306.

Klauer / Möhring: Patentrechtskommentar, Bd. I (§§ 1 - 36 a des Patentgesetzes) 3. Auflage (bearbeitet von Philipp *Möhring*, Günther *Wilde*, Franz *Wuesthoff*, Rudolf *Nirk*, Helmut *Bendler*, Gerd *Hesse* und Hans-Jürgen *Technau*) München 1971.

Klaus, Hermann: Die internationale Zusammenarbeit auf dem Gebiet des gewerblichen Rechtsschutzes, Patent Cooperation Treaty (PCT und die IR-Marke) AWD 1971, 86.

Kleemann, Gerd: Die Wettbewerbsregeln der Europäischen Wirtschaftsgemeinschaft mit Ausnahme der Bestimmungen über staatliche Beihilfen. Eine kritische Darstellung des Kartellrechts der EWG, Baden-Baden 1962.

Knöpfle, Robert: Die Bestimmung des Schutzumfangs der Patente, München und Berlin 1959.

Koch, Norbert: Patentrecht und EWG-Kartellrecht. Parke-Davis Entscheidung des Gerichtshofes der Europäischen Gemeinschaften, AWD 1968, 185.

— und Franz *Froschmaier:* Patentgesetze und Territorialitätsprinzip im Gemeinsamen Markt, GRUR Int. 1965, 121.

Koenigs, Folkmar: Anm. zum Urt. des EuGH vom 13. 7. 1966 („Italienische Republik") EuR 1966, 343.

Kohler, Josef: Deutsches Patentrecht, systematisch bearbeitet unter vergleichender Berücksichtigung des französischen Patentrechts, Mannheim und Straßburg 1878.
(zit. Deutsches Patentrecht)

— Das Recht des Markenschutzes mit Berücksichtigung ausländischer Gesetzgebungen und mit besonderer Rücksicht auf die englische, angloamerikanische, französische, belgische und italienische Jurisprudenz, Würzburg 1884.
(zit. Markenschutz)

— Handbuch des Deutschen Patentrechts in rechtsvergleichender Darstellung, Mannheim 1900.
(zit. Handbuch)

— Urheberrecht an Schriftwerken und Verlagsrecht, Stuttgart 1907.
(zit. Urheberrecht)

— Lehrbuch des Patentrechts, Mannheim und Leipzig 1908.
(zit. Lehrbuch)

— Kunstwerkrecht, Stuttgart 1908.
(zit. Kunstwerkrecht)

— Warenzeichenrecht. Zugleich zweite Auflage des Rechts des Markenschutzes mit Berücksichtigung ausländischer Gesetzgebungen (1884) Mannheim und Leipzig 1910.
(zit. Warenzeichenrecht)

Koppensteiner, Hans-Georg: Urheber und Erfinderrechte beim Parallelimport geschützter Waren, AWD 1971, 357.

Kraft, A.: Nationales Warenzeichenrecht und EWG-Kartellrecht in der Rechtsprechung des EuGH, MA 1972, 35.

Krausse / Kathlun / Lindenmaier: Das Patentgesetz, 5. Auflage (neu hrsg. von Ulrich *Weiß* unter Mitarbeit von Gerhard *Zeunert* und Hellmut *Röhl*), Köln usw. 1970.

Kraßer, Rudolf: Bericht über die Tagung über gewerblichen Rechtsschutz und Kartellrecht in Brüssel (15. und 16. November 1966) GRUR Int. 1967, 22.

— Die Beurteilung von Parallelimporten nach französischem Marken- und Wettbewerbsrecht. Bemerkungen zum Fall „Körting", GRUR Int. 1971, 256.

Krieger, Ulrich: Die gemeinschaftliche Benutzung von Warenzeichen durch mehrere Unternehmen nach deutschem Recht, in: Die Warenzeichenlizenz. Rechtsvergleichende Untersuchungen über die gemeinschaftliche Benutzung von Warenzeichen, Festschrift *E. Ulmer,* München usw. 1963, 3. (zit. Warenzeichenlizenz)

Kroitzsch, Hermann: Hat die entschädigungslose Enteignung der Patente und Urheberrechte bereits stattgefunden? BB 1972, 424.

Kunz, Hans Peter: Die Verletzung des Markenrechts durch unerwünschte Importe von Originalwaren, Diss. Tübingen 1966.

Lagrange, Maurice: Les pouvoirs de la Haute Autorité et l'application du Traité de Paris, Rev. dr. publ. 1961, 40.

Langen, Eugen: Marktbeherrschung und ihr Mißbrauch nach Art. 86 des EWG-Vertrages, Baden-Baden und Bonn 1959 (Studien zum Europäischen Wirtschaftsrecht, Heft 2).

Le Tallec, Georges: Die Wettbewerbsregeln in der Europäischen Wirtschaftsgemeinschaft nach der Rechtsprechung des Gerichtshofes. Die Konsequenzen für Ausschließlichkeitsverträge, AWD 1966, 437.

Lieberknecht, Otfried: Patente, Lizenzverträge und Verbot von Wettbewerbsbeschränkungen. Eine vergleichende Darstellung der Rechtslage in Deutschland, Großbritannien und den Vereinigten Staaten, Frankfurt a. M. 1953 (Schriften des Instituts für ausländisches und internationales Wirtschaftsrecht, Frankfurt a. M., Bd. 4).

Loewenheim, Ulrich: Warenzeichen und Wettbewerbsbeschränkung. Eine rechtsvergleichende Untersuchung über das Verhältnis des Warenzeichenrechts zum deutschen und europäischen Kartellrecht, Bad Homburg v. d. H. 1970. (zit. Warenzeichen)

— Marktaufteilung durch Warenzeichen und Artikel 85, 86 EWG-Vertrag — Überlegungen zum Sirena-Urteil des Gerichtshofes der Europäischen Gemeinschaften, GRUR Int. 1971, 260.

Machlup, Fritz: Die wirtschaftlichen Grundlagen des Patentrechts, GRUR Int. 1961, 373, 473, 524.

Magen, Albrecht: Lizenzverträge und Kartellrecht, Heidelberg 1963. (zit. Lizenzverträge)

— Anm. zum Urt. des EuGH vom 29. 2. 1968 („Parke-Davis") NJW 1968, 1061.

Mailänder, K. Peter: Anm. zu den Urt. des EuGH vom 30. 6. 1966 („Maschinenbau Ulm") und vom 13. 7. 1966 („Grundig / Consten" und „Italienische Republik") BB 1966, 838.

von Mangoldt, Hermann und Friedrich *Klein:* Das Bonner Grundgesetz (Kommentar) Bd. I, 2. Auflage, Berlin und Frankfurt a. M.

Marchini-Camia, Antonio: Esercizio dei diritti della proprietà industriale et tutella delle libertà di concorrenza nelle CEE, Dir. Sec. Int. 1971, 463.

Markert, Kurt: Frankreich: Absoluter Gebietsschutz für Alleinvertriebsverträge durch die Gerichte? AWD 1965, 130.

Martinez, Ruben A. Berrios: The Nature and Functioning of Article 177 of the Rome Treaty, JCM Stud. Vol. V (1966), 113.

Mashaw, J. L.: Ensuring the observance of law in the interpretation and application of the EEC Treaty: The role and functioning of the renvoi d'interpretation under Article 177, CMLR Bd. 7 (1970), 258.

Mast, Heribert: Der Entwurf eines Übereinkommens über die Internationale Zusammenarbeit auf dem Patentgebiet, GRUR Int. 1968, 251.

— Genfer Sachverständigenkonferenz zur Erörterung des PCT-Plans, GRUR Int. 1969, 39.

— Die Erfolgsaussichten des PCT-Plans — Eine Erwiderung, GRUR Int. 1969, 185.

— Der abschließende Entwurf über die Internationale Zusammenarbeit auf dem Gebiet des Patentwesens, GRUR Int. 1969, 272.

— Die europäische Patentorganisation im Werden. Rückblick und Stand der Arbeiten vor der Münchner Diplomatischen Konferenz, GRUR Int. 1973, 1.

Maunz, Theodor, Günther *Dürig* und Roman *Herzog:* Grundgesetz (Kommentar) Bd. I, Stand der 11. Lieferung, München 1970.

De Mello, X.: Importations parallèles dans le Marché commun, Gaz. Pal. 1971 (1er sem.) Doctrine, 172.

Mestmäcker, Ernst-Joachim: Die Wettbewerbsregeln des EWG-Vertrages im nationalen Recht — Eine Kritik der Zweischrankentheorie, in: Wettbewerb als Aufgabe. Nach zehn Jahren Gesetz gegen Wettbewerbsbeschränkungen, Bad Homburg v. d. H. usw. 1968, 567.
(zit. Wettbewerb als Aufgabe)

— Die Vermittlung von europäischem und nationalem Recht im System unverfälschten Wettbewerbs, Bad Homburg v. d. H. usw. 1969 (Wirtschaftsrecht und Wirtschaftspolitik, Bd. 3).
(zit. Vermittlung)

— Das Ende der Schutzrechtsgrenzen im Gemeinsamen Markt. Zum Grammophon-Urteil des Europäischen Gerichtshofes, Schulze Rspr. UrhR EuGH Nr. 1, 33.

— Europäisches Wettbewerbsrecht, München 1974.
(zit. Wettbewerbsrecht)

Miosga, Willy: Territorialitätsprinzip und Europäisches Markenrecht, MA 1963, 39.

— Aktuelle Zeichenprobleme, MA 1963, 507.

Möschel, Wernhard: Die rechtliche Behandlung der Paralleleinfuhr von Markenware innerhalb der Europäischen Wirtschaftsgemeinschaft, Bad Homburg v. d. H. usw. 1968 (Wirtschaftsrecht und Wirtschaftspolitik, Bd. 1).

Monnet, Jean: Die territoriale Wirkung von Patenten im Gemeinsamen Markt, GRUR Int. 1965, 302.

Moser von Filseck, R.: Verletzung deutscher Patente durch Handlungen, die im Verkehr mit dem Ausland vorgenommen werden, GRUR 1961, 613.

— Anm. zum Urt. des BGH vom 29. 2. 1968 („Voran“) GRUR 1968, 198.

— Überlegungen zum Europäischen Patentrecht, GRUR Int. 1971, 1.

Müller-Henneberg, Hans und Gustav *Schwartz*: Gesetz gegen Wettbewerbsbeschränkungen und Europäisches Kartellrecht, Gemeinschaftskommentar, 2. Auflage, Köln usw. 1963.
(zit. *Müller-Henneberg*)

Neale, A. D.: The Antitrust Laws of the United States of America. A Study of Competition Enforced by Law, 2nd ed., Cambridge 1970.

Neuhaus, Paul Heinrich: Die Grundbegriffe des internationalen Privatrechts, Berlin und Tübingen 1962 (Beiträge zum ausländischen und internationalen Privatrecht, 30).

Neumeyer, Fredrik: Patent und Beschränkung des Wettbewerbes, WuR 1960, 240.

— Krisen und Umbruchszeiten in der Entwicklung des europäischen Patentwesens, WuR 1960, 252.

Neumeyer, Karl: Internationales Privatrecht. Ein Grundriß, 2. Auflage, München usw. 1930.

Nussbaum, Arthur: Deutsches Internationales Privatrecht. Unter besonderer Berücksichtigung des österreichischen und schweizerischen Rechts, Tübingen 1932.
(zit. Deutsches IPR)

— Grundzüge des Internationalen Privatrechts. Unter besonderer Berücksichtigung des amerikanischen Rechts, München und Berlin 1952.
(zit. Grundzüge)

Oppenheim, S. Chesterfield: Cases on Federal Anti-Trust Laws including Restraints of Trade at Common Law, Trade Regulation, St. Paul (Minn.) 1948 (American Casebook Series).

Paetow, Hans: Die „Vorabentscheidung“ nach Art. 177 EWG-Vertrag, ihre formellen und materiellen Voraussetzungen, MDR 1967, 445.

Pappalardo, Aurelio: Die italienische Rechtsprechung zum Gemeinschaftsrecht, Januar bis Juni 1970 EuR 1970, 339.

de Passemar, B.: Intervention in: Brevets et marques, 125.

Pepy, André: Le rôle de la Cour de Justice des Communautés européennes dans l'application de l'article 177 du traité de rome, Cah. dr. eur. 1966, 459.

Pescatore, Pierre: Die Menschenrechte und die europäische Integration, Integration 1969, 103.

Pfanner, Klaus: Vereinheitlichung des materiellen Patentrechts im Rahmen des Europarats, GRUR Int. 1964, 247.

— Der Vertrag über die internationale Zusammenarbeit auf dem Gebiet des Patentwesens (PCT) und seine Auswirkungen auf die Industrie, GRUR Int. 1971, 459.

Pfeifer, Manfred: Anm. zum Urt. des EuGH vom 13. 7. 1966 („Grundig / Consten“) JZ 1966, 677.

Pinzger, Werner: Das Verhältnis der Handelsmarke des Inlandvertreters zur identischen Fabrikmarke des Ausländers, WuW 1932, 409.

Plaisant, Robert: Le principe de la territorialité des brevets d'invention et le Traité de CEE, D. 1967, Chron. XXXI (259).

— Le principe de territorialité du droit des brevets dans le Marché Commun, in: Brevets et marques, 111.

Prahl, Klaus: Patentschutz und Wettbewerb, Göttingen 1969 (Wirtschaftspolitische Studien aus dem Institut für Europäische Wirtschaftspolitik der Universität Hamburg, Heft 17).

Raape, Leo: Internationales Privatrecht, 5. Auflage, Berlin und Frankfurt a. M. 1961.

Rehbinder, Eckard: Extraterritoriale Wirkungen des deutschen Kartellrechts, Baden-Baden 1965.

Reimer, Dietrich: Der Erschöpfungsgrundsatz im Urheberrecht und gewerblichen Rechtsschutz unter Berücksichtigung der Rechtsprechung des Europäischen Gerichtshofs, GRUR Int. 1972, 221.

Reimer, Eduard: Europäisierung des Patentrechts, München usw. 1955 (Schriftenreihe des Instituts für ausländisches und internationales Patent-, Marken- und Urheberrecht bei der Universität München, Bd .1).
(zit. Europäisierung)

— Patentgesetz und Gebrauchsmustergesetz, Systematischer Kommentar, 3. Auflage (neu bearbeitet von Karl *Nastelski,* Rudolf *Neumar,* Ernst *Reimer* und Wilhelm *Trüstedt*) Köln usw. 1968.
(zit. Patentgesetz)

Riehle, Gerhard: Markenrecht und Parallelimport. Ein Beitrag zu Grundlagen und zur Territorialität des Warenzeichenrechts, Stuttgart 1968 (Münchener Universitätsschriften, Abhandlungen des Instituts für europäisches und internationales Wirtschaftsrecht, Bd. 1).

Riezler, Erwin: Zur sachlichen internationalen Unzuständigkeit, in: Beiträge zum Zivilprozeßrecht, Festschrift Rosenberg, München und Berlin 1949, 199.
(zit. Festschrift Rosenberg)

— Internationales Zivilprozeßrecht und prozessuales Fremdenrecht, Berlin und Tübingen 1949 (Beiträge zum ausländischen und internationalen Privatrecht, Bd. 20).
(zit. Internationales Zivilprozeßrecht)

— Die räumliche Begrenzung des Privatrechts, München 1949 (Sitzungsberichte der Bayerischen Akademie der Wissenschaften, Philosophisch-historische Klasse, Jahrgang 1948, Heft 2).
(zit. Begrenzung)

Rittner, Fritz: Die warenzeichenrechtlichen Fragen der Grundig-Consten-Entscheidung, MA 1965, 183.

Roeber, Georg: Leistungsschutzrechtliche Stellung westdeutscher Schallplattenhersteller im Geschäftsverkehr der EWG-Länder. Urteil des Gerichtshofs der Europäischen Gemeinschaften gegen die Deutsche Grammophon-Gesellschaft m. b. H., Film R 1971, 349.

Röpke, Wilhelm: Die Gesellschaftskrisis der Gegenwart, 4. Auflage, Erlenbach-Zürich 1942.

Röttger, Martin: Das Territorialitätsprinzip im Warenzeichenrecht, GRUR Int. 1964, 125.

— Warenzeichenrechtliche Ansprüche gegen unerwünschte Einfuhr von Original-Erzeugnissen? Bemerkungen zum MAJA-Urteil des Bundesgerichtshofes, MA 1964, 654.

— Die Auswirkungen des Sirena-Urteils des Europäischen Gerichtshofes auf die Ausübung übertragener Warenzeichen, GRUR Int. 1971, 469.

Rüstow, Alexander: Zwischen Kapitalismus und Kommunismus, Godesberg 1949.

Saint-Gal, Yves: Zur Vereinheitlichung der Gesetzgebung auf dem Gebiet des gewerblichen Rechtsschutzes in den Ländern des Gemeinsamen Marktes, ZfdgHR Bd. 121 (1958), 172.

Samwer, Sigmar-Jürgen: Auswirkungen der Territorialität des Patentrechts im EWG-Bereich, GRUR Int. 1969, 1.

Schatz, Ulrich: Die Erschöpfung des Patentrechts im Recht der Mitgliedstaaten der Europäischen Wirtschaftsgemeinschaft und nach dem Vorentwurf eines Übereinkommens über ein europäisches Patent für den Gemeinsamen Markt, GRUR Int. 1970, 207.

Scheufele, Helmut: „Beherrschende Stellung" und ihre „mißbräuchliche Ausnutzung" im EWG-Kartellrecht. Artikel 86 im Vergleich mit Artikel 85 EWGV, AWD 1971, 457.

Schikora, Reinhard: Der Begehungsort im gewerblichen Rechtsschutz und Urheberrecht, Diss. München 1968.

Schluep, Walter R.: Der Alleinvertriebsvertrag. Markstein der EWG-Kartellpolitik, Bern 1966 (Schweizerische Beiträge zum Europarecht, Bd. 1).

Schnitzer, Adolf F.: Handbuch des Internationalen Privatrechts einschließlich Prozeßrecht, unter besonderer Berücksichtigung der Schweizerischen Gesetzgebung und Rechtsprechung, 4. Auflage, Basel 1957 (Bd. I) und 1958 (Bd. II).

Schrans, Guy A.: Octrooilicentie-overeenkomsten naar belgisch recht, SEW 1963, 305.

— Die Bedeutung der Art. 36 und 85 des EWG-Vertrages für Patentlizenzverträge, GRUR Int. 1964, 626.

— Nogmaals de verhouding tussen de artikelen 36 en 85 m. b. t. octrooilicentieovereenkomsten, SEW 1964, 319.

Schröter, Helmuth: Zur Rechtsprechung des Europäischen Gerichtshofes auf dem Gebiet der gewerblichen Schutzrechte, WRP 1971, 356.

Schumacher, Detlef: Das Verhältnis von § 98 Abs. 2 GWB zur Zwischenstaatlichkeitsklausel des Art. 85 EWG-Vertrag aus kollisionsrechtlicher Sicht. Eine Kritik der Zweischrankentheorie, AWD 1968, 5.

Schumacher, Hermann: Das Territorialitätsprinzip im Warenzeichenrecht und der Gemeinsame Markt, GRUR Int. 1966, 305.

— Die Grundig-Entscheidung und das Territorialitätsprinzip des Warenzeichenrechts im Gemeinsamen Markt, WuW 1967, 3 = Brevets et marques, 49 (französische Fassung).

Schumacher, Hermann: Gedanken zur Entscheidung Parke-Davis des Europäischen Gerichtshofes vom 29. 2. 1968 und zur Entscheidung „Voran" des Bundesgerichtshofes vom gleichen Tage, WuW 1968, 487.

Schwab, Berthold: Die Vereinheitlichung des Rechts der gewerblichen Schutzrechte, in: Einführung in die Rechtsfragen der europäischen Integration, Köln 1969, 263.

Schwartz, Ivo E.: Deutsches Internationales Kartellrecht. Der Anwendungsbereich des Gesetzes gegen Wettbewerbsbeschränkungen unter vergleichender Heranziehung des amerikanischen Antitrustrechts, Köln usw. 1962.

Seidel, Martin: Der EWG-rechtliche Begriff der „Maßnahme gleicher Wirkung wie eine mengenmäßige Beschränkung", NJW 1967, 2081.

Selmer, Peter: Zur Entscheidungserheblichkeit der Gültigkeitsfrage bei der Vorlage nach Artikel 177 des EWG-Vertrages. Ein Beitrag zum Rechtsschutz Privater gegen Mitgliedstaatsentscheidungen, AWD 1968, 424.

Spengler, Albrecht: Die Behandlung des gewerblichen Rechtsschutzes im Rahmen des EWG-Vertrags unter besonderer Berücksichtigung der Art. 85 ff. im Verhältnis zum Gesetz gegen Wettbewerbsbeschränkungen, GRUR Int. 1958, 321.

— Das marktbeherrschende Unternehmen im EWG-Vertrag, WuW 1961, 509.

— Ist eine friedliche Koexistenz zwischen Wettbewerbsfreiheit und Patentschutz denkbar? GRUR 1961, 607.

Steindorff, Ernst: Sachnormen im internationalen Privatrecht, Frankfurt a. M. 1959 (Schriften des Instituts für ausländisches und internationales Wirtschaftsrecht, Frankfurt a. M., Bd. 8).
(zit. Sachnormen)

— Rechtsschutz und Verfahren im Recht der Europäischen Gemeinschaften (Ausgewählte Probleme) Baden-Baden 1964.
(zit. Rechtsschutz)

Strauß, Walter: Fragen der Rechtsangleichung im Rahmen der Europäischen Gemeinschaften, Festvortrag auf der Tagung der Gesellschaft für Rechtsvergleichung am 24. September 1958 in Freiburg i. Br., Frankfurt a. M. 1959 (Schriftenreihe des Instituts für ausländisches und internationales Wirtschaftsrecht, Frankfurt a. M., Bd. 9).

Tessin, Claus: Alleinvertriebsverträge im EWG-Kartellrecht. Anmerkungen zu drei Entscheidungen des Europäischen Gerichtshofes, DB 1966, 1261.

— und Joachim *Sedemund:* Verhältnis des EWG-Kartellrechts zu den nationalen Patentrechten, BB 1968, 604.

Tomuschat, Christian: Die gerichtliche Vorabentscheidung nach den Verträgen über die Europäischen Gemeinschaften, Köln und Berlin 1964 (Beiträge zum ausländischen öffentlichen Recht und Völkerrecht, 42).

Troller, Alois: Das internationale Privat- und Zivilprozeßrecht im gewerblichen Rechtsschutz und Urheberrecht, Basel 1952.
(zit. IPR)

— Internationale Zwangsverwertung und Expropriation von Immaterialgütern, Basel 1955.
(zit. Zwangsverwertung)

Troller, Alois: Die territoriale Unabhängigkeit der Markenrechte im Warenverkehr, GRUR Int. 1960, 244.

— Wesen und Unwesen der Marke, in: Festschrift Möhring, München und Berlin 1965, 291.
(zit. Festschrift Möhring)

— Markenrecht und Landesgrenzen, GRUR Int. 1967, 261.

— Immaterialgüterrecht, Bd. I, 2. Auflage, Basel und Stuttgart 1968; Bd. II, 2. Auflage, Basel und Stuttgart 1971.

Ulmer, Eugen: Anm. zum Urt. des RG vom 14. 4. 1931, JW 1931, 1906.

— Wege zur Europäischen Rechtseinheit, Rede gehalten bei der Übernahme des Rektorats am 14. November 1959, München 1959 (Münchener Universitätsreden, Neue Folge, Heft 26).
(zit. Wege)

— Das Recht des unlauteren Wettbewerbs im Gemeinsamen Markt, GRUR Int. 1962, 273.

— (Hrsg.): Das Recht des unlauteren Wettbewerbs in den Mitgliedstaaten der Europäischen Wirtschaftsgemeinschaft, hrsg. vom Max-Planck-Institut für ausländisches und internationales Patent-, Urheber- und Wettbewerbsrecht in München, Bd. IV: Rudolf *Kraßer*, Frankreich, München und Köln 1967.
(zit. *Ulmer / Kraßer*)

— Anm. zum Beschl. des OLG Hamburg vom 8. 10. 1970 („Deutsche Grammophon") GRUR Int. 1970, 379.

Ulmer, Peter: Inhalt und Grenzen des Territorialitätsgrundsatzes im Patent- und Warenzeichenrecht, Tagung des Instituts für Europäische Studien der Freien Universität Brüssel am 15. und 16. November 1966, AWD 1966, 493.

Vanzetti, Adriano: Funktion und Rechtsnatur der Marke, GRUR Int. 1965, 128, 185.

Verloren van Themaat, P.: Die Bedeutung von Art. 36 für die kartellrechtliche Beurteilung von Patentlizenzverträgen nach Art. 85 des EWG-Vertrages, GRUR Int. 1964, 21.

Völp, Fromut: Marktaufteilung durch Warenzeichen. Zum Mark Allen-Urteil des Europäischen Gerichtshofes, WRP 1971, 197.

Vogel, Klaus: Der räumliche Anwendungsbereich der Verwaltungsrechtsnorm. Eine Untersuchung über die Grundfragen des sog. Internationalen Verwaltungs- und Steuerrechts, Frankfurt a. M. und Berlin 1965 (Abhandlungen der Forschungsstelle für Völkerrecht und ausländisches öffentliches Recht der Universität Hamburg, Bd. 12).

Waelbroeck, M.: Le principe de territorialité du droit des marques dans le Marché Commun après l'arrêt Grundig, in: Brevets et marques, 45.

Wagret, Jean-Michel: Volkswirtschaftliche Aspekte des Patentwesens, GRUR Int. 1967, 77.

Was, D. A.: Daseinsberechtigung und territoriale Wirkung des Patentschutzes, GRUR Int. 1965, 609.

Weidlich, Hans Adolf und Albrecht *Spengler*: Patentschutz in der Wettbewerbswirtschaft, Köln usw. 1967 (Schriftenreihe des Forschungsinstituts für Wirtschaftsverfassung und Wettbewerb e. V., Köln, Heft 44).

Wertheimer, H. W.: Der Einfluß der Wettbewerbsvorschriften des EWG-Vertrages auf die gewerblichen Schutzrechte, GRUR Int. 1966, 312.

— Das Territorialitätsprinzip im Patent- und Warenzeichenrecht und seine Bedeutung für das EWG-Kartellrecht, in: Gewerbliche Schutzrechte im EWG-Kartellrecht, IV. Kartellrechtsforum, Brüssel 1970, Referate und Diskussionen, Köln usw. 1970 (hrsg. von der Studienvereinigung Kartellrecht e. V.) 175.
(zit. Kartellrechtsforum)

— Annotatie op het DGG/Metro-arrest, SEW 1971, 659.

Windisch, Ernst: Gewerblicher Rechtsschutz und Urheberrecht im zwischenstaatlichen Bereich, Berlin 1969 (Recht der internationalen Verwaltung und Wirtschaft, Bd. 3).

Wohlfahrth, Ernst, Ulrich *Everling,* Hans Joachim *Glaesner* und Rudolf *Sprung:* Die Europäische Wirtschaftsgemeinschaft, Kommentar zum Vertrag, Berlin und Frankfurt a. M. 1960.
(zit. *Wohlfahrth / Everling*)

Wolff, Martin: Das Internationale Privatrecht Deutschlands, 3. Auflage, Berlin usw. 1954 (Enzyklopädie der Rechts- und Staatswissenschaft, Abteilung Rechtswissenschaft).

Würdinger, Hans: Anm. zum Urt. des EuGH vom 13. 7. 1966 („Grundig / Consten") EuR 1966, 283.

Zuleeg, Manfred: Das Recht der Europäischen Gemeinschaften im innerstaatlichen Bereich, Köln usw. 1969 (Kölner Schriften zum Europarecht, 9).

Zellentin, Gerda: Krisen der europäischen Integration Ursachen und Wirkungen, Integration 1970, 20.

von Zweigbergk, Ake und Saul *Lewin:* Die neue nordische Patentgesetzgebung, GRUR Int. 1968, 305.

FSC
www.fsc.org
MIX
Papier | Fördert
gute Waldnutzung
FSC® C083411

Kolibri 360 GmbH
Ferdinand-Jühlke-Straße 7
99095 Erfurt, Deutschland
produktsicherheit@kolibri360.de

Druck:
CPI Druckdienstleistungen GmbH
im Auftrag der
Kolibri 360 GmbH
Ferdinand-Jühlke-Str. 7
99095 Erfurt